Frau Anne Katharina Hehn

anlässlich des 50. Geburtstags

mit den besten Wünschen

der Landeshauptstadt Mainz

übermittelt.

Mainz, 29. Oktober 2020

(Oberbürgermeister)

Besondere Mainzer

Besondere Mainzer

vorgestellt von

Nicole Weisheit-Zenz

Roland Reischl Verlag

Bibliografische Information der Deutschen Nationalbibliothek. Die Deutsche Nationalbibliothek verzeichnet diese Publikation in der Deutschen Nationalbibliografie; detaillierte bibliografische Daten sind im Internet über www.dnb.de abrufbar.

Nicole Weisheit-Zenz
Besondere Mainzer

Bildnachweis
Sämtliche Fotos, sofern nicht anders angegeben:
© Nicole Weisheit-Zenz

Umschlaggestaltung, Satz und Layout
Redaktionsbüro Roland Reischl

Druck
Steinmeier, Deiningen. Printed in Germany

Originalausgabe 1. Auflage 2015

Alle Nutzungsrechte dieser Ausgabe bei
Roland Reischl Verlag, Herthastr. 56, 50969 Köln
Tel./Fax: 0221 368 55 40, Internet: www.rr-verlag.de

© 2015 Roland Reischl Verlag

ISBN 978-3-943580-12-9

Grußwort des Oberbürgermeisters

Foto: Stadt Mainz.

Liebe Leserinnen und Leser,

„Das Glück besteht darin, zu leben wie alle Welt und doch wie kein anderer zu sein", heißt es in einem klugen Satz von Simone de Beauvoir. Auch in unserer Stadt, die inzwischen mehr als 210.000 Einwohner zählt, leben sicher die meisten Menschen so „wie alle Welt". Recht glücklich, wie ich hoffe. Und doch sind sie einmalig. „Besondere Mainzer"? Das sind wir alle! Das ist es, was Nicole Weisheit-Zenz zum Ausdruck bringen möchte in diesem Buch.

Unterwegs in Mainz lerne auch ich seit etlichen Jahren viele engagierte Frauen und Männer kennen, die mich beeindrucken. Einige von ihnen kennen Sie vielleicht auch, oder Sie können beim Lesen mehr über sie erfahren: Gisela und Rainer Hofmann beispielsweise sind mir schon aus meiner Zeit als Ortsvorsteher in Mombach gut bekannt. Und auch andere kreative Paare werden Ihnen auf den folgenden Seiten vorgestellt. Den einen oder anderen Personen durfte ich selbst schon eine Ehrung überreichen für ihr verdienstvolles Wirken. Dr. Hedwig Brüchert ist darunter, mit ihrem unermüdlichen Einsatz rund um die Geschichte der Stadt. Andere, wie Nora Weisbrod, Anita Zimmermann und Gerhard Trabert, Irene Hunz oder Edith Wingenfeld, haben Hilfsorganisationen gegründet, um sich stark zu machen für Kinder.

Egal was es ist, das Sie, liebe Leserinnen und Leser, interessiert und antreibt. Was Sie im Beruf, in der Familie und in Ihrer Freizeit mit großem Einsatz leisten. Was Ihnen ein Lächeln ins Gesicht zaubert und wodurch Sie Ihrem Umfeld Freude bereiten können: Bleiben Sie auch weiterhin aktiv, denn das macht glücklich – Sie selbst und andere. Jede und jeder Einzelne von uns ist ein besonderer Mensch. Jeder hat erstaunliche Talente. Und all diese Fähigkeiten können hier zur Geltung kommen, in ganz vielfältigen Bereichen. Wir brauchen Menschen wie Sie. Denn Sie alle sind es, die unsere Stadt, unser Mainz so lebendig machen.

Herzlichen Dank für Ihr Engagement.
Eine spannende Lektüre und alles Gute wünscht Ihr

Michael Ebling
Oberbürgermeister der Landeshauptstadt Mainz

Grußwort der Kulturdezernentin

Foto: Stadt Mainz

Liebe Leserinnen und Leser,

Mainz ist eine bunte Stadt – und das nicht nur zur Fastnachtszeit. Sie ist Heimat vieler berühmter Persönlichkeiten wie Johannes Gutenberg, Anna Seghers oder Karl Kardinal Lehmann, die auf unterschiedlichste Weise das Leben unserer Landeshauptstadt prägen. Aber es sind nicht immer nur die großen Namen, die unserer Stadt Farbe geben. Es sind die vielen Menschen „wie du und ich", die bescheiden im Hintergrund wirken und die dennoch tagtäglich Großes bewegen. Ich freue mich, dass das Buch „Besondere Mainzer" nun auch den Menschen eine Plattform gibt, die mit ihren Taten nicht ständig im Mittelpunkt stehen, die aber Mainz so lebens- und liebenswert machen, wie wir es kennen.

Auch im kreativen Bereich sind Frauen und Männer aktiv, die ohne viel Aufsehen, aber mit viel persönlichem Engagement das künstlerische und kulturelle Leben in Mainz bereichern. Da ist beispielsweise die Kammerspiel-Regisseurin Claudia Wehner, die schon über 80 Stücke auf die Bühne gebracht hat, darunter allein 18 Mal das Weihnachtsmärchen mit mehreren tausend großen und kleinen Besuchern pro Jahr – ein Einsatz mit Wirkung in die Mitte der Gesellschaft. Oder etwa der Filmproduzent Christoph Thoke. Der begeisterte Mainzer strahlt mit seinen Filmen nicht nur auf den Leinwänden der Welt, sondern hin und wieder auch die Kunden von einem Marktstand aus an, wo er einen Ausgleich von seinen vielen beruflichen Reisen findet. Dann ist da das Multitalent Erich Eckhard, der auch noch mit über 80 eine beeindruckende Stimme vorzuweisen hat und der (ganz nebenbei) mit mehreren Einträgen im Guinness-Buch der Rekorde zu finden ist. Dies sind nur einige wenige Beispiele für die zahlreichen kreativen und originellen Farbtupfer, die unsere Stadt zu bieten hat.

Ich hoffe, das Buch ist Ansporn für unsere vielen unbekannten und versteckten Talente, aus dem Schatten zu treten und ihr Potential auszuschöpfen. Eine lebendige Gesellschaft lebt von der Leidenschaft und vom Einsatz Einzelner, aber auch von einem respektvollen Miteinander. Die „Besonderen Mainzer" sollten wir uns zum Vorbild nehmen, um unsere Stadt auch weiterhin gemeinsam als einen offenen und bunten Ort zu gestalten – nicht nur zur Fastnachtszeit.

Marianne Grosse
Kulturdezernentin der Landeshauptstadt Mainz

Grußwort des katholischen Dekans

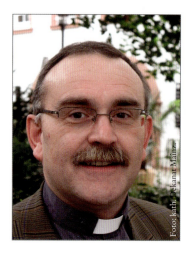

Foto: kath. Dekanat Mainz

Liebe Leserinnen und Leser,

besondere Menschen fallen uns meist im Alltag auf. Sei es durch ihr Leben oder ihr Engagement. Wir nehmen sie wahr und schätzen sie in besonderer Weise.

Auch in unserer Stadt Mainz gibt es diese „besonderen Menschen". Wie gut, dass es sie auch bei uns gibt! Ein Gemeinwesen lebt durch die Menschen, die es bilden. Viele leben und genießen die Vorzüge einer funktionierenden Gesellschaft. Andere setzen sich mit ihren Talenten und Fähigkeiten ein. Dies geschieht hauptamtlich oder im Ehrenamt; auch oft ohne das Wahrnehmen der Öffentlichkeit. Vieles geschieht in Stille. In diesem Buch werden uns solche Personen vorgestellt. Es freut mich, dass darunter auch engagierte katholische und evangelische Christen sind.

Auf vielfältige Weise geschieht dieser Einsatz in Kommunikation, auch oft in Grenzsituationen des menschlichen Lebens. So kommen Menschen in Afrika in den Blick, die Begleitung von Sterbenden und Demenzkranken durch Musik und Kunst. Das Gespräch mit Eltern von kranken Kindern fordert ein besonderes Einfühlungsvermögen. Das eigene Schreiben der Bibel führt zu einer intensiven Auseinandersetzung mit der heiligen Schrift. Viele Beispiele des Engagements könnten hier noch aufgeführt werden. Vielleicht motivieren die Beispiele andere, nach ihren Fähigkeiten zu suchen und sie dem Gemeinwohl zur Verfügung zu stellen.

Es freut mich, dass in dem vorliegenden Buch von Frau Weisheit-Zenz eine Würdigung dieses Einsatzes geschieht. Dafür meinen herzlichen Dank.

Markus Kölzer
Dekan im Katholischen Dekanat Mainz

Foto: ev. Dekanat Mainz.

Liebe Leserinnen und Leser,

Mainz ist eine Großstadt – aber eine kleine. Vieles glaubt man zu kennen und entdeckt doch immer wieder neue Ecken. Ähnliches gilt auch für die Mainzerinnen und Mainzer. Mittlerweile gibt es über 200.000 von ihnen und sie werden immer mehr. Man glaubt, sie zu kennen: dess sin die, wo in de Woistubb zusammerigge, damit jeder e Eckelsche find't. Das stimmt, und doch entdeckt man sie immer wieder neu.

Denn Mainzerinnen und Mainzer sind besonders – nicht nur im Sinn von „speziell", nicht nur wegen ihrer Mentalität, sondern mit ihren Biografien, mit ihren Begabungen und Talenten, mit ihrem Blick auf das Leben.

Geschichten „besonderer" Mainzerinnen und Mainzer sind in diesem Buch versammelt. Diese Menschen sind Gottes Geschöpfe – und sie und ihre Geschichten ein Gottesgeschenk für die Stadt Mainz und alle anderen Bewohner. Im Großen wie im Kleinen, offenbar oder verborgen sind sie Teil dieser Stadt und des Zusammenlebens der Menschen. Sie helfen mit, damit gelingt, wozu die Bibel im Buch Jeremia bis heute auffordert: Suchet der Stadt Bestes!

Wer dieses Buch liest, der wird sich freuen über die Vielfalt, wird mitfühlen mit anderen und sich vielleicht anregen lassen zu eigenem Tun – auf jeden Fall wird er bei der Lektüre spüren: diese Stadt und ihre Menschen sind mainzigartig!

Andreas Klodt
Dekan im Evangelischen Dekanat Mainz

Inhalt

Vorwort der Autorin

Foto: Andreas von Perbandt.

„Guten Tag, Nicole Weisheit-Zenz ist mein Name. Ich bin Journalistin." So oder so ähnlich stelle ich mich vor, wenn ich irgendwo neu bin. „Eine von der Zeitung", mag mein Gegenüber dann denken – und gibt für gewöhnlich besonders freundlich und bereitwillig Auskunft. Denn es soll ja auch „etwas Ordentliches" über ihn oder sie geschrieben werden. Dass es ein echtes Privileg ist, irgendwo hingehen und einfach drauflos fragen zu dürfen, das ist mir bewusst. Dass ich bei vielen hundert Gesprächen, die ich in den vergangenen Jahren geführt habe, so gut wie überall nett und zuvorkommend behandelt worden bin, dafür bin ich sehr dankbar.

Denn nicht immer ist es eine Theaterpremiere, ein Konzert oder eine andere Veranstaltung, zu der „die Presse" ausdrücklich eingeladen ist. Manchmal steige ich auch aus dem Auto und weiß nicht so genau, mit wem ich fünf Minuten später am Tisch sitzen werde: mal sind es Obdachlose bei einer wärmenden Suppe; mal berichten mir Professoren von ihren neuesten Forschungsergebnissen. Mal unterhalte ich mich fröhlich mit älteren Menschen; mal schaue ich in das Bettchen eines kranken Babys und habe Tränen in den Augen, wenn ich mit den Eltern spreche. Über jeden Hoffnungsschimmer freuen sie sich und erzählen mir ihre bewegende Geschichte – um all jene unter den Leserinnen und Lesern zu ermutigen, die in einer ähnlichen Lage sind. Dabei versuche ich, die Informationen und Eindrücke so gut und authentisch wie nur möglich in Worte zu fassen, getreu meinem Motto: „Texte mit Verstand und Gefühl".

„Ich bin nicht nur Journalistin", sage ich dann oft, „ich bin auch Mensch." Schließlich komme ich nicht nur vorbei, um schnell meine Fragen zu stellen, Informationen zu sammeln und dann ruckzuck wieder weg zu sein. Ich versuche, Anteil zu nehmen, mich in andere einzufühlen, sie besser zu verstehen. Zu Hause, beim Schreiben der Artikel, denke ich nach über die Begegnungen; sehe manches in meinem Leben in einem anderen Licht. Was ist es, das einige Gespräche irgendwie „besonders" macht? Das habe ich mich oft gefragt und als Antwort so manche Gemeinsamkeit entdeckt, speziell bei den rund 50 Personen, die ich in diesem Buch vorstelle – und die hier stellvertretend für all jene Mainzerinnen und Mainzer stehen, die ebenfalls einen Beitrag verdient hätten.

Eine Auswahl zu treffen, war deshalb nicht einfach. Ich habe mich dabei vor allem davon leiten lassen, dass es sich bei den Porträtierten einerseits um „Menschen wie du und ich" handelt, die ein „ganz normales Leben" führen. Andererseits aber haben sie durch ihre Persönlichkeit oder ihre Aktivitäten eine Ausstrahlung, die andere ermutigt, die eigenen Talente und Fähigkeiten auszuschöpfen. Erleichtert wurde die Auswahl dadurch, dass ich einige Gesprächspartner bereits kannte: aus den Bereichen „Kultur, Kinder, Kirche", die den Schwerpunkt meiner journalistischen Arbeit bilden. Andere traf ich erstmals beim Interview für dieses Buch. Nicht allen fiel es leicht, mitzumachen und auf einmal „im Rampenlicht" zu stehen. „Es lohnt sich, einmal über solche wichtigen Lebensfragen nachzudenken" – Sätze wie dieser ließen mich dann aufatmen, dass ich mein Gegenüber mit dem Frageleitfaden zum Glück nicht überfordert habe. Doch ein Versprechen musste ich allen Porträtierten geben: die Fragen auch selbst zu beantworten, was ich am Ende des Buches dann auch versucht habe.

Um es noch einmal zu betonen: In jedem Menschen steckt ein unglaublich großes Potenzial. Jeder ist etwas ganz Besonderes – ob nun in Mainz oder überall sonst auf der Welt. Auch Sie! Also: Worauf warten Sie noch? Haben Sie Mut, Ihren Weg zu gehen. Folgen Sie der Stimme Ihres Herzens und tun Sie das, was Ihnen besonders wichtig ist. Was Ihnen selbst und sicher auch vielen anderen guttut. Wie heißt es in einem Zitat von Florence Nightingale: „Wenn man mit Flügeln geboren wird, sollte man alles dazu tun, sie zum Fliegen zu benutzen."

Doch bevor Sie „abheben", wünsche ich Ihnen zunächst viel Vergnügen beim Lesen!

Nicole Weisheit-Zenz

Nicole Weisheit-Zenz
Autorin

PS: Für all die „besonderen Mainzer", die hier noch nicht berücksichtigt werden konnten, würde ich mich über die Gelegenheit einer Fortsetzung freuen – und über Ihre Vorschläge, wer aus Ihrem Freundes- und Bekanntenkreis Ihrer Meinung nach dafür in Frage käme (siehe auch Seite 201).

Helga Ahrens

Der „Engel der Neustadt" auf Tour

Junge Männer mit lockigen blonden Haaren, wallenden weißen Gewändern und – natürlich – mit Flügeln: So stellt man sie sich gern vor, die Engel. Dabei sehen sie manchmal ganz anders aus: Sie sind, statt in der Luft zu schweben, einfach zu Fuß oder mit dem Rad unterwegs durch die Straßen. „Engel der Neustadt", diesen Preis hat Helga Ahrens für ihre vielfältige ehrenamtliche Arbeit verliehen bekommen. Viel Spannendes kann sie davon berichten – nicht einfach bei einem Kaffee, sondern auf einer kleinen Tour durch ihren Stadtteil. Mit dem sie sich auch deshalb so verbunden fühlt, weil man vieles gut mit dem Fahrrad oder bei einem Spaziergang erreichen kann.

„Ich finde die Neustadt einfach liebenswert", schwärmt Helga Ahrens, die hier seit vielen Jahren lebt und sich in einigen Bereichen engagiert. 40 Jahre lang war sie im Verwaltungsbereich tätig und bringt eine Menge Erfahrung mit – auch aus den vielen Ehrenämtern, die sie im Laufe der Zeit geprägt haben. Vielseitig interessiert, lernt sie auch im Seniorenalter gern Neues dazu. Und sie packt selbst mit an, wo Sachverstand und helfende Hände gefragt sind: „Wo ich gebraucht werde, bin ich für gewöhnlich auch da", betont sie und parkt ihr Rad vor einer Kirche.

„Wo ich gebraucht werde, bin ich für gewöhnlich auch da."

In der evangelischen Paulusgemeinde, quasi „gleich vor der Haustür" wirkt Helga Ahrens schon seit drei Jahrzehnten im Kirchenvorstand und in weiteren Gremien mit: vom Personal- und Finanzausschuss, über Kollektenberechnung und Liturgie-Ausschuss, bis hin zu Synoden und Besuchskreis. Die interessanten Gespräche und Begegnungen mit anderen Menschen, die sich dabei oft ergeben, schätzt sie sehr. Daher hilft sie auch gern mit bei der Lebensmittelausgabe an Bedürftige, „Brotkorb" genannt. Zwar hat sie eine kleine Schornsteinfeger-Figur in ihrer Geldbörse, doch Glück, das bedeutet für die couragierte Frau vor allem Zufriedenheit. Dankbar erinnert sie sich an ihre schöne Kindheit auf dem Lande, auf dem Bauernhof der Eltern: „Wir hatten zwar keine finanziellen Schätze, aber immer genug zu essen", erzählt sie. Und fügt gleich lachend hinzu, dass ihr das damals eigentlich nicht wichtig war. Sie sei eher ein schmächtiges Mädchen und lange krank gewesen. Zur Erholung wurde sie deshalb oft nach Hamburg zur Oma geschickt, um eine gesunde Nordseebrise zu tanken. „Und frische Luft, die tut noch immer gut", meint sie.

Helga Ahrens

Weiter geht die Radtour, vorbei an Kitas, in denen Helga Ahrens als „Lese-Oma" aktiv ist und den Kleinen regelmäßig vorliest. Ein besonders schönes Erlebnis ist es für sie, wenn ihr die Kinder dann unterwegs begegnen, sie wiedererkennen, fröhlich winken und „Hallo Lesefrau!" rufen. Auch im Vorbereitungsteam für den Weltgebetstag ist die aktive Seniorin seit langem dabei, hat dadurch viel über das Leben von Frauen in anderen Ländern erfahren. Das ein oder andere davon kann sie auch in der Arbeitsgemeinschaft religiöser Gruppen in der Neustadt einbringen, die sie mitgegründet hat. „Durch die Menschen aller Nationen ist unser Stadtteil sehr vielfältig, es ist immer wieder spannend, neue Ideen mit anderen auszutauschen", meint Helga Ahrens. Wichtig ist ihr, vor allem die vielen Gemeinsamkeiten im Blick zu haben, die verschiedene Kulturen und Religionen verbinden. Stichwort „verbinden": Weltoffen zu sein, das ist für sie keine Frage des Alters. Bei der Initiative „Neustadt im Netz", die Computerkurse anbietet, wirkt sie ebenfalls mit. Und weil es hier so viele Geschichten zu erzählen gibt, war sie auch bei einem lokalen Theaterprojekt dabei.

Viele angenehme Erinnerungen an schöne Stunden sind mit all ihren ehrenamtlichen Tätigkeiten verknüpft. Doch dass es einigen Menschen in ihrer Nachbarschaft nicht so gut geht, ist für Helga Ahrens unübersehbar. Um den Betroffenen zu helfen, engagiert sie sich auch im Förderkreis „Wendepunkt". So nennt sich das „Haus für Frauen in sozialen Notlagen", bei dem wir den nächsten Zwischenstopp auf unserer Neustadt-Tour machen. Die Einrichtung bietet wohnungslosen Frauen ab 18 Jahren nicht nur ein Zuhause auf Zeit, sondern darüber hinaus Ansprechpartner und Informationen, um den Betroffenen einen Ausweg aus ihrer prekären Lage und neue Perspektiven bieten zu können.

Einen ganz anderen „Wendepunkt" musste Helga Ahrens in ihrem Privatleben erfahren: Nach der Trennung von ihrem langjährigen Ehemann sei es nicht leicht gewesen, sich in die neue Situation hineinzufinden und die Enttäuschung zu überwinden. Doch nun sieht sie darin auch eine neue Chance, so aktiv zu sein, wie sie es sich vorstellt – und wie es für sie selbst am besten passt. Auch aus einer weiteren traurigen Erfahrung hat Helga Ahrens für sich eine Lehre gezogen: „Als mein Bruder plötzlich verstarb, hat mir das gezeigt, wie schnell alles vorbei sein kann", erzählt sie. „Daher möchte ich das tun, was mir am Herzen liegt, und zwar jetzt und so lange es mir möglich ist – und nicht bis später abwarten." Sätze wie „Eines Tages mache ich das ...", „wenn ich erst in Rente bin", die kennt sie selbst noch sehr gut. Ihre Botschaft: Was einem wirklich wichtig ist, das sollte man nicht auf die lange Bank schieben, sondern am besten gleich beginnen.

Zu alt für etwas ist man eigentlich nie, ist sich Helga Ahrens sicher. Stattdessen hat sie ein treffendes Motto: „Wer rastet, der rostet". Ihre neueste Herausforderung: Sie ist in den Ortsbeirat der Mainzer

Der „Engel der Neustadt" auf Tour

Neustadt gewählt worden. Eine weitere spannende Tätigkeit also, die viele gute Gespräche, neue Anregungen, Ideen und Projekte mit sich bringt. Hier kann sie ihr Wissen und Können einbringen und dabei helfen, einzelne Initiativen zu vernetzen. Keine Frage: Bei der Vielfalt an regelmäßigen Terminen und netten Extras ist ihr Kalender meistens gut gefüllt. „Na ja, so ein ruhiger Tag zu Hause ist natürlich auch mal schön", sagt sie, als sie, am Ende unserer Tour, ihr Rad abschließt. „Doch schon morgens auf dem Sofa sitzen, die Beine hochlegen und den Fernseher einschalten – das wäre für mich schier undenkbar." Lieber möchte sie so lange aktiv sein, wie sie kann. Mittendrin im bunten Neustadt-Leben. Und dabei offen sein für das, was auf sie zukommt. Große Vorbilder? Die hat sie nicht: „Ich möchte auch niemand anderes sein – ich bin ich", lacht sie fröhlich, „und wenn sich jemand anderes freut, dann kann ich mich mitfreuen." ■

Helga Ahrens ist aus der Neustadt nicht wegzudenken: So engagiert sie sich im „Brotkorb"-Team (auf dem Foto in der Mitte), als „Lese-Oma" für die Kinder, als Vorstandsmitglied im Förderkreis „Wendepunkt" sowie in der „Arbeitsgemeinschaft religiöser Gruppen".

Geschichte(n) erforschen und bewahren

Hedwig Brüchert

Unzählige Glückwünsche zum 70. Geburtstag von Freunden und Wegbegleitern sowie von Repräsentanten der Stadt: Bei einem Empfang im Stadthistorischen Museum wird Dr. Hedwig Brüchert im Januar 2015 das „Römische Kaisermedaillon" überreicht. Es ist eine seltene und hohe Auszeichnung, deren Motiv der ältesten bisher entdeckten Mainzer Stadtansicht mit Rheinbrücke und Türmen von „Mogontiacum" nachempfunden ist. Damit würdigt die Stadt Mainz die Lebensleistung von Frau Dr. Brüchert „in Wort, Schrift und Tat" sowie als „wandelndes Archiv für Stadtgeschichte".

Dabei bleibt sie am liebsten bescheiden im Hintergrund, wenn es darum geht, Mainzer Geschichte und Geschichten zum Leben zu erwecken. Dafür setzt sie sich ein, und das schon seit Jahrzehnten: So ist sie Mitgründerin und Ehrenvorsitzende des „Vereins für Sozialgeschichte Mainz" und ehrenamtliche Leiterin des Stadthistorischen Museums, als dessen „gute Seele" sie gilt.

Seit 1956 ist Hedwig Brüchert, die ursprünglich aus Leitmeritz (Böhmen) stammt, in Mainz zu Hause. „Gerechtigkeit und Chancengleichheit liegen ihr am Herzen – auch aus der eigenen Erfahrung heraus", verweist Oberbürgermeister Michael Ebling in seiner Laudatio auf ihre bewegte Biographie: Aus finanziellen Gründen war sie auf den „zweiten Bildungsweg" angewiesen, um mit 36 Jahren das Abitur machen zu können. War sie zuvor unter anderem als Übersetzerin tätig, konnte sie nun ihr Studium der Mittleren und Neueren Geschichte, Soziologie und Pädagogik an der Johannes Gutenberg-Universität absolvieren. Ihre Doktorarbeit schrieb sie über „Städtische Sozialpolitik vom Wilhelminischen Reich bis zur Weltwirtschaftskrise am Beispiel der Stadt Mainz 1890-1930".

Während der Promotion – und als alleinerziehende Mutter – engagierte sie sich in einigen Initiativen. 1989 wurde sie zur Ortsvorsteherin der Mainzer Neustadt gewählt: „Es folgten fünf intensive, hochinteressante, oft sehr schöne, aber äußerst anstrengende Jahre", erinnert sich Hedwig Brüchert, „denn dieses Amt in diesem großen Stadtteil ist mehr als ein ,Full-Time-Job'." 1994 wurde sie in den Stadtrat gewählt; im Jahr darauf nahm sie ihre Tätigkeit als Wissenschaftliche Mitarbeiterin am Historischen Seminar und am Institut für Geschichtliche Landeskunde auf.

Hedwig Brüchert

Als Historikerin legt sie stets großen Wert auf Gespräche mit Zeitzeugen; um Erinnerungen gerade von „einfachen" Menschen zu dokumentieren, die sonst verloren gingen. „Generell liegt mir viel daran, dass auch diejenigen Themen der Mainzer Geschichte erforscht und bekannt gemacht werden, die lange wenig beachtet wurden", betont Hedwig Brüchert. Die Sozialgeschichte zählt sie dazu, insbesondere die der Arbeiterbevölkerung. Zur Wirtschaftsgeschichte gehören für sie auch die Arbeitsbedingungen, zum Beispiel der ausländischen Zwangsarbeiter im Zweiten Weltkrieg – oder die Geschichte der mutigen Menschen, die in der Zeit des Nationalsozialismus Widerstand geleistet haben. Einen weiteren Schwerpunkt bildete die Beschäftigung mit Mainzer Familien jüdischen Glaubens, wobei die Forscherin mit ihrem Engagement bei den „Begegnungswochen Mainzer Juden" die Brücke in die Gegenwart spannt: „Nach dem persönlichen Kennenlernen von so manchen jüdischen Frauen und Männern aus Mainz, die emigriert sind und überlebten, liegt mir viel daran, den Kontakt aufrechtzuerhalten zwischen ihnen (und auch der zweiten, inzwischen sogar dritten Generation) und der Stadt Mainz", sagt Hedwig Brüchert, die vielen dabei als kompetente und einfühlsame Ansprechpartnerin gilt.

Verborgene Schätze zu heben, doch Licht auch in dunkle Kapitel der Vergangenheit zu bringen, hat sich der „Verein für Sozialgeschichte Mainz" zum Ziel gesetzt, den sie 1983 zusammen mit anderen Sozial- und Lokalgeschichts-Interessierten gründete. Zahlreiche Ausstellungen, 28 Publikationen und viele weitere Projekte hat der Verein seitdem auf die Beine gestellt. Nach knapp 30 Jahren als Erste Vorsitzende ist sie heute Ehrenvorsitzende – und leitet zudem als ehrenamtliche Geschäftsführerin den Förderverein Stadthistorisches Museum Mainz e.V. Im Jahr 2013 rief sie die „Stiftung Stadthistorisches Museum Mainz ins Leben, deren Vorsitzende sie ist. Als (ebenfalls ehrenamtliche) Museumsleiterin ist es ihr ein Herzensanliegen, die Geschichte der Stadt anschaulich darzustellen, ob in Dauer- oder Sonderausstellungen. Und das, wie bei der Verleihung des Kaisermedaillons hervorgehoben wurde, „mit herausragendem Engagement, viel Elan und vorbildlichem Einsatz." Denn Organisationstalent und planerische Fähigkeiten sind gefragt, wenn es beispielsweise um das Vorbereiten einer Schau zu einem besonderen Thema geht, wie Stadtansichten, die Mainzer Favorite, die Geschichte der Mainzer Bierbrauereien oder die Mainzer Nachkriegsjahre.

Rund 4.000 Besucher im Jahr kommen inzwischen in die Museumsräume auf der Zitadelle, zudem bringen immer mehr Mainzer Ausstellungsstücke. Auch über Spenden zugunsten der gemeinnützigen Stiftung freut sich Hedwig Brüchert: „Dadurch soll sichergestellt werden, dass das Museum auch nach Abtreten unserer ‚Gründergeneration' weitergeführt werden kann", erklärt sie und dankt allen Beteiligten für die gute Zusammenarbeit und Unterstützung. Die Zukunft des Museums auch weiterhin zu sichern, das ist ihr größter Wunsch.

Manfred Domrös

Den Kindern in Sri Lanka helfen

es gibt ein strahlend schönes, königlich leuchtendes Land – sein Name ist Sri Lanka", gerät Prof. Dr. Manfred Domrös ins Schwärmen. Die geheimnisvolle Insel, „sein Sri Lanka", wie er es liebevoll nennt, steckt für ihn voller Wunder. Liebevoll aufgenommen fühlt er sich hier, in seiner zweiten Heimat – als Freund des Landes und seiner Einwohner. Die Herzlichkeit der Menschen schätzt er ebenso wie die Harmonie zwischen Natur und Kultur. Mehrmals im Jahr tauscht er daher die Felder und Obstplantagen gleich vor der Haustür in Drais gegen malerische Strände und Teeberge ein. Auf Schritt und Tritt sammelt er unzählige Eindrücke, und das auch nach mehr als 90 Besuchen. Seit über einem halben Jahrhundert fühlt sich Manfred Domrös mit dem früheren Ceylon verbunden, wissenschaftlich und menschlich. Zu einem besseren Verständnis für den faszinierenden Inselstaat möchte er daher mit seinen Mitteln und Möglichkeiten beitragen. In ganz Europa gibt es wohl keinen vergleichbaren Sri-Lanka-Forscher.

Als international angesehener Wissenschaftler und Experte auf seinem Gebiet hat sich der emeritierte Geographie-Professor einen Namen gemacht. Nach wie vor widmet er „seiner" Tropeninsel Studien, Exkursionen und Veröffentlichungen. Vor allem jedoch hat er sich dem sozialen Engagement verschrieben: Als Vorsitzender der „Sri Lanka Kinder in Not-Kampagne" setzt er sich mit Hilfe von Spendengeldern für notleidende Waisenkinder und gegen Armut ein.

Spannend kann Manfred Domrös von seinen Aktivitäten auf vielen Gebieten erzählen. Und obwohl er noch immer alle Hände voll zu tun hat, nimmt er sich dazu gern Zeit – am liebsten natürlich bei einer guten Tasse Ceylon-Tee – „ohne Milch", wie der Teefreund ausdrücklich betont. 1940 in Essen geboren, studierte er Geographie, Meteorologie und Mathematik an den Universitäten Münster und Bonn. 1965 folgte die Promotion zum „Dr. rer. nat." über Luftverunreinigung und Stadtklima im Rheinisch-Westfälischen Industriegebiet. Auch für Zeitungen war er schon in jungen Jahren tätig, hat nicht nur zahllose Texte geschrieben, sondern auch begeisterte Fotoreportagen gefertigt, die Fotos in einer eigenen Dunkelkammer entwickelt, um dann Texte und Bilder in der Redaktion abzuliefern – den schnellen Weg per E-Mail und Internet gab es ja zu jener Zeit noch nicht. „Stolz wie Oskar war ich damals, ja, das kann man schon sagen", meint Manfred Domrös lächelnd: „Auf das erste selbstverdiente Geld, acht Pfennig pro Zeile, und auf die Veröffentlichung überhaupt."

Viele weitere Beiträge aus seiner Feder sollten im Laufe der Jahre folgen: ob Zeitungsartikel, Gottesdienstpredigten oder mehr als 170 wissenschaftliche Veröffentlichungen in Form von Aufsätzen und Büchern. Lange bevor das damalige Ceylon für Touristen attraktiv wurde, hat er sich bereits am Heidelberger Südasien-Institut mit der berühmten Tee-Insel beschäftigt. „Das Land ist wunderschön und

Manfred Domrös

bietet auch für die Forschung viele praktische Vorteile", erklärt Manfred Domrös. „Denn obwohl es klein und übersichtlich ist, bildet es das ganze Spektrum der Entwicklungsländer-Geographie ab."

Bis zu seiner Emeritierung 2008 lehrte der begeisterte Geograph 34 Jahre lang an der Mainzer Universität. Seine Schwerpunkte waren die Tropenforschung, Studien zu aktuellen Klima-Veränderungen und ihre Einflüsse auf den Lebensraum des Menschen, insbesondere in Entwicklungsländern Asiens. Dazu zählten auch Projekte zur Tourismusgeographie und -ökologie von Inseln. Den geographischen Forschungsraum verstand er als Teil der Schöpfung, die zu wahren und zu schützen ihm ein zentrales Forschungsanliegen war. Die „Schöpfungsverträglichkeit" lag ihm deshalb näher als die Umweltverträglichkeit. „Was ist Umwelt?", fragte sich Manfred Domrös häufig genug – angesichts seiner Berufung auf den neu eingerichteten geographischen Lehrstuhl für „Umweltgeographie". Im jungen akademischen Alter von 34 Jahren wurde Manfred Domrös nach Mainz berufen. Zwei Jahre zuvor hatte ihn die Technische Hochschule Aachen in ihrem Lehrkörper aufgenommen.

Manfred Domrös reiste viel, „um zu forschen, wie es ein Geograph eben tut". In der Tat war er ein Forscher mit Leib und Seele. Er hielt begeisterte Vorlesungen und stellte sich mit seinen wissenschaftlichen Erkenntnissen über die Tropen und den Monsun auf vielen internationalen wissenschaftlichen Tagungen und Konferenzen „kreuz und quer auf dem Globus" vor. Zudem organisierte und leitete er selbst viele Tagungen und Kongresse. Einen Höhepunkt seiner Karriere als Wissenschaftler bildete zweifellos der Vorsitz der geographischen Weltklimakommission, den er für fünf Jahre innehatte.

Der Vollblutgeograph ist bescheiden geblieben. Die ihm zuteil gewordenen internationalen Ehrungen will Manfred Domrös nicht als sein Verdienst sehen: „Meine Forschungen schuldete ich der Wissenschaft", sagt er. Die Chinesische Akademie der Wissenschaften in Peking ernannte ihn zum Honorarprofessor. Zwei angesehene Universitäten in Sri Lanka verliehen ihm für seine verdienstvollen Forschungen die Ehrendoktorwürde.

Der emeritierte „Professor Dr. Dr.h.c. Dr.h.c." Manfred Domrös hat trotz seiner festen wissenschaftlichen Bindungen mit der fernen Welt nicht seine Heimat vergessen: Allzu gerne dozierte er auch über Fragen zur Stadtökologie und zu einem nachhaltigen geographischen Umweltmanagement – am Beispiel der eigenen Stadt. Er zog mit seinen Studierenden der Geographie durch Mainz und analysierte vor Ort die Lebensqualität für die Menschen. Schließlich lag ihm ein „grünes Mainz" besonders am Herzen. Nicht weniger ernst nahm Manfred Domrös seine akademischen Pflichten „in der akademischen Verwaltung, als gefragter Doktorvater, als viel beschäftigter Gutachter und als geforderter Prüfer", zählt er auf. Über viele Jahre war Manfred Domrös auch Vertrauens-Dozent der Konrad-Adenauer-Stiftung. Selbst als Emeritus wird er – auch aus dem Ausland – noch immer um wissenschaftliche Gutachten gebeten.

Manfred Domrös kann „bücherweise", wie er scherzhaft meint, über seine Reisen in die weite Welt und in seine zweite Heimat Sri Lanka berichten. In einer neuen Veröffentlichung möchte er Rückschau halten auf einzigartige Begegnungen „mit den freundlichen Menschen in Sri Lanka, die immer ein Lächeln übrig haben", wie er betont. Andere auf Augenhöhe wahrzunehmen, war ihm auch schon als Professor mit seinen Studenten wichtig: „Wir sind uns stets als Menschen begegnet." Dass die Universität in Mainz dem Stadtteil Drais (zumindest geographisch) „zu Füßen liegt", wusste er schon damals sehr zu schätzen: Nur wenige Kilometer trennten das Wohnhaus von seinem Arbeitsplatz.

„Wann immer es früher möglich war, bin ich mittags kurz nach Hause gefahren, um mehr Zeit mit meiner Frau und unseren Söhnen zu verbringen." Denn bei der Familie konnte er wieder neue Energie für den Beruf tanken. Zu strahlen beginnen seine Augen, wenn Manfred Domrös sich daran erinnert, wie er seine Frau schon in jungen Jahren kennengelernt und gleich das Gefühl hatte: „Sie ist die Richtige." Gern denkt er an die glücklichen Jahre, die ihnen geschenkt wurden. Doch Wehmut mischt sich auch darunter, da sie den Ruhestand leider nicht mehr gemeinsam erleben können. Seine Frau starb vor seiner Emeritierung. Für Kinder und Enkel ist er gern da und genießt die gemeinsame Zeit. Zudem fühlt er sich dem kirchlichen Ehrenamt sehr verpflichtet, in „seiner" evangelischen Auferstehungsgemeinde in Mainz, wo er als Kirchenältester und auch als Prädikant eingebunden ist: „seit vielen Jahren", wie er bescheiden ergänzt. Im Ehrenamt leitet er Jahr für Jahr an die zwei Dutzend oder mehr Gottesdienste in Mainzer Kirchen.

Wie sehr Manfred Domrös „sein" Sri Lanka und dort insbesondere die Kinder am Herzen liegen, zeigt sich daran, dass er vor zehn Jahren – nach der schrecklichen Tsunami-Katastrophe – die „Sri Lanka Kinder in Not Kampagne e.V." ins Leben rief, die er seitdem im Ehrenamt leitet. Zahlreiche Hilfsprojekte konnte der Verein dank der Spenden „von lieben Mitgliedern und Freunden" umsetzen, von Schuluniformen bis zu Computern in Schulen, von der Förderung von lernschwachen Kindern bis zu einem eigenen kleinen Dorf, das der Verein im Süden Sri Lankas gebaut hat. Und vieles mehr. „Sie können ja alles auf unserer Homepage nachlesen", verrät Manfred Domrös, dem besonders wichtig ist, dass „jeder gespendete Euro direkt bei notleidenden Kindern ankommt." Und der dazu beiträgt, „dass Kinder sichere Schritte in eine glückliche Zukunft machen können." Stolz zeigt Manfred Domrös auf farbenfrohe Bilder, die „unsere Waisenkinder in Sri Lanka" gemalt haben.

Den Kindern in Sri Lanka helfen

Die segensreiche Arbeit der Kinderkampagne, sie ist ihm eine Herzensangelegenheit, passend zum Motto: „Ein Herz für Kinder und helfende Hände." – „Wir möchten die Kinder wertschätzen", betont er. „Sie sollen spüren: Wir sind nicht allein." Gern erinnert er sich als Vorsitzender daran, wie rund 200 Waisenkinder in Sri Lanka mit Kuscheltieren beschenkt werden konnten – „damals, als sie durch den Tsunami alles verloren hatten." Die glücklichen Kinderaugen sind ihm nicht aus der Erinnerung gewichen. „Hilfe zur Selbsthilfe" lautet die Devise für die Zukunft der Kinder.

Ob nun in Drais oder in Sri Lanka: Manfred Domrös möchte offen und aufgeschlossen bleiben; für spontane Begegnungen und Entdeckungen – eben für die geheimnisvolle „Serendipity". Der Fachbegriff steht für wunderbare Begebenheiten im Leben, bei denen man, wie er beschreibt, das Gefühl hat: „Mensch, das kann doch jetzt gar kein Zufall sein!" Wodurch sich viele einzelne Puzzle-Teile allmählich zu einem Bild zusammenfügen. Für Manfred Domrös ist das dann „wie ein Geschenk Gottes, das einem vor die Füße gelegt wird".

Foto: privat.

Menschen und ihre Geschichten, sie sollen auch im Mittelpunkt stehen in seinem Buch über Sri Lanka, für das er Erinnerungen und Eindrücke aus den vergangenen 50 Jahren zusammengestellt hat. „Voll mit Notizen" war sein Schreibtisch dabei. Von vielen lebendigen Begegnungen mit sehr freundlichen Menschen möchte der „Sudu Mahathaya" („der weiße Mann") darin berichten – und bei den Lesern die Neugier wecken, mehr über den Inselstaat im Indischen Ozean zu erfahren und vielleicht selbst einmal dort hin zu reisen. „Alles Gute und ein langes Leben", wünscht Manfred Domrös allen. Oder, wie man sich in Sri Lanka grüßt: „Ayubowan!"

Manfred Domrös und die „Sri Lanka Kinder in Not-Kampagne e.V."

Auch mehr als zehn Jahre danach sieht er sie noch genau vor sich: Die schockierenden Bilder der Verwüstung, die der Tsunami am zweiten Weihnachtstag 2004 auf der Tropeninsel angerichtet hatte: Bei der größten Katastrophe in der Geschichte des Landes kamen 40.000 Menschen ums Leben, mehr als eine Million wurden obdachlos. „Mein besonderes Mitgefühl galt den Kindern, die Eltern und Freunde verloren hatten und – traumatisiert von den schrecklichen Erlebnissen – auf sich allein gestellt waren", erinnert sich Manfred Domrös.

Spontan startete er einen Spendenaufruf, 2005 wurde die „Sri Lanka Kinder in Not-Kampagne e.V." gegründet, die sich nach wie vor über Mitglieder und Förderer „mit einem Herz für Kinder und helfenden Händen" freut. Organisiert und finanziert werden davon Maßnahmen für Not leidende Kinder, insbesondere für Waisen und andere sozial Benachteiligte. „Jede Form der Unterstützung ist wertvoll", erklärt Manfred Domrös. „Denn Menschen zu helfen, die all ihr Hab und Gut verloren haben, und ihnen eine Grundlage für eine lebenswerte Zukunft zu schaffen, ist uns ein wichtiges Anliegen." Nach Katastrophenfällen wie dem Tsunami oder nach Erdrutschen durch Wolkenbrüche des Monsuns werden zunächst Nahrung und ein Dach über dem Kopf benötigt. Auch bei individuellen Schicksalsschlägen – wenn Kinder plötzlich ihre Eltern verloren haben und auf der Straße leben – kommt der Verein für die Unterbringung, Verpflegung und Schulausbildung in Kinderheimen auf. Gegen Armut und Analphabetismus vorzugehen, die Gesundheitsvorsorge sowie die Förderung von Bildung sind weitere Aufgaben. „Zudem zeigen die Spenden Wertschätzung und Respekt gegenüber Kindern", betont der Vorsitzende. Aus langjähriger Erfahrung weiß er um die überwältigende Reaktion darauf: „Dankbarkeit und die Gewissheit: Wir sind nicht allein."

Unter anderem wurde bisher ein Dorfprojekt mit dem Bau von Häusern und einem Brunnen unterstützt. Im Sinne der Hilfe zur Selbsthilfe hat man Familien zum Anlegen kleiner Gärten ermutigt. Zudem konnte geholfen werden, Schuluniformen für mehr als 5.000 Mädchen und Jungen bereitzustellen; auch hunderte von Kuscheltiere wurden von einer kleinen srilankischen Handarbeitsfirma genäht und verteilt. Durch Spenden für ein Mädchen-Waisenhaus und Patenschaften sollen auch in Zukunft diejenigen gefördert werden, die nach wie vor am stärksten benachteiligt sind. „Bildung ist das wichtigste Startkapital fürs Leben", resümiert Manfred Domrös, „hierzulande ebenso wie in Sri Lanka".

Gudrun Drehsen-Sohn

Niemanden im Regen stehen lassen

Die kunstvoll in aufwendiger Handarbeit gestalteten bunten Patchwork-Decken, die hier gerne ausgestellt werden, sie sind so vielfältig wie die Männer, Frauen und auch Kinder, die sich hier begegnen: im Draiser Caritas-Altenheim Maria Königin, der Wirkungsstätte von Gudrun Drehsen-Sohn. „Menschen sind einfach einmalig und deshalb auch so interessant", findet die Diplom-Sozialarbeiterin. Sie hofft, den Bewohnern an ihrem Lebensabend noch ein wenig Freude zu bringen. „Geht es Ihnen gut? Alles in Ordnung?", fragt sie die ältere Dame im Rollstuhl, die gerade in den Clubraum kommt, und zaubert damit ein Lächeln auf ihr Gesicht.

„Gleich vorab: Ich halte mich nicht für einen besonderen Menschen", meint Gudrun Drehsen-Sohn bescheiden. „Ich mag einfach meinen Beruf und bin auch gern für meine Familie da." Dass sie zudem in einigen Bereichen Erstaunliches für das kulturelle Leben im Ort und beispielsweise als Ökumene-Beauftragte der katholischen Gemeinde in Drais leistet, das möchte sie selbst gar nicht an die große Glocke hängen. Ein wenig Überzeugungsarbeit ist daher nötig, um sie für ein Porträt in diesem Buch zu gewinnen.

„Ich halte mich für keinen besonderen Menschen."

„Schon als Kind habe ich davon geträumt, einen Beruf ausüben zu können, bei dem ich es mit Menschen zu tun habe, denn sie schienen mir schon damals sehr interessante Wesen zu sein", erzählt die engagierte Frau. Schon in jungen Jahren hat sie sich deshalb Babysitter-Stellen in der Nachbarschaft gesucht – und fand es toll, dass es eine Zeit lang „modern" war, als Grundschulkind einen Kinderwagen zu schieben. „Ich glaube, dass die jungen Mütter mich als zuverlässige Person erlebt haben, denn ich wurde immer wieder angefragt", freut sie sich noch mehr als fünf Jahrzehnte später. Säuglingsschwester war daher lange Zeit ihr erklärter Berufswunsch. Später träumte sie davon, in einem Kindergarten zu arbeiten.

Heute ist sie im Sozialdienst des Draiser Altenheims tätig. „Was mir an meiner Arbeit so gefällt, ist die Vielfältigkeit", betont sie mit Blick auf ihre zahlreichen Aufgaben. „Ich bemühe mich, ein Programm zu erstellen, damit die Bewohner noch am gesellschaftlichen Leben teilnehmen können, sofern ihnen dies gesundheitlich möglich ist." Regelmäßig lädt sie beispielsweise ein zu Gesprächen über be-

Gudrun Drehsen-Sohn

stimmte Themen, die angenehme Unterhaltung mit Gedächtnistraining kombinieren. Dabei legt sie Wert darauf, dass sich die Senioren wohlfühlen in der Runde – und dass sie zugleich spielerisch ihre „grauen Zellen" auf Trab bringen: sei es beim Erinnern an frühere Zeiten oder beim Betrachten der Kunstwerke, die in wechselnden Ausstellungen in der Galerie des Altenheims gezeigt werden und viele Anregungen bieten. So laden Gemälde zum Thema Heimat zum Entspannen und Erzählen ein. Fotos von Fenstern und Türen schicken die Fantasie auf Reisen: Wo könnten die Bilder aufgenommen worden sein? Gleich in der Nachbarschaft oder in einem fernen Land? Und was fällt Ihnen dazu ein?

Neben den regelmäßigen Gottesdiensten für die Bewohner, die alle Sinne ansprechen, speziell auch für Menschen mit Demenz und ihre Angehörigen, wird zu gemütlichen Begegnungen bei Kaffee und Kuchen eingeladen. Auf eine angenehme Atmosphäre trifft man auch bei Konzerten, Lesungen und anderen kulturellen Veranstaltungen. Gemeinsam mit einigen Ehrenamtlichen versucht Gudrun Drehsen-Sohn dabei, das Altenheim so weit wie möglich mit dem Ort zu vernetzen: „Sommerfest, Kerb oder Nikolausmarkt sind schließlich auch Feste, auf die sich die Bewohner

Auch wenn dieses Foto an ihrer Verbundenheit mit Mainz keinen Zweifel aufkommen lässt, besucht Gudrun Drehsen-Sohn so oft wie möglich die Kathedrale von Chatres an der Loire: „Meine Kraftquelle, die mich immer wieder inspiriert."

das ganze Jahr freuen", weiß sie. Beliebt seien zudem das gemeinsame Singen und das Vorlesen, zum Beispiel aus dem „Kleinen Prinzen", wo es heißt: „Wir brauchen die Nächte, um die Sterne zu entdecken." Auch rund ums Jahr bietet das Seniorenheim offene Türen. Zudem möchte Gudrun Drehsen-Sohn noch intensiver mit der benachbarten Grundschule zusammenarbeiten und bei gemeinsamen Projekten wie der „Alt-Jung-AG" die jüngere mit der älteren Generation zusammenbringen.

Vor diesem Hintergrund ist es nur konsequent, dass für Gudrun Drehsen-Sohn auch in ihrer Draiser Gemeinde das gemeinschaftliche Leben an erster Stelle steht: „Dabei habe ich das Bild der Urgemeinde im Sinn: Jeder schaut nach dem anderen und lässt ihn nicht im Regen stehen", beschreibt sie. „Als Realist weiß ich natürlich, dass es fast unmöglich ist, diesen Ideal-Zustand in einer Gemeinde erreichen zu können – aber man darf ja noch träumen ..." Nicht nur Träume, sondern auch viel Engagement und kreative Ideen bringt sie mit ein, wenn es um die Gestaltung der jährlichen Weltgebetstage der Frauen geht. Und als Ökumene-Beauftragte setzt sie sich ein für eine gute Zusammenarbeit, die noch weit über das gemeinsame Beten und Feiern von katholischen und evangelischen Christen hinausgeht. Nicht zuletzt kennt sich Gudrun Drehsen-Sohn im Ort und in der Umgebung gut aus, zum Beispiel mit den verschiedenen Kräutern. Einige Pflanzen, die am Wegesrand wachsen, riechen und schmecken nicht nur gut, sie helfen auch bei manchem Zipperlein; was Gudrun Drehsen-Sohn bei einer ihrer Kräuterwanderungen gerne näher erläutert. ■

Die Draiser Bibel: Ein Symbol der lebendigen Ökumene

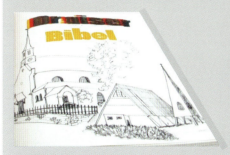

Das „Buch der Bücher", es hat auch eine besondere Bedeutung in Drais: Bei ihrer Tätigkeit im Seniorenheim machte Gudrun Drehsen-Sohn die Erfahrung, dass Menschen im Alter Halt und Trost in Bibelstellen und christlichen Liedern finden, die sie ihr Leben lang begleitet haben. Warum sollte man nicht ihnen und anderen die Möglichkeit bieten, ihren Lieblingstext aufzuschreiben und kreativ zu gestalten? In Zusammenarbeit mit der katholischen und der evangelischen Gemeinde in Drais setzte sie die Idee um – und das Ergebnis kann sich sehen lassen: die „Draiser Bibel", die zum 275. Geburtstag der katholischen Pfarrkirche Maria Königin im Jahr 2012 präsentiert wurde und auch im evangelischen Gotteshaus zu bewundern war. Sie enthält einige bekannte Geschichten, Auszüge aus Psalmen und andere Bibelverse, mit denen man etwas Besonderes verbindet. Für die einen ist es der Trauspruch, für andere der Tauftext von Sohn oder Tochter. Auf vielen edlen Seiten Papier spannt sich der Bogen von der Erschaffung der Welt bis hin zu den schönsten Passagen im Neuen Testament. Viele haben ihre Namen darunter vermerkt, wodurch es sich anbietet, ins Gespräch zu kommen. Einige Kinder haben sich ebenfalls an dem Projekt beteiligt: Sie schrieben Texte ordentlich ab und malten mit viel Liebe passende Bilder dazu, wie die Tiere auf der Arche Noah oder einen Hirten mit seinen Schafen. Natürlich fügte auch Gudrun Drehsen-Sohn, die diese außergewöhnliche Aktion über Monate hinweg koordinierte, ihre Lieblingsstellen bei. Und völlig zu Recht ist sie stolz auf das gelungene Werk als Gemeinschaftsleistung vieler.

Erich Eckhard

Kleinste Schrift und höchste Töne

Gib mir, Herr, die Gelassenheit, Dinge hinzunehmen, die ich nicht ändern kann. Den Mut, Dinge zu ändern, die ich ändern kann. Und die Weisheit, das eine vom andern zu unterscheiden." Der Sinnspruch, der im Eingangsbereich seiner Wohnung zu lesen ist, begleitet Erich Eckhard schon lange. Denn der ältere Herr, Jahrgang 1926, blickt zurück auf ein Leben mit Höhen und Tiefen.

In seiner Biografie hat er Erinnerungen zusammengetragen an sein bewegtes Leben, an schöne wie schwere Zeiten, besondere Begebenheiten im Alltag und Dinge, die wohl einmalig sind: Denn als Tenor am Theater und mit Mikrogravuren hat er zwei Einträge im Guinness-Buch der Rekorde erreicht. Viele Ehrungen und Urkunden hat er im Laufe der Jahre erhalten, darunter die goldene Verdienstnadel des Sozialverbandes VdK und den Ehrenring der Mainzer Hofsänger. Wahre Schätze finden sich in seiner „guten Stube". Fotos an den Wänden zeigen ihn in seinen größten Rollen: vom Tamino in der „Zauberflöte" über Canio im „Bajazzo", Pedro in der Oper „Tiefland" bis hin zum Herzog von Mantua in Giuseppe Verdis „Rigoletto". Daneben haben Auszüge aus Theater-Programmen ihren Platz, ergänzt durch eigene Zeichnungen und dekorative Schriften.

Wehmut liegt in seinem Blick, wenn Erich Eckhard auf das Foto seiner verstorbenen Frau schaut: 56 Jahre waren die beiden glücklich verheiratet. Nach einer Kindheit, die nicht einfach war, musste er in jungen Jahren Krieg und Gefangenschaft miterleben, erinnert sich der gebürtige Hagener. Nachdem er beim Wiederaufbau mitgeholfen hatte, führte ihn der Weg auf verschiedene Bühnen. Dabei machte er unter anderem Station in Bayreuth oder Zürich – und lernte seine „Puppa", wie er sie liebevoll nannte, kennen: „Es war Liebe auf dem ersten Blick", gerät er ins Schwärmen.

Zu vielen Auftritten begleitete sie ihn fortan, ob zu Gastspielen oder in seiner neuen Wahlheimat. Bald 60 Jahre ist es her, dass er vom Mainzer Theater als lyrisch-jugendlicher Tenor engagiert wurde. „Manchmal sprechen mich noch heute Menschen in der Stadt an, die sich noch gut an meine Auftritte erinnern können", strahlt Erich Eckhard und erzählt von seinen größten Erfolgen: Mit seinem beeindruckenden Repertoire stand er – allein in Mainz! – in mehr als 1.500 Vorstellungen in allen Sparten des Tenorfachs auf der Bühne. „Insgesamt werden es wohl über 5.000 Auftritte gewesen sein", meint er. 83 Opern- und Operettenchor-Partien sowie 80 Partien als Solist gab er zum Besten. Das brachte ihm seinen ersten Eintrag ins Guinness-Buch der Rekorde ein. „Besonders ungewöhnlich war dabei auch, dass ich sehr schnell umschalten konnte", erklärt er. „Gab ich am Abend zuvor noch den Helden, stand ich nur wenige Stunden später als kichernde Hexe von ‚Hänsel und Gretel' auf der Bühne – sehr zur Freude der Kinder im Saal." Gern denkt er auch an seine Auftritte als Mime bei den „Gutenberg-Festspielen" 1962 bis 1964 zurück, bei denen die Presse sein „mitreißendes Spiel" und seine „kraftvolle Tongebung" lobte.

Erich Eckhard

Stolz macht es ihn bis heute, wenn er auf die gesammelten Zeitungsausschnitte in seiner Mappe schaut. Und traurig zugleich. Denn nach nur zehn Jahren auf der Mainzer Bühne beendete ein unverschuldeter Autounfall auf tragische Weise seine Karriere, die so hoffnungsvoll begonnen hatte. Das Zwerchfell wurde überdehnt, wodurch die Tenorstimme verloren ging. Alles aus? Nicht für Erich Eckhard: Als Außendienstmitarbeiter verschiedener Firmen war er zwar beruflich in ganz anderen Bereichen tätig, erfuhr jedoch auch dort viel Anerkennung. Er kam gern mit anderen ins Gespräch und wurde wegen seiner sympathischen, charmanten Art geschätzt.

Dem Singen ist er weiterhin treu geblieben: „Vor allem zu Weihnachten bin ich im Städtischen Altenheim aufgetreten, fast 30 Jahre lang", berichtet er. „Mit großer Hochachtung erinnere ich mich an den Pianisten Hanns Fred Marker, der diese Abende mit anderen Künstlern gestaltete." Als Bass war Erich Eckhard von 1968 bis 1986 Mitglied der Mainzer Hofsänger. Für seine Chor-Kollegen und Freunde

hat er sogar eine besondere Erinnerung geschaffen: Das Lied „So ein Tag, so wunderschön wie heute". Doch nicht einfach auf Papier, sondern auf ein Pfennigstück graviert. Denn Texte in mikroskopisch kleiner Schrift auf Pfennig-Stücke zu ritzen, das war ein weiteres Spezialgebiet des gelernten Kunst-Buchbinders. Mit bloßem Auge und von Hand, per Gravurnadel! Binnen kurzer Zeit prägte er die Passagen aus der „Schönen Müllerin" mit etwa 13.000 Buchstaben auf 64 Pfennige (Foto Seite 30). Das sicherte ihm einen weiteren Eintrag im Guinness-Buch.

Außerdem hat er – neben Zeichnungen und anderen Texten – ein langes amüsantes Gedicht zum 40. Jahrestag des Schulabschlusses selbst verfasst und in eleganter Kunstschrift abgeschrieben. Und nicht zuletzt fertigte Erich Eckhard einige der wohl kleinsten Bücher der Welt an. Auch im Mainzer Gutenberg-Museum sind von ihm übertragene Werke von Goethe in winzig kleiner Schrift zu sehen. Ein echter Schatz hat

Als Tenor und für seine Mikrogravuren wurde Erich Eckhard ins Guinness-Buch der Rekorde aufgenommen. Einige der von ihm per Hand geschriebenen Büchlein, die weltweit zu den kleinsten zählen, sind im Gutenberg-Museum zu sehen.

jedoch zu Hause einen Ehrenplatz bekommen: „Das kleine Büchlein hier ist wirklich etwas Besonderes", meint Erich Eckhard und seine braunen Augen leuchten. Behutsam streicht er über die Seiten seines Werkes, das eine lange Geschichte erzählen könnte – obwohl es selbst nicht viel größer ist als eine Streichholzschachtel: Nach den Miniaturbüchern, die er vor über 60 Jahren gefertigt hatte, war er auf der Suche nach einer neuen Herausforderung. Dabei kam er auf Noten und entschied sich für die erste und zweite Szene aus „Rheingold", der ersten Oper im Ring von Richard Wagner, als Klavierauszug. Von 1950 bis 1952 arbeitete der Tenor immer wieder an dem Buch, schrieb alle Zeilen und Noten mit spitzer Zeichenfeder und bloßem Auge ab. Als „fantastisch" und „sagenhaft" wurde das fertige Werk, in Leder gebunden und im eigenen kleinen Schuber, gelobt, berichtet er. Auch seine Frau war tief beeindruckt.

Nachdem er das Büchlein 1956 in Koblenz an Generalmusikdirektor Otto Winkler ausgeliehen hatte, ist es vermutlich um die halbe Welt gereist. Doch Familie Eckhard hätte es gern zurückbekommen. „Immer mal wieder versuchten wir, eine Adresse herauszufinden, auch von Sängerin Annemarie Dörner, Winklers späterer Ehefrau", erzählt der Sänger, der mit ihr in fünf großen Opern auf der Bühne gestanden hatte. Dann kamen ein guter Freund und das Internet zu Hilfe: Die ältere Dame konnte sich am Telefon noch gut an die gemeinsamen Auftritte erinnern – und an das „Rheingold", das sie seit vielen Jahren verwahrte. Nach einer wahren Odyssee konnte das Miniatur-Kunstwerk also wieder zu Erich Eckhard zurückkehren. „Als ich das Buch nach so langer Zeit endlich wieder in den Händen halten konnte, habe ich vor Freude richtig geweint", sagt er gerührt und hält das kostbare Stück liebevoll in den Händen.

Vielleicht noch einmal ein Eintrag ins Guinness-Buch? Ja, das wäre schön, meint er. Doch noch mehr freut es ihn, dass er seine unterschiedlichen Talente oft einsetzen konnte, um anderen eine Freude zu bereiten. Dazu gehörte auch, im Franz-Stein-Haus, in dem er seit einigen Jahren lebt, für die vorwiegend älteren Mitbewohner zu singen. Im Gemeinschaftsraum hat sein Flügel seinen Platz gefunden. Um seine markante Stimme zu erhalten, versucht er hier nach wie vor jeden Tag ein Stündchen zu üben. „Denn das Singen", betont Erich Eckhard, „hat mir auch geholfen, trotz mancher Schicksalsschläge nicht den Mut zu verlieren." Dann gibt er sich einige Akkorde vor – und bald darauf ist der ganze Saal erfüllt von Schumanns Mondnacht: „Und meine Seele spannte weit ihre Flügel aus, flog durch die stillen Lande, als flöge sie nach Haus." ■

Rolf Figge

Der Rolf – und seine Gitarre!

Wir sind gemeinsam unterwegs": Wenn er aus seinem Büro neben der Auferstehungskirche in den Hof der Gemeinde-eigenen Kita kommt und das Gute-Laune-Lied anstimmt, ist Rolf Figge in Windeseile umringt von einer quietschvergnügten Kinderschar. „Der Rolf und seine Gitarre!", rufen die Jungs und Mädchen und singen fröhlich mit. Keine Frage: Das Instrument ist zu seinem Markenzeichen geworden und bei Rolf Figges vielseitigen Aufgaben oft mit dabei.

„Wer solche Arbeitsbedingungen hat, ist einfach ein glücklicher Mensch", lacht der vollbärtige Gemeindepädagoge, der seit mehr als 25 Jahren hier auf dem Hartenberg tätig ist. „Ein sehr abwechslungsreicher, interessanter, bunter Beruf – mitten im prallen Leben." Schon als junger Mann hatte sich Rolf Figge, Jahrgang 1955, in der kirchlichen Jugendarbeit engagiert. Und bereits während des Studiums (ursprünglich wollte er Lehrer am Gymnasium werden) fühlte er sich mit der evangelischen Gemeinde verbunden. Zunächst wirkte er ehrenamtlich mit, seit Januar 1988 ist er offiziell

Begeisterung wirkt ansteckend.

angestellt und hat somit sein ganzes berufliches Leben dort verbracht. „Ich musste nicht den Arbeitsplatz wechseln, um etwas Neues zu erleben", erzählt er bei einem Blick zurück. „Das war sehr schön, weil sich das Aufgabenfeld immer wieder wandeln konnte."

Der Jugendarbeit widmete er sich zunächst und entwickelte dann die Arbeit mit Familien und kleinen Kindern in der Auferstehungsgemeinde, die „miniGemeinde". Auch im Konfirmanden- und Religionsunterricht wirkt Rolf Figge, der verheiratet ist und einen Sohn hat, mit. Weitere Aufgaben in der Öffentlichkeitsarbeit und im Fundraising kamen hinzu; bei der Modernisierung der Kindertagesstätte hatte er die Projektleitung inne. Die Turnhalle der Kita wurde schon zum Tonstudio, bei Aufnahmen beliebter christlicher Kinderlieder für ein CD-Projekt, zusammen mit Margarete Ruppert und vielen Jungs und Mädchen, die begeistert mitgesungen haben. Das bunte Leben hält hier mitunter auch abends Einzug, beispielsweise zum Lutherfest am 31. Oktober. Dann schlüpfen Rolf Figge und weitere Haupt- oder Ehrenamtliche in andere Rollen und laden als Weggefährten des Reformators zu einer spannenden Reise in die Geschichte ein. Ostern oder Erntedank in der Familie zu feiern, auch dazu werden in der Auferstehungsgemeinde gern kreative Ideen, Lieder, Geschichten und andere Materialien weitergegeben. „Kirche nah bei den Menschen", hat sich Rolf Figge zum Ziel gesetzt. Und zwar nicht nur bei denen, die sich schon im engeren Sinne als christlich verstehen. Am Herzen liegt ihm, dass die Kirchengemeinde als kompetenter Gesprächspartner wahrgenommen wird. Und er möchte Kontakt zu den Menschen in der Umgebung schaffen, erhalten und entwickeln. Etwas wehmütig erinnert er sich daran, dass die Schulkinder noch vor zehn, zwanzig Jahren nachmittags viel eher die Angebote der Kirchengemeinden oder Sportvereine nutzen konnten. Heute hingegen sei die Konkurrenz um die Freizeit nicht nur an den Schultagen, sondern auch am Wochenende wesentlich größer.

Wo er selbst wieder Energie für seine Arbeit tankt? Mitfiebern und zugleich entspannen kann sich Rolf Figge gut im Stadion der 05er. Zudem ist es für den Gemeindepädagogen zu einer liebgewonnenen Gewohnheit geworden, am Sonntagnachmittag die Predigt in Ruhe bei einer Tasse Kaffee „online" anzuhören – da er ja selbst während des Gottesdienstes ein Programm für Kleinkinder und Eltern anbietet. Mit den unterschiedlichsten Menschen ins Gespräch zu kommen „über den Glauben an Gott und Schlüsselfragen des Lebens", das empfindet er als Geschenk, „weil es ein Geben und Nehmen ist, mit immer neuen Impulsen und Denkanstößen". Und so freut er sich darauf, auch weiterhin mit vielen anderen „gemeinsam unterwegs" zu sein. ∎

Die „KiBiWo" ist längst schon Kult

„Willkommen hier bei uns im Saal, willkommen bei der KiBiWo", ertönen rockige Klänge aus dem Gemeindesaal, den Jugendliche mit Instrumenten und Gesang zusammen mit über hundert Kindern richtig zum Klingen bringen. Die Kinderbibelwoche kurz vor den Sommerferien – liebevoll „KiBiWo" genannt – wird in der Auferstehungsgemeinde gefeiert wie ein mehrtägiges Fest. Und das nun schon seit 1993. Jahr für Jahr ist Rolf Figge gespannt auf dieses Großereignis für alle zwischen sechs und zwölf, das zu einer beliebten Tradition geworden ist.

Nach Liedern zum Ankommen und Einstimmen werden die Kinder herzlich begrüßt. Auf sie warten spannende Stunden beim Vorlesen, Singen und Spielen, Basteln und Bauen. Bevor es in den Gruppen weitergeht, heißt es „Vorhang auf" für die großen Stabpuppen, die Geschichten aus der Bibel nachspielen. Mut haben, sich etwas zutrauen, um diese und andere Themen geht es. Dann herrscht wieder munteres Gewusel in allen Ecken und Winkeln der Kirchenräume. Denn auf einen lebendigen Wechsel wird bei der KiBiWo Wert gelegt: mal können die Kinder zuhören und selbst etwas erzählen, dann wieder kreativ werden und etwas mit den Händen gestalten.

Der Rolf – und seine Gitarre!

Damit alles gut läuft, sind vor und hinter den Kulissen über 40 ehrenamtliche Helfer im Einsatz. „Die Mitarbeitenden sind zum großen Teil Jugendliche, die selbst als Kinder schon gern mit dabei waren", erzählt Rolf Figge, bei dem die Fäden zusammenlaufen, in einer Verschnaufpause. Und stolz auf seine Mannschaft ergänzt er: „Man kann wirklich sagen: KiBiWo ist Kult." Sein Erfolgsrezept: „Ob als Gruppenbetreuer oder bei anderen Aufgaben, man sollte den jungen Leuten etwas zutrauen, ihnen Verantwortung übertragen und sie dieses Gefühl genießen lassen."

Ein Übungsfeld ist die Bibelwoche daher auch für die „KiBiWo-Band", die ihr Publikum mit der eigenen Begeisterung anstecken möchte. „Es ist wirklich toll, vor so vielen auf der Bühne zu stehen und zu sehen, wie sie bei den Liedern und Choreographien mitmachen", freut sich eine junge Sängerin. „Steht auf, wenn ihr Gott vertraut", singen die Bandmitglieder und greifen in die Gitarrensaiten oder die Tasten des Keyboards, zu den Schlagzeug-Sticks oder zum Mikro. „Egal, wie du aussiehst, egal, wie du dich fühlst, Gott liebt DICH!", heißt es in einem anderen Lied. Sichtlich Spaß haben die Kinder auch bei „Alles jubelt, alles singt" oder „Jesús es un amigo".

Bevor es weitergeht, bietet das Küchenteam zur Stärkung einen leckeren Imbiss an. Und für die „Großen" gibt es vor der Kirche einen Kaffee im Elternzelt, wo man über Gott und die Welt ins Gespräch kommen kann. Gastgeberin ist Judith Schröder, die die „KiBiWo" vor über zwanzig Jahren mit ins Leben gerufen hat: „Neben dem Gesamtkonzept haben sich viele praktische Dinge im Laufe der Jahre bewährt", erzählt sie lächelnd. Unter anderem dienen die Farben auf den T-Shirts der Betreuer und auf den Ansteck-Buttons der Kinder zur besseren Orientierung. Auch die farbenfrohen Liedhefte sind ein beliebtes Souvenir – selbst wenn sie nach der Bibelwoche, zum gemeinsamen Abschlussgottesdienst am Sonntag, kaum noch benötigt werden. Denn viele Kinder können die rockigen Lieder dann aus dem Kopf und wohl auch aus dem Herzen mitsingen.

Helga Hartmann

Tanzend neuen Atem holen

Tanzen ist Atemholen der Seele", sagt Helga Hartmann und stellt einen Strauß duftender Kräuter auf ein leichtes Tuch. Zusammen mit einer großen brennenden Kerze bilden sie den Mittelpunkt des Gottesdienst-Raumes im evangelischen Gemeindehaus in Mainz-Hechtsheim auf der Frankenhöhe. Seit vielen Jahren schon bietet sie Meditative Tanzabende an zu klassischer und kirchlicher Musik. Einmal im Monat lädt sie ein, sich etwas Gutes zu tun, sich auf Musik und Tanz einzulassen – und dabei den Alltag zurückzulassen. Die Abende widmen sich einem bestimmten Thema rund ums Jahr, wobei die Tänze ergänzt werden durch Gedichte und eine passende kreative Gestaltung.

Durch Europa und in andere Teile der Welt führt die musikalische Reise an diesem Abend. Bevor es losgeht, erzählt sie mit angenehm warmer Stimme ein wenig aus ihrem Leben: von der Liebe ihrer Eltern und später der Liebe ihrer Familie, die sie in ihrem Leben sehr geprägt hat. Sie berichtet von schönen Erlebnissen wie dem abendlichen Singen mit Lautenspiel und Akkordeon-Begleitung. Und von ihrem Vorbild, einer Diakonissenschwester, die den Mädchenkreis in ihrer Kirchengemeinde geleitet und sie beeindruckt hat. Als symbolischen Begleiter trägt sie oft einen kleinen Engel aus Bronze bei sich. „Ein Zeichen für Gottes Nähe, gerade in kritischen Situationen", erzählt Helga Hartmann und ist sich sicher: „Ich bekam sehr viel in meinem Leben geschenkt – und daher möchte ich auch Gutes an andere weitergeben."

Nach und nach sind einige Frauen eingetroffen, oft im Sommer und Herbst des Lebens. Sie kommen in der Runde zusammen und halten sich an den Händen, nach dem Prinzip „die rechte Hand empfängt, die linke gibt". Die Kreis- und Reigentänze stammen aus den Traditionen verschiedener Völker, unter anderem vom Balkan und aus dem Baltikum. Bevor sie praktisch ausprobiert werden, sagt Helga Hartmann etwas zur Schrittfolge, Symbolik und tieferen Bedeutung der Bewegungen, in denen Balance und Harmonie zum Ausdruck kommen. So gleicht zum Beispiel eine Choreographie dem Auf- und Untergehen der Sonne, der man symbolisch entgegengeht. Die herzliche Ausstrahlung der Tanzlehrerin schafft dabei eine vertrauensvolle, warme Atmosphäre.

Dann gleiten bequeme Damenschuhe über den Boden: mal mit kleinen, behutsam gesetzten Schritten, mal mit großen, schwungvollen Bewegungen. Sie scheinen sich ganz der Musik zu überlassen und sich frei zu fühlen. Nach einem Folkloretanz aus der Normandie sind die Frauen in einen lebensfrohen Tanz aus Mazedonien vertieft; ihre Arme lassen an geflochtene Bänder denken. In der Tat haben sich beim Tanzen gute Freundschaften entwickelt. Viele in der Runde kennen sich schon seit Jahren und nutzen die kleinen Atempausen zwischen den Tänzen für ein nettes Gespräch. „Tanzen ist etwas, das verbindet", bestätigt Helga Hartmann, die dazu einlädt, Freude und Gemeinschaft

Helga Hartmann

zu erleben. Zu mehr Wohlbefinden zu gelangen, auch dazu möchte sie mit meditativen Tänzen zu ausgesuchten Musikstücken beitragen.

„In getanzten Gebeten wollen wir unseren Dank, unsere Bitte und das, was uns bewegt, ausdrücken – und so Leib und Seele sprechen lassen“, erklärt die aktive Seniorin. Mitunter schließt sie die Augen, scheint sich richtig in die Bewegungen hineinzubegeben. Der getragene Gesang einer Frau ist zu hören, die viel Gefühl in das Stück hineinlegt: „Die Ulme“, nach einer Musik aus Lettland, regt zum Nachdenken und Nachspüren mit dem ganzen Körper an. Indem man kleine Kreise beschreibt, besinnt man sich, hält Rückschau auf das, was war. Das Licht der Kerze flackert, als die Frauen zur Mitte kommen, um zu ihren eigenen Energiequellen zu finden, um neue Kraft zu bitten und dann wieder gestärkt auf die Kreis- beziehungsweise Lebensbahn zurückzukehren.

„Die Choreografien sind nur als Leitfaden gedacht“, erläutert Helga Hartmann. Nicht auf perfekte Schritte komme es an, wichtiger sei, sich einfach darauf einzulassen und mitzutanzen. Die Tanzabende sind offen für alle Interessenten, Vorerfahrungen sind nicht erforderlich. Was zählt, ist die Freude an der Bewegung, das weiß sie auch von ihrer Ausbildung im Bereich Seniorentanz, kombiniert mit meditativen Tänzen. Nach vielen aktiven Jahren kann sie auf einen reichen Schatz an Erfahrung zurückgreifen. Bereits seit 1999 bietet Helga Hartmann Tanzabende in Mainz-Hechtsheim an, wo sie auch bei den Landfrauen und mit einer Folkloregruppe aktiv ist. Auch bei verschiedenen Veranstaltungen und in der Gemeinde gestaltet sie das kulturelle Leben in ihrem Stadtteil mit. Viel Vergnügen bereitet ihr das Singen im Kirchenchor, denn in der Kirchenmusik, vor allem in neuen geistlichen Liedern, sieht sie eine wichtige Kraftquelle.

Sich darauf einzulassen und mitzutanzen, ist bei den meditativen Tanzabenden für Helga Hartmann das Wichtigste.

40

Privat geht es ihr wie einigen anderen Frauen in der Runde: Sie ist zwar glücklich verheiratet, sogar schon seit über 50 Jahren – aber, wie sie selbst scherzhaft sagt, „mit einem passionierten Nicht-Tänzer". Da sie immer schon gern getanzt hat, war es ihr wichtig, dafür andere Möglichkeiten zu finden. Dass in etlichen Tänzen Lebensfreude zum Ausdruck kommt, schätzen die Frauen in der Runde sehr. Gleichzeitig sind sie beeindruckt von der heilenden, stärkenden Wirkung, ebenso wie von der ganzen Bandbreite der Gefühle, die in einigen Stücken angesprochen wird. In einem meditativen Kosmos-Tanz aus Korea beispielsweise, den die Tanzlehrerin mit ausdrucksstarker Gestik anleitet: „Wir schauen zum Himmel und verneigen uns vor der Erde", beschreibt sie. Den Tanz kennt sie von den Weltgebetstagen der Frauen her, die sie ebenfalls seit 25 Jahren mitgestaltet.

Mit der eigenen Kraft in Berührung zu kommen, darum geht es beim Tanz „Das Lächeln des Manolito" aus den Anden, der mit seinem flotten Rhythmus zum Springen – „seit-hopp-rück-tipp" – einlädt. Sie sei beeindruckt von der Fröhlichkeit vieler Menschen, die in ärmeren Verhältnissen leben, aber dennoch aus vollem Herzen singen und tanzen würden, meint eine Frau und betont: „Nach den Abenden mit Musik und Bewegung kehre ich dann selbst gestärkt nach Hause zurück, habe wieder neue Energie getankt, um den Alltag gut zu meistern." Das Gute, das man selbst gefunden hat, auch an andere weiterzugeben, ist auch ein Gedanke beim „Al Achat", einem bekannten Danktanz aus Israel. Zu finden ist er außerdem in Helga Hartmanns Leitspruch aus der Bibel: „Seid fröhlich in Hoffnung, geduldig in Trübsal, beharrlich im Gebet."

Den Abschluss an diesem Abend bildet ein ruhiges griechisches Gebet, bei dem man im Hin- und Herwiegen die Arme vor der Brust kreuzt. „Gib mir einen Traum, an dem ich mich festhalten kann", liest Helga Hartmann aus einem Text vor und regt dazu an, die schönen kleinen Dinge des Lebens im Blick zu haben, um mehr Freude zu empfinden. Für sie selbst sind das die Natur und der eigene Garten, gute Gespräche, Unternehmungen und natürlich das Singen und Tanzen in der Gemeinschaft. „Gefühlen durch Bewegung Ausdruck zu verleihen", beschreibt die Tanzlehrerin lächelnd, „das ist für mich ein großes Geschenk." ■

Barbara Heine

Das Leben selbst in die Hand nehmen

Das Leben selbst in die Hand nehmen", das ist ein Leitspruch geworden für Barbara Heine – seit sie den Mut gefasst hat, gewohnte Bahnen zu verlassen und neue Wege zu gehen. Aus vielen Gesprächen weiß sie, dass nicht wenige in einer ähnlichen Situation sind: gern würde man etwas Neues wagen – doch wie und wo fängt man damit an? Ihr Ziel ist es daher, mehr Zufriedenheit in den beruflichen und privaten Alltag zu bringen. Dabei möchte sie auch andere unterstützen, denn sie selbst hat inzwischen ihren Traumberuf gefunden und ist als Laufbahnberaterin tätig.

In Einzelgesprächen und Gruppenangeboten geht es ihr darum, andere bei der Suche nach dem passenden Berufsweg professionell zu begleiten, Denk- und Verhaltensweisen, Einstellungen und Werte in den Blick zu nehmen, um mehr Klarheit zu gewinnen. Auch im Freundeskreis und in ihrer Kirchengemeinde wird sie sehr geschätzt, weil sie gern mit Rat und Tat weiterhilft. „Jeder ist selbst verantwortlich für sein Handeln und hat die Möglichkeit, aktiv zu werden und Situationen zum Besseren zu verändern", findet sie und berichtet davon, was sie auf ihrem Weg geprägt hat. Und sie beschreibt, wodurch sie vieles in ihrem Leben als Geschenk empfindet.

Das Leben ist wie eine Baustelle, viele einzelne Steinchen ergeben ein Ganzes. Und es ist noch viel mehr: Mal gleicht es einem Netzwerk einzelner Fäden, mal einem Ei, in dem sich etwas Neues verbirgt, oder einer Ampel, die „grünes Licht" gibt. Den eigenen Gedanken dazu freien Lauf zu lassen, dazu ermutigt Barbara Heine.

Barbara Heine .... im Gespräch

Frau Heine, an welche Erlebnisse aus Ihrer Kindheit erinnern Sie sich am liebsten?

Meine Kindheit habe ich in Pirmasens verbracht. Mein Vater hatte eine kleine Schuhfabrik und die Wohnungen meiner Großmutter und Eltern befanden sich direkt über den Fabrikräumen. So waren sie für mich praktisch den ganzen Tag erreichbar. Ab und zu durfte ich mithelfen, und Material zum Basteln war stets reichlich vorhanden. Ein anderer wunderschöner Ort meiner Kindheit war unser Holzhaus mitten in der Natur, wo wir gern die Wochenenden verbracht haben – diese Zeit war für mich Freiheit pur und hatte irgendwie etwas Magisches an sich.

Wie verlief Ihr weiterer Weg, von Schule und Ausbildung bis zum Beruf?

Ich bin gerne zur Schule gegangen, das Lernen ging mir leicht von der Hand. Eigentlich hätte ich nach dem Abitur gerne Psychologie studiert, aber wegen der kritischen Haltung meiner Familie diesem Fach gegenüber habe ich den Wunsch nicht weiter verfolgt. Doch bereits im ersten Semester habe ich dann festgestellt, dass meine Wahl, Chemie, doch nicht die richtige war – und die viele Arbeit im Labor nicht das, was ich wollte. Nachdem ich das Studium abgebrochen hatte, wollte ich keine weiteren Risiken mehr eingehen. Daher habe ich eine Ausbildung zur Bankkauffrau absolviert. Lange war ich im Bereich Immobilien-Kredite tätig, bis mir bewusst wurde, dass es Seiten in mir gab, die dadurch brach liegenblieben. Meine Begeisterung für psychologische Themen war ungebrochen und ich spürte, dass es – mit 42 Jahren – so langsam Zeit wurde, dem mehr Platz und Bedeutung einzuräumen.

Und das haben Sie dann in die Tat umgesetzt ...

Durch ein Buch über Individualpsychologie und Internetrecherchen habe ich die Laufbahnberaterin Heidi Merlet* aus Mainz kennengelernt. Die Gespräche mit ihr machten mir immer deutlicher, dass ich eine beratende Tätigkeit ausüben und Menschen weiterhelfen wollte. Entschieden habe ich mich dann für eine individualpsychologische Berater- und Coaching-Ausbildung, die ich durch eine laufbahnberaterische Ausbildung ergänzt habe. Dann hatte ich das große Glück, dass Heidi Merlet und ich uns von Anfang an prima verstanden. Nach meiner Ausbildung konnte ich in ihrer Laufbahn-Beratungspraxis „Wage Mut" in Mombach mitarbeiten, viel von ihr lernen und seit Ende 2008 die Praxis in Eigenregie weiterführen. Heidi Merlet hat mir viele Türen geöffnet und Wege geebnet, dafür bin ich ihr sehr dankbar. Meine Tätigkeit als Laufbahnberaterin schenkt mir sehr viel Freude und Zufriedenheit; die Gespräche mit meinen KlientInnen und SeminarteilnehmerInnen erlebe ich als Bereicherung. Es ist ein wunderbares Gefühl, andere auf ihrem Weg begleiten zu dürfen und dabei zu helfen, dass sie ihren Platz in der Berufswelt finden. Denn ich habe meinen gefunden, bin angekommen.

---

* Heidi Merlet wird Ihnen in diesem Buch auf Seite 86 vorgestellt.

Das Leben selbst in die Hand nehmen

Hatten Sie, neben Ihrem Berufswunsch, noch weitere große Träume?
Als Kind habe ich immer von einer glücklichen Familie geträumt: Also den Mann zu heiraten, den ich wirklich liebe und Kinder zu haben. Das Leben war so freundlich zu mir und hat mir beides geschenkt. Unser Sohn ist zwar Einzelkind geblieben, doch es ist einfach wunderbar, dass es ihn gibt. Die gemeinsame Zeit genieße ich sehr. Auch einen Beruf zu haben, der mich erfüllt und mir Zufriedenheit gibt, gehörte zu meinen Träumen. Dies habe ich zwar erst auf Umwegen erreicht – aber auch dieser Traum ist wahr geworden. Für mich ist der Gedanke beruhigend, auf mein bisheriges Leben zurückschauen zu können und zu sagen „So, wie es alles in allem war, so ist es gut".

Sie wirken sehr ausgeglichen. Worüber können Sie sich so richtig freuen?
Mensch sein heißt für mich, sich zu entwickeln. Im Beruf bedeutet das für mich, dass ich mich freue, wenn ich den Eindruck habe, dass ein Beratungsgespräch gelungen ist. Oder wenn ein Seminar gut gelaufen ist und ich so etwas wie „positive Energie" im Raum spüren kann. Das ist ein Gefühl, als könnte ich „Bäume ausreißen". Als Familie genießen wir es, in einem kleinen beschaulichen Ort zu wohnen, umgeben von Feldern und Obstplantagen. Freuen kann ich mich noch über viele weitere schöne Dinge: unseren kleinen Garten, gemeinsame Ausflüge mit der Familie oder mit Freunden, Spiele-Abende, leckeres, gemütliches Essen, ein spannendes Buch, intensive Gespräche, schöne Musik und Kinofilme. Kraft schöpfe ich in der Stille, in der Natur: Wenn ich das Rauschen der Blätter in den Bäumen höre, fließendes Wasser sehe oder in den Sternenhimmel blicke. Kraft schöpfe ich auch beim Klavierspiel, wenn ich die Welt um mich herum vergessen kann, oder wenn ich Musik ganz bewusst höre. Und Kraft geben mir nicht zuletzt mein Mann und mein Sohn oder ein Gebet.

Wenn Sie bitte spontan ergänzen: Glück bedeutet für mich ...
... freie Zeit mit meinem Mann und meinem Sohn zu verbringen und den Tag so planen zu können, wie es uns gefällt.
Und: Mir immer wieder bewusst zu machen, was mir das Leben geschenkt hat. Denn ich habe das Gefühl, reich beschenkt worden zu sein. Das macht mich sehr dankbar und bedeutet für mich, dass ich „der Welt" auch etwas zurückgeben möchte.

Lassen Sie uns zum Schluss einen Blick in die Zukunft werfen: Worauf freuen Sie sich am meisten?
Ich freue mich auf meinen Alltag, so wie er jetzt ist, trotz all der Unwägbarkeiten und manchmal auch Schwierigkeiten. Ich freue mich auf die Zeit mit meiner Familie – und denke dabei auch an weitere liebe Verwandte und meine Wahlfamilie Merlet. Auf schöne Begegnungen mit Freunden freue ich mich, auf den Urlaub ... und auf jede erste Tasse Kaffee am Morgen.

Carola Herbrik & Berit Sommerfeld

Marienborn? Wir finden's spannend!

Mit *Hos geldiniz*, *Bem-vindo*, *Welcome*, *Tere tulemast*, *Benvenuto* oder *Serdecznie witamy* begrüßt man sich in Marienborn im Hochhausgebiet „Am Sonnigen Hang" – nicht nur zum Interkulturellen Fest, das eine beliebte Tradition ist. Mehrfach schon hat das ökumenische „Centrum der Begegnung" hier zu einer interreligiösen Segensfeier mit großem internationalem Büffet und buntem Unterhaltungs-Programm eingeladen. Begleitet von Musik aus aller Welt kommen Textpassagen aus verschiedenen Religionen zur Sprache, von der Bibel-Lesung über Suren aus dem Koran bis hin zu Ansprachen von Mitgliedern anderer Kulturen. „Alle gehören zusammen, egal woher sie kommen", ist ein zentraler Gedanke dabei. Anschließend wird gemeinsam in lockerem Rahmen gefeiert.

Dass von Veranstaltungen wie dieser Impulse für ein friedliches Miteinander ausgehen, ist der Wunsch vieler Menschen im Stadtteil. Den Austausch über kulturelle Bräuche und religiöse Orientierungen zu fördern, um Vorurteile zu überwinden, das ist auch Carola Herbrik und Berit Sommerfeld ein sehr wichtiges Anliegen. Gemeinsam mit anderen Haupt- und Ehrenamtlichen machen sie sich seit Jahren für ein gutes Zusammenleben in Marienborn stark. Einige Projekte haben die beiden engagierten Frauen im Laufe der Zeit schon auf die Beine gestellt – und das noch weit über ihre Tätigkeit als Projekt-Koordinatorin beziehungsweise Vorsitzende im Kirchenvorstand hinaus. Oft sind sie an mehreren Standorten im Einsatz, ob rund um die evangelische Gemeinde oder im „Centrum der Begegnung". Viele Fäden laufen bei ihnen zusammen, auch bei der Organisation besonderer „Events" wie dem Interkulturellen Fest. Dann gilt es nicht nur, die Aktivitäten der vielen Mitwirkenden zu koordinieren, sondern auch Großeinkäufe zu managen und am Tag selbst alles im Blick zu haben. Doch so stressig das mitunter sein mag: Die beiden sind ein eingespieltes Team und verstehen sich auch privat ganz ausgezeichnet.

„Im Gespräch zu sein mit Leuten von überall her, das bin ich von klein auf gewohnt – und finde es nach wie vor spannend", erzählt Berit Sommerfeld, Jahrgang 1974. In ihrem Elternhaus waren Gäste immer herzlich willkommen, zudem ist sie schon als Kind gern gereist, auch in weiter entfernte Länder wie Saudi-Arabien, Indien oder Indonesien. Ein Abenteuer war es für sie, dabei nicht nur Natur und Kultur zu erfahren, sondern auch zu sehen, wie die Menschen dort leben, und sich mit Händen und Füßen mit ihnen zu verständigen. „Wo wir auch hingekommen sind: Überall wurden wir sehr gastfreundlich aufgenommen", erinnert sich Berit Sommerfeld an prägende Erfahrungen.

Auch heute unternimmt sie mit ihrem Mann und den beiden Kindern gern längere Urlaubsreisen, um Land und Leute ausgiebig kennenzulernen. Andere so anzunehmen, wie sie sind, egal wo sie herkommen, das ist ihr auch in ihrer Heimat- und Kirchengemeinde wichtig, mit der sie, wie sie scherzhaft meint, groß geworden ist und sich entsprechend verbunden fühlt. Denn schon seit 1981 ist sie in Ma-

Carola Herbrik & Berit Sommerfeld

rienborn zu Hause. Viele Stunden ist sie ehrenamtlich tätig, vom Vorsitz im Kirchenvorstand über Gremiensitzungen und Dienstgespräche bis hin zu Angeboten für Kinder und Jugendliche sowie zur Organisation von Festen rund ums Jahr. Mitbegleitet hat sie auch einen entscheidenden Wechsel: Nachdem Harald Jaensch, der langjährige Pfarrer, in den Ruhestand verabschiedet worden war, galt es eine Vakanzzeit zu überbrücken, bevor mit Dr. Peter Meyer ein neuer Pfarrer begrüßt werden konnte.

Dass es immer alle Hände voll zu tun gibt, das kennt sie auch aus ihrem Beruf, denn die gelernte Krankenschwester und chemisch-technische Assistentin ist im Pflegebereich tätig. Auch dort gilt es, in kurzer Zeit viel zu leisten und effizient zu arbeiten. Wegen der Dienste an Sonn- und Feiertagen ist es dann durchaus eine Herausforderung, alle Termine zu koordinieren. „Doch auch wenn es viel Arbeit bedeutet, macht es mir meist Freude", betont Berit Sommerfeld. „Vor allem, wenn ich für andere da sein, ihnen zuhören und dabei auch selbst viel Neues lernen kann."

Eine Einstellung, die auch Carola Herbrik teilt. 1967 geboren, hat sie Romanistik, Germanistik sowie Buchwissenschaft studiert und zehn Jahre bei einem Stadtmagazin gearbeitet. Über einen Fernstudiengang möchte sie einen Abschluss in Bildungswissenschaften erwerben. Zudem absolviert sie gemeinsam mit Berit Sommerfeld eine Ausbildung als Inklusionsberaterin bei der Evangelischen Bundesakademie. Vielfältig sind auch ihre derzeitigen beruflichen Aufgaben: Unter anderem koordiniert sie gemeinsam mit ihrem blinden Kollegen Ismail Sackan das Inklusionsprojekt „Marienborn – ein Stadtteil für alle": Dabei wollen sie möglichst alle Menschen ansprechen und etwaige Barrieren überwinden, weit über Handicaps oder einen Migrationshintergrund hinaus (über das Projekt siehe auch den Beitrag über Ismail Sackan auf Seite 126).

Da sie schon immer gern gesungen hat, bietet die zweifache Mutter Kurse in musikalischer Früherziehung an. Generell ist es ihr wichtig, Kinder und Jugendliche im Blick zu haben, ihnen eine etwas lautere Stimme zu geben, auch durch Projekte wie die Ausbildung zu jungen „Medien-Scouts", die schon im Centrum der Begegnung angeboten wurde. Auch sie selbst hat sich mit vielen technischen Neuerungen vertraut gemacht, zum Beispiel mit dem Gestalten von Internetseiten.

Der Tag beginnt für Carola Herbrik oft schon recht früh am Morgen, bevor der Rest der Familie aufsteht. „Dann eine halbe Stunde Zeit ganz für mich zu haben, das ist meine persönliche Kraftquelle", sagt sie. Während Tochter und Sohn in der Schule sind, widmet sie sich der Arbeit, und auch abends stehen für gewöhnlich wieder Auswärtstermine an. Nicht zuletzt gibt es selbst an den Wochenende einiges zu tun, ob beruflich oder ehrenamtlich.

Marienborn? Wir finden's spannend!

Im gleichen Stadtteil zu leben und zu arbeiten, bedeutet für Carola Herbrik zwar kurze Wege, doch auch das Gefühl, „irgendwie immer im Dienst" zu sein. Oft wird sie angesprochen: Jemand hat „nur mal schnell eine Frage" – oder eine Anregung, was man noch bedenken könnte, wo es noch etwas zu tun gibt. Eine Grenze zu ziehen zum Privatleben, das fällt nicht leicht. Auch wenn es darum geht, spontan einzuspringen und anderen zu helfen, kann sie – ebenso wie Berit Sommerfeld – schlecht Nein sagen. Doch bei allem Idealismus versuchen sich beide auch Freiräume zu schaffen und so viel Zeit wie möglich mit Familie und Freunden zu verbringen.

Nicht zuletzt laden sie dazu ein, mitzumachen, den Stadtteil aktiv mitzugestalten, ob nun in der Gemeinde, in Gruppen oder Vereinen. „Dabei kann man eigentlich nur gewinnen", sind sie sich einig: sei es durch Gespräche mit anderen oder durch das praktische „learning by doing". Denn selbst wenn Dinge nicht gleich so verlaufen wie erhofft, kann man versuchen, es beim nächsten Mal besser zu machen, meinen sie. Viel dazulernen und sich weiterentwickeln, fachlich wie persönlich, diese Möglichkeit bieten auch Fortbildungen, die beide gern besuchen – nicht zuletzt, um deutschlandweit Netzwerke zu knüpfen, Erfahrungen und gute Tipps auszutauschen. Auch wenn es darum geht, sich bei neuen Strukturen Durchblick zu verschaffen, in die Gremienarbeit „hineinzufuchsen", Anträge zu stellen oder bei mehreren „Baustellen" Prioritäten zu setzen.

Spannend bleibt es immer, denn fest strukturierte, ruhige und gleichförmige Arbeitsabläufe, die gibt es bei beiden nur sehr selten – ob nun im Beruf, in der Familie oder im Ehrenamt. Daher hat es sich für Berit Sommerfeld und Carola Herbrik bewährt, trotz gründlicher Planung flexibel zu bleiben für all das, was der Tag zusätzlich bringt. Vorrang haben dabei die aktuellen Anliegen der Menschen im Quartier, die das ganze gesellschaftliche Spektrum widerspiegeln. Möglichst allen gerecht zu werden, ist eine Kunst, bei der es gilt, gute Kompromisse zu finden, berichten die beiden Frauen. Zudem haben sie gelernt, zu improvisieren, das Beste aus der Situation zu machen, was auch für die Räumlichkeiten und Ausstattung gilt. Noch bessere Rahmenbedingungen würden sie sich daher wünschen, vor allem mehr finanzielle Sicherheit, um langfristiger planen zu können. Unterstützung jeglicher Art und weitere helfende Hände sind gern willkommen. „Denn etwas erreichen lässt sich nur, wenn man selbst aktiv wird", betont das engagierte Team, das auch andere mit der eigenen Begeisterung anstecken möchte.

Etwas gemeinsam geschafft zu haben, dieses gute Gefühl genießen sie – wenn sich die erste Anspannung gelegt hat und sie sehen, dass um sie herum alles gut läuft – bei einem Glas Sekt, mit dem sie auf das Erreichte anstoßen. Bevor es nach dem Fest wieder ans Aufräumen geht ...

Sina Hermann

Eine Kirche voller Kinder, Freude, Action

Damals als Jugendliche, als ich in der fast leeren Kirche vor einigen älteren Menschen Orgel gespielt habe, da habe ich mir den Vorsatz gefasst: Ich bringe Kinder, Freude und ‚Action‘ in die Kirche", erzählt Sina Hermann lachend. Für heute sind die letzten vergnügten Kinderschreie - „Siiinaaa" – die sie so gern mag, verklungen; die Kleineren sind wieder bei ihren Familien zu Hause und die Mädchen vom Jugendchor haben sich auch gerade verabschiedet. Bevor sie selbst wieder in ihren kleinen Flitzer steigt, nimmt die Musikerin ihre Noten vom Klavier. Und sie nimmt sich gern Zeit für ein Gespräch: um einen Eindruck davon zu geben, wie sie ihr Vorhaben seit einigen Jahren erfolgreich und mit vielen Mitwirkenden in die Tat umsetzt.

„Dass meine Eltern immer ganz fest an mich geglaubt haben und ich generell in einem glücklichen, humorvollen Elternhaus aufgewachsen bin, das hat mich sehr geprägt", meint Sina Hermann, Jahrgang 1979. Dass die Familie von Anfang an stolz auf sie war – und es natürlich auch heute noch ist – das bestärkt sie darin, ihren Weg zu gehen. Ihrer Ausbildung entsprechend ist sie vielseitig musikalisch aktiv. Zum einen bietet sie Kurse an, bei denen schon die Kleinsten auf dem Schoß von Mama oder Papa spielerisch an die Welt der Töne herangeführt werden. Auch vielen Kindergarten- und Grundschulkindern vermittelt sie Spaß am gemeinsamen Musizieren, beim Singen, Tanzen oder Spielen von Klanginstrumenten. Ihren Musikschülern in Klavier und Querflöte bietet sie auch die Möglichkeit, bei Auftritten ihr Können zu zeigen. Und sie lädt selbst ein zu Konzerten, bei denen sie solo oder mit Klavierbegleitung spielt.

„Wenn ich einen kleinen Einblick geben soll in meine Arbeit, dann nehmen wir zum Beispiel einen normalen Montag in Mainz-Finthen während der Schulzeit: also einen Nachmittag und Abend mit Klaviergruppe, zwei Gruppen in musikalischer Früherziehung, danach Kinderchor mit über 30 Mädchen und Jungs und anschließend Jugendchor. Wenn ich dann nach einem langen, anstrengenden Tag nach Hause komme, dann tanzt mein Herz. Mein Herz tanzt, weil ich kleine Augenblicke wie Mini-Filme vor meinen Augen tanzen sehe: strahlende Augen, Umarmungen, ein Raum voll Gesang und Tanz mit Kindern, die ganz darin aufgehen", berichtet Sina Hermann über Beruf und Berufung.

Sina Hermann

Einen Namen gemacht hat sich Sina Hermann in einigen Gemeinden auch durch ihre Chor-Arbeit mit Kindern und Jugendlichen. Seit einigen Jahren arbeitet Sina Hermann unter anderem mit der evangelischen Kirche in Finthen zusammen: Gemeinsam mit den kleinen Sängerinnen und Sängern gestaltet sie die Sommerfeste mit oder lädt beim „lebendigen Adventskalender" im Ort zu einem musikalischen Fenster mit Liedern und kleinen Geschichten ein. Auch einige Musicals hat sie hier bereits aufgeführt, bei denen der Altarraum zur Bühne wurde. Ganz klar: Bevor die Lieder und Schauspielpassagen vor Publikum gezeigt werden können, laufen die Vorbereitungen jedes Mal auf Hochtouren. Doch die große Resonanz darauf gibt ihr und dem ganzen Team recht: Die Stücke mit Humor und Tiefgang zugleich bereiten sehr vielen Freude, beim Singen und Spielen selbst, wie auch beim Zuhören und Zuschauen.

Sina Hermann über die Musical-Aufführungen ihrer Kinder- und Jugendchöre

Das Kindermusical *Randolfa und der eine Ton* stellt die Erlebnisse eines stummen Mädchens dar, das die Freundschaft der Tiere gewinnt: „Das Publikum wurde von der Musik verzaubert; mal still und besinnlich, mal ausgelassen und lebensfroh", gerät die Chorleiterin noch Jahre später ins Schwärmen. – So richtig lustig sei es dann beim Musical *Tuisha pamoja. Eine Freundschaft in der Savanne* gewesen. Begleitet von schwungvoller Musik flitzten wilde Tiere durch die Kirche; in Gestalt der Mädchen und Jungs, die ihr Talent beim Singen und Schauspielern eindrucksvoll unter Beweis stellen. Die Handlung dreht sich um Raffi, die kleine Giraffe, und das Zebra Zea, die gemeinsame Abenteuer erleben und deren Herden mithilfe der aufgeweckten Erdmännchen lernen, langgehegte Vorurteile zu überwinden und aufeinander zuzugehen. – Mit einem geheimnisvollen Zauberbuch auf Weltreise zu gehen, dazu hatte der Kinderchor 2013 beim Musical *Robinson* eingeladen. Es widmete sich der Armut, in der viele Kinder auf der Welt leben müssen. Die spannende Geschichte spielt in Äthiopien, bei den Teppichknüpfer-Kindern in Indien und bei Straßenkindern in Rio. Die amüsanten und tiefgründigen Texte („Wir müssen was tun!") fordern auch die Zuhörer zum Handeln auf: zahlreich waren die Spenden an die Kindernothilfe, die dabei gesammelt wurden. Zugunsten bedürftiger Kinder verkauften Sina Hermann und die engagierten Chorkinder zudem selbst gebastelte Geschenke. Nicht zu vergessen dann 2014 *Noah und die coole Arche*: Die bekannte Bibelgeschichte, humorvoll dargeboten, inklusive einem richtigen Gute-Laune-Lied über den Regenbogen. →

Eine Kirche voller Freude, Kinder, Action

Was ihr persönlich wieder viel neue Energie gibt für all ihre spannenden Vorhaben? „Eine ganz wichtige persönliche Kraftquelle ist für mich mein Mann Hasintha und seine Liebe", erzählt Sina Hermann und ihre Augen strahlen. Die beiden teilen nicht nur die berufliche und private Leidenschaft für Musik. Durch ihn ist Sri Lanka für sie zu einer zweiten Heimat geworden. Und auch die Chorkinder singen nun mit Begeisterung eine musikalische Hymne auf die Schönheit dieser Insel. Gut entspannen kann die Chorleiterin auch zu Hause mit ihren Hasen Penello und Mathilda. „Na, und wenn ich mich doch mal über etwas ärgere, dann hüpfe ich auf meinem Trampolin", meint sie. „Sein wie ich bin, mit all meiner Offenheit", das ist für sie zu einem Leitspruch geworden. Spontanität, Unkompliziertheit und Gefühl, das ist es, was Glück für sie bedeutet. Auf ihre Aktivitäten bezogen, hofft Sina Hermann, dass die Kurse, Chöre und Projekte in den Gemeinden trotz knapper Budgets weiterlaufen können. Darüber hinaus freut sie sich natürlich ganz besonders darauf, ihre eigene kleine Familie in die große Familie, die sie in den Gemeinden erlebt, zu integrieren, ihr Glück mit anderen zu teilen – und so auch weiterhin zu einer Kirche voller Freude, Kinder und Action beitragen zu können. ■

→ Beliebt sein, dazugehören, vielleicht einmal berühmt werden, wer möchte das nicht? Ein sehenswertes Musical widmete sich diesem Thema, das viele junge Leute beschäftigt: *Coco Superstar – und die Schule steht Kopf*, aufgeführt von Sina Hermanns Kinder- und Jugendchor in Hechtsheim.

In eine ganz eigene Welt wurden die Darsteller und zahlreichen Zuschauer von *Inside* entführt, einem Musical des Jugendchors aus Finthen. Die Idee, selbst als Gruppe ein Musical zu schreiben, kam von einer Aufführung, die Sina Hermann 2012 zusammen mit ihrem Budenheimer Chor erarbeitet hatte. Auch das Thema von *Inside* stammt von diesem Chor und wurde dann von Jugendlichen weiterentwickelt: Von zwei Geschwistern im Teenager-Alter handelt die Geschichte, die sich vor dem Computer zoffen. Der Streit artet aus – und plötzlich wird eine von ihnen ins Internet gezogen! Während sich das eine Mädchen draußen Sorgen und Vorwürfe macht, beginnt für das andere eine abenteuerliche Reise; mit allen Möglichkeiten, die das Internet zu bieten hat. Der gesamte Kirchenraum wird mit einbezogen bei der Aufführung: Kleidung und Schuhe wirbeln herum bei einer virtuellen Einkaufstour, rockige Klänge erzeugen Urlaubs- und Party-Stimmung. Zum Mitsingen und Klatschen laden dabei beliebte Klassiker ein, wie „Ich war noch niemals in New York" oder ein Hit von Michael Jackson. Titel wie „Gefällt mir" machen mit Ironie deutlich, dass es nicht nur um eine schöne neue Online-Welt geht. Dass die Kinder und Jugendlichen in allen Phasen der Entstehung aktiv dabei sind, ein starkes Team werden und stolz auf das Erreichte sein können, freut Sina Hermann. Denn das ist es, was das Besondere an diesen musikalischen Projekten ausmacht.

Beate Heusel

Mainz war schon immer *meins*

Mainz war schon immer meins", meint Beate Heusel, die seit mehr als 15 Jahren als Gästeführerin unterwegs ist. Natürlich hat ihre Heimatstadt auch zu Hause einen festen Platz: Historische Stiche zeigen den Dom oder hübsche Ansichten aus der Altstadt. „Schillerplatz und Gaustraße waren in der Stadt mein Revier, hier habe ich oft mit meinen Cousins gespielt", erinnert sie sich gern. „Mein Elternhaus war in der jetzigen Oberstadt, dort lagen die Felder gleich vor der Haustür – das war so frei und unbeschwert, man kann wirklich sagen, es war Abenteuer pur." Sie bewunderte ihre Mutter, die tüchtig im Betrieb, einem Baustoffhandel, mitarbeitete, den Haushalt meisterte und sich noch dazu um die zu pflegenden Angehörigen kümmerte. Auch Beate Heusel war in der Firma der Eltern tätig, bis das Geschäft aufgelöst wurde. Ihre beiden Töchter waren inzwischen fast erwachsen, dadurch bot sich die Chance, etwas Neues zu beginnen. Eine Annonce „Stadtführer gesucht" kam ihr in die Hände: „Das konnte doch kein Zufall sein!", war sich die vielseitig interessierte Frau sofort sicher. „Darin habe ich die große Chance für mich gesehen, mehr zu lernen im Bereich Geschichte und Kunst – und war von Anfang an begeistert."

Nach ihrer Ausbildung musste sie bei einer schriftlichen Prüfung und Probe-Führung ihr Wissen und Können unter Beweis stellen. Über 90 Stadtführer gehören inzwischen dem Gästeführerverband Mainz e.V. an. Mehr als zehn Jahre war Beate Heusel auch im Vorstand tätig, nachdem sie sich schon früher als Schulelternsprecherin engagiert hatte. Lang ist inzwischen ihre Liste an Themen, zu denen sie Führungen anbietet: „Das goldene Mainz und seine Sehenswürdigkeiten" sowie „2.000 Jahre Mainz auf Schritt und Tritt" gehören zu den Klassikern. Hinzu kommen Angebote in Museen und zu besonderen Jubiläen. Bestimmten geschichtlichen Epochen widmet sie eigene Rundgänge – oder auch dem Brauchtum, zum Beispiel an Fastnacht oder Advent. Von ihrer Führung „Babette und Marie Niebergall" gerät Beate Heusel ebenso ins Schwärmen wie von den Mainzer „Lokalgeschichten" – denn der Mensch lebt bekanntlich nicht vom Brot allein. Schließlich war ihr Ururgroßvater Christian Friedrich Klein einst ein bekannter und charismatischer Lokalbesitzer und Hofkoch, der seine schönsten Rezepte veröffentlicht hat. Bücher aller Art wälzt auch Beate Heusel gerne, um neue Rundgänge auszuarbeiten, oder sie besucht Museen und Vorträge, um Ideen und Material zu sammeln. „Liebe, Lust und Leidenschaft" heißt eines ihrer neuesten Angebote, bei dem sie viel Wissenswertes und Amüsantes aus mehreren Jahrhunderten zu berichten weiß.

Um interessante Geschichten von anno dazumal zu erzählen, schlüpft sie schon mal in eine andere Rolle, wie an diesem Tag. „Theater habe ich bereits als Schülerin gern gespielt", verrät die Stadtführerin. Und so sind im Laufe der Zeit aus der Fantasie heraus verschiedene Figuren entstanden, zu denen es einen kleinen Fundus an Kostümen gibt. Sie stammen aus den Händen einer kreativen Freun-

Beate Heusel

din, die Schneidermeisterin ist. Ein Empire-Kleid ist darunter, im Stil des 19. Jahrhunderts und mit passendem Turban. In anderer Verkleidung sieht die Gästeführerin aus wie den ländlich-idyllischen Bildern niederländischer Maler entstiegen.

„Mit den unterschiedlichsten Menschen unterwegs zu sein, das macht mir einfach Freude", fasst sie in Worte, was schon am Funkeln in ihren Augen zu erkennen ist. Ob Einheimische oder Gäste aus ganz Deutschland, Jüngere oder Ältere und auch Menschen mit Handicaps. Blinden beispielsweise versucht sie den Dom am Modell zu erklären oder lässt sie „begreifen", wie drucken mit beweglichen Lettern im Gutenberg-Museum funktioniert. „Anspruchsvoll ist meine Tätigkeit sicherlich – und nach zwei, drei Führungen am Tag bin ich auch ordentlich geschafft. Doch ich sehe es nicht als harte Arbeit an, zu der ich gehen muss – sondern als etwas Schönes, Freiwilliges", beschreibt Beate Heusel auf dem Weg in die Stadt.

Dann ist sie „kurz mal weg" – um wenig später als couragierte Wirtin Babette Niebergall vor der Besuchergruppe zu stehen und Episoden aus der Geschichte auf amüsante Weise erlebbar zu machen. Gemeinsam mit ihrer vornehmen Tochter Marie (alias Alexandra Rosenzweig) nimmt sie die Gäste mit auf eine unterhaltsame Zeitreise ins ausgehende 19. Jahrhundert (siehe Fotos). Es geht vorbei an prächtigen Häusern wie am Fischtor, durch Kirsch- und Weihergarten oder enge Straßen. Dabei lenken die beiden Frauen den Blick auch auf Details, an denen man sonst vorübergehen würde. Aus ihren Dialogen gibt es einiges zu erfahren über das Leben der feinen Herrschaften und einfachen Leute, die oft „geschafft habbe wie en Brunneputzer".

Einige Anekdoten hat Beate Heusel mit im Gepäck, je nach Situation spricht sie Hochdeutsch oder Dialekt. Und auch manche Formulierungen, wie die amüsanten Verdopplungen, die vor allem bei älteren Mainzern üblich sind: „Ihne Ihren Mann", heißt es dann manchmal, vom „Fläschchje

Flaschenbier" ist die Rede oder vom „Heiligen Sankt Martin". Worin haben manche Redewendungen ihren Ursprung, wie „sich verhaspeln" oder „Ecksteinhaubenkopf"? Auch diese Geheimnisse kann sie lüften und für Aha-Effekte sorgen – ob an Orten, an denen man in der Stadt recht häufig vorbeikommt, oder in eher entlegenen Ecken und Winkeln.

Dass selbst alteingesessene Mainzer bei den Führungen noch viel dazulernen können, darüber ist sie sich mit ihren Kollegen im Gästeführerverband einig. Den Austausch dort schätzt sie sehr, ebenso wie die Möglichkeit, sich die Zeit selbst einteilen zu können. „Es ist eine interessante und abwechslungsreiche Tätigkeit, die ich nur empfehlen kann – gerade für Quereinsteiger aus anderen Berufen oder nach der aktiven Familienphase", betont Beate Heusel. Sie sieht sich auch als Botschafterin für ihre Stadt, durch die sie andere gern für ein paar Stunden begleitet. Ihre eigene Begeisterung, sie kommt spürbar gut an bei den Besuchern, die sich mitunter sogar von zu Hause aus noch einmal schriftlich bei ihr bedanken. Für die Gästeführerin ist das ein Zeichen der Wertschätzung: „Es tut gut zu wissen, dass ich anderen etwas von Mainz mitgeben kann, woran sie sich gern erinnern."

Gisela & Rainer Hofmann

Gestaltung als Entspannung

Kunst ist etwas Eigenes', das ist ein Gedanke von Gerhard Richter, den ich sehr passend finde", sagt Gisela Hofmann. Ihre eigenen Sichtweisen, Ausdrucksformen, Techniken und Themen hat sie im Laufe der Zeit gefunden, ebenso wie ihr Mann Rainer Hofmann. Und doch ist die Kunst ein weiteres Bindeglied zwischen den Ehepartnern. Ihre Werke stellen sie gern gemeinsam aus. Zusammen haben sie einige Projekte auf den Weg gebracht, und dabei quasi Hand in Hand Erstaunliches geschaffen. Ob im Mombacher Künstler-Kreis, als Mitbegründer von „KulturVorOrt" oder beim Fertigen der Friedenskirche en miniature. Was hat die beiden in ihrem Leben geprägt? Was inspiriert sie immer wieder aufs Neue, kreativ tätig zu werden? Und welche Kunstwerke entstehen in ihren Händen?

Gisela Hofmann

„Im Rückblick war es vor allem die Armut in meiner Kindheit und Jugend, die mich geprägt hat", erzählt Gisela Hofmann und denkt an die Wirren der Nachkriegszeit: wenig zu Essen, wenig Kleidung, kein eigenes Zimmer ... Schon als Kind hat sie Verantwortung übernommen, für die Familie eingekauft und mit der Mutter gekocht. Gerne erinnert sie sich auch an die Arbeit im Garten, wo sie ein eigenes Beet hatte, oder daran, dass sie mit dem Vater malte oder bastelte. „Durch ihn habe ich die Liebe zu Kunst und Natur entdeckt", meint Gisela Hofmann dankbar. Zu den besonders schönen Erlebnissen zählt sie die Ausflüge ins Schullandheim und den ersten richtigen Urlaub mit 21, nachdem sie ihre Ausbildung zur medizinisch-technischen Assistentin beendet hatte. Beruflich war sie etliche Jahre in diesem Bereich tätig und bekam viel Verantwortung übertragen: Sie durfte eigene wissenschaftliche Projekte leiten, in Fachzeitschriften veröffentlichen und zum Beispiel auf der Deutschen Tagung für Nuklearmedizin präsentieren. Doch der Liebe zur Kunst ist sie auch neben Beruf und Familie treu geblieben.

Gezielt hat sie sich mit Malerei und Skulpturen beschäftigt und verschiedene Stile sowie Techniken erarbeitet. Nachdem sie schon zur Schulzeit der Kinder oft mit größeren Gruppen gebastelt und getöpfert hatte, widmet sie sich seit 1994 intensiv der freien künstlerischen Tätigkeit mit regelmäßigen Einzel- und Gruppen-Ausstellungen. Die mehrfach mit Preisen ausgezeichnete Künstlerin ist Mitglied im „Mombacher-Künstler-Kreis", im „Kunstverein Eisenturm Mainz", im Mombacher und dem Weisenauer Geschichtsverein sowie in weiteren Initiativen. Gern denkt die engagierte Frau, Jahrgang 1942, dabei an ein Ereignis in ihrer künstlerischen Laufbahn – die Retrospektive-Ausstellung anlässlich ihres 70. Geburtstags: „Vor vollem Haus sprach Michael Ebling wieder die Grußworte, nun als Oberbürgermeister. Schon 1995 hatte er meine erste Einzelausstellung eröffnet. Auch für ihn als Redner war es die erste Vernissage – er war damals Ortsvorsteher von Mombach." Eines ihrer neuen Projekte im Stadtteil ist die Reihe „KulturVorOrt", deren Gestaltung und Umsetzung sie 2013 geleitet hat.

Gestaltung als Entspannung

Zum Auftakt des neuen Veranstaltungsformates präsentierte Gisela Hofmann einige ihrer schönsten Werke, für die sie nicht nur Acryl, Pastellkreide oder Grafitstifte, sondern auch Spachtelmasse, Sand und Granulat verwendet, unter anderem bei „Arena". Eine ungewöhnliche Collage an „Fundstücken" aus dem heimischen Garten hat sie auf dem gleichnamigen Bild in Erde arrangiert: Fossilien, Porzellan, Glas und eine alte Münze. Sehr natürlich wirken ihre Brieftauben und andere Tiermotive. „Schritte ins Leben" oder „Miteinander der Kulturen" zeigen lebhafte Fußspuren auf blauem Grund (Foto). Die Freude am künstlerischen Gestalten spiegelt sich auch in ihren gegenständlichen oder abstrakten Plastiken, für die sie Keramik und Speckstein verwendet. Wie die Skulpturen aussehen sollen, dazu hat die Künstlerin kein vorgefertigtes Bild im Kopf. „Es richtet sich danach, was Farbe und Form des Bruchsteins in sich verbergen." Dynamische Linien hat sie zum Beispiel bei Elefanten, Vögeln oder auch Büchern herausgearbeitet; Eleganz und Leidenschaft spricht aus den filigranen Figurenpaaren „Flamenco" und „Zuneigung". Selbst Monate nach einer Schau gibt es mitunter sehr schöne Begegnungen, berichtet Gisela Hofmann: „So erinnerte sich eine Ausstellungsbesucherin an eine ganz bestimmte Skulptur von mir, die sie dann unbedingt als Hochzeitsgeschenk haben wollte."

Rainer Hofmann

Schnitzerei, Holzbildhauerei und Modellbau, das sind die Gebiete, auf denen Rainer Hofmann zu Hause und ein wahrer Meister ist. In Masken und Objekten greift er Figuren aus der griechischen Mythologie auf, wie Minotaurus oder Medusa. Auch Motive aus der Bibel verwendet er gern, wie im Werk „Adam hilft Eva beim Apfelpflücken". Schon in jungen Jahren, mit etwa zehn, hatte er mit dem Schiffsmodellbau begonnen: erst aus Karton, dann Holzmodelle mit Baukästen. Später baute er historische Segelschiffe nach Plan. „Mit einem Steckenpferd kann man über den Abgrund reiten", sagt ein weiser Satz, der wohl auch auf Rainer Hofmann zutrifft: Denn auch seine Kindheit und Jugend sah nicht gerade rosig aus, war geprägt von Armut in der Nachkriegszeit und Zwangsevakuierung. Nach dem frühen Tod des Vaters musste die Familie mit der kleinen Witwenrente auskommen. Die Mutter erkrankte an Krebs, wovon sie sich auch nicht mehr erholte.

Gisela & Rainer Hofmann .... im Gespräch

Bei einigen Ausstellungen sind Sie gemeinsam vertreten – und strahlen eine angenehme Zufriedenheit und Ruhe aus. Wie lautet das Rezept, das sie glücklich macht?

Rainer Hofmann: Natürlich tut es sehr gut, wenn meine Arbeiten auch bei anderen Menschen Freude auslösen. Doch Glück bedeutet auch, einfach mit meiner Frau zusammen zu sein. Mich mit ihr zu freuen, wenn es ihr gesundheitlich gut geht – denn das ist leider nicht selbstverständlich.

Gisela Hofmann: Ja, das habe ich neu schätzen gelernt. Neben der gemeinsamen Zeit bin ich froh über jeden Tag, jede Nacht ohne Schmerzen – und wenn ich drei Kilometer spazieren gehen kann, ohne dass mein Bein wegknickt. Gesundheit ist daher für mich etwas ganz Wesentliches.

Und was sind Ihre persönlichen Kraftquellen?

Gisela Hofmann: Beim Gestalten von Skulpturen und beim Malen kann ich vollkommen entspannen, die körperlichen Beschwerden nehme ich dann kaum noch wahr.

Rainer Hofmann: Für mich sind es die schönen Dinge im Leben, die auch leicht im Alltag möglich sind: ein gutes Buch lesen, ein Glas guter trockener Riesling, gemeinsam essen gehen ...

Wenn Sie in die Zukunft blicken: Worauf freuen Sie sich?

Gisela und Rainer Hofmann: Auf die Kinder und den Enkel, auf weitere gemeinsame Ausstellungen, Urlaube, Theater- und Konzertbesuche.

Gisela & Rainer Hofmann

Doch aus Holz etwas zu fertigen, dieses Hobby hat ihn weiter begleitet, über Jahrzehnte hinweg, bis hin zur freien künstlerischen Tätigkeit, der er sich seit 1995 intensiv widmet – verbunden mit einigen Ausstellungen. Neben Holzspielzeug nach eigenen Entwürfen waren Ritterburgen eine seiner Spezialitäten. Nachdem der Konkurrenzdruck aus Fernost in diesem Bereich zu groß wurde, wendet sich Rainer Hofmann nun eher der Bildhauerei und dem Schnitzen zu, wobei er neben Holz auch Metall und Acryl verwendet. „Der Mensch" ist ein Schwerpunkt in seinen naturalistischen und abstrahierten Arbeiten. Doch nach wie vor gilt seine Leidenschaft auch dem Modellbau. „Wenn eine von mir angefertigte Arbeit, ob Modell oder Skulptur, Anerkennung findet, dann macht mich das auch selbst glücklich", meint er.

Wie Ehefrau Gisela gehört er dem „Kunstverein Eisenturm" und „Glockwers Lichte Kunstprojekte" an, seit mehr als 20 Jahren auch dem „Mombacher-Künstler-Kreis". Zudem ist Rainer Hofmann Mitglied im „Verein für Mombacher Ortsgeschichte", bei den „Freunden des Römisch-Germanischen-Zentralmuseums" sowie im „Geschichts- und Brauchtumsverein Weisenau". Dort ist er zuständig für den Ausbau und die Gestaltung des Geschichtsmusems, für das er unter anderem Modelle anfertigt. Zudem unterstützt er das kreative Schaffen und die Initiativen seiner Partnerin, vor allem zu Hause in Mombach. ■

Gemeinsame Projekte

„Mombacher-Künstler-Kreis"

Vielfältig ist die Bandbreite an Gattungen, die im 1977 gegründeten Mombacher-Künstler-Kreis vertreten sind. Die Mitglieder arbeiten mit den unterschiedlichsten Materialien, von Öl auf Leinwand, Acryl oder Aquarell über Textilgestaltung, Schmuck und Fotografie bis hin zu Holz und Keramik.

Gisela Hofmann erinnert sich an eine Mammut-Aufgabe: „Zwei Monate vor der Ausstellung zum 30-jährigen Bestehen des Mombacher-Künstler-Kreises wurde ich gebeten, den Verein zu übernehmen, da die Vorgängerin plötzlich zurückgetreten war. Ohne Mietvertrag des Ausstellungssaals, ohne jegliche Unterlagen und mit wenig Geld in der Kasse habe ich einen Neustart versucht. Nach fünf Jahren als Vorsitzende, in denen mein Mann mir als Schriftführer bzw. Kassenwart zur Seite stand (2007-2012) hat sich die Mitgliederzahl verdoppelt, das Niveau der ausgestellten Objekte ist gestiegen, der Verein ist nun in Mombach wieder bekannt und steht auch finanziell wieder gut da."

Gestaltung als Entspannung

Die Friedenskirche „en miniature"

Das Modell wurde von Rainer Hofmann in ehrenamtlicher Initiative akkurat und mit viel Liebe zum Detail gestaltet. Seit Mai 2013 dient es als Spardose für Spenden zum Erhalt des großen evangelischen Gotteshauses. Dort hat es seinen Stammplatz und wird außerdem gern bei Veranstaltungen genutzt. Nicht zuletzt hilft die Miniaturausgabe der im neoklassizistisch geprägten Jugendstil gebauten Kirche im Maßstab 1:75 dabei, die Besonderheiten des historischen Gebäude-Ensembles am Pestalozziplatz zu verdeutlichen. Schließlich folgt das Modell den erhaltenen Plänen und von Gisela Hofmann aufgenommenen Fotografien des im Jahre 1911 eingeweihten Bauwerks; von der Rasenfläche über die Kirchenfenster bis hin zum Wetterhahn, der die Spitze des markanten, im Original 25 Meter hohen Turmes bildet.

„KulturVorOrt Mombach"

Die Ausstellungen von „KulturVorOrt" möchten alle Menschen im Stadtteil ansprechen und miteinander in Kontakt bringen. Mit Begeisterung war der Vorschlag der Hofmanns aufgenommen worden, den alten und meist ungenutzten Sitzungssaal der Bürgermeisterei zum Ausstellungsraum umzurüsten. Nicht nur mit Blick auf die Barrierefreiheit, sondern auch im übertragenen Sinne will man die Schwelle zu Kunst und Kultur hier für alle niedrig halten. Zusammen mit anderen helfenden Händen richteten Gisela und Rainer Hofmann alles entsprechend her, vom Grundriss über Galerieleisten bis zum Hängematerial für die Ausstattung des Raumes. Neben einem Logo wurden Flyer, Plakate und ein Informationsblatt für zukünftige Aussteller gestaltet. Vor allem Mombacher Künstlerinnen und Künstlern soll die neu etablierte Reihe als Plattform zur Präsentation ihrer Werke dienen. Interessenten an Ausstellungen oder auch Lesungen können sich gerne mit der Ortsvorsteherin, Dr. Eleonore Lossen-Geißler, in Verbindung setzen.

Irene Hunz

Gutes tun im Hier und Jetzt

„Apfelfrau" wird sie von einigen Kindern liebevoll genannt: Irene Hunz, die in Koblenz geboren und heute in Finthen zu Hause ist. Woche für Woche ist sie unterwegs, um kostenlos Äpfel an Kindergärten und Schulen zu verteilen. Zehn Kisten à zehn Kilo passen in ihr Auto. Das Obst oder andere Hilfsgüter und Gelder gehen direkt an Kitas, Schulen und gemeinnützige Projekte, die Kinder betreuen und fördern. „Erschreckend finde ich, dass manche Kinder daheim kaum frisches Obst zu essen bekommen und einige sogar morgens hungrig aus dem Haus gehen", sagt die Betriebswirtin. „Deshalb wollte ich hier vor Ort Gutes tun – denn auch in Mainz fehlt es einigen Familien und Kindern an den notwendigsten Dingen im Alltag."

Um Kinder finanziell oder mit Sachleistungen zu unterstützen, hat sie mit einigen Mitstreitern einen Verein gegründet mit dem Namen „KiM – Kinder im Mittelpunkt" (Internet: www.kim-kinder-im-mittelpunkt.de). Seit 2010 erleichtert die Initiative Kindern den Alltag durch konkrete Hilfen wie Kleidung, Schulsachen oder Zuschüsse zu Freizeit-Aktivitäten. Dankbar ist der Verein für Geldspenden, neue Mitglieder und tatkräftige Unterstützung – wobei schon zwei bis drei Stunden Arbeit pro Woche oder eine Patenschaft für ein Kind eine enorme Hilfe bedeuten würden. Um gemeinsam mit anderen Organisationen ein Netzwerk für Kinder zu schaffen, engagiert sich Irene Hunz außerdem im „Bündnis für Kinderrechte" und arbeitet eng mit weiteren Kinderhilfs-Organisationen zusammen.

Auch im „Römerquellen-Treff", dem Mehrgenerationen-Haus in Finthen, ist Irene Hunz ehrenamtlich tätig (Internet: www.roemerquellentreff.de). Sie kümmert sich um die Finanzen, sammelt Spenden, bemüht sich um neue Mitglieder und organisiert gemeinsam mit den anderen Aktiven Feste und Aktionen. „Der Bürgertreff ist ein Ort, an dem sich Nachbarn und Freunde begegnen. Er spiegelt die bunte Vielfalt der Stadt wider", ist sich Irene Hunz sicher: „Hier zeigt sich, dass sich der Einsatz lohnt und wir vielen Freude bereiten – das gibt mir ein gutes Gefühl."

Irene Hunz..im Gespräch

Frau Hunz, Sie sagen, dass Sie dankbar sind für ein buntes und schönes Leben. Was hat Sie geprägt?
Wenn ich zurückdenke an meine Kindheit, dann war mein Elternhaus voll Freundlichkeit, Humor und Hilfsbereitschaft. Zugleich konnte ich mich sehr frei entwickeln und quasi „an der langen Leine laufen". Schöne Familienfeste und Sonntagsausflüge kommen mir in den Sinn. Gern erinnere ich mich auch an die Zeit in der Schule, im Tanzkurs und im Skiclub, an Rollkunstlauf und Wettkämpfe im Schwimmen. Von meinen besten Freunden habe ich Selbstvertrauen, Mut und Optimismus gelernt. Meine Berufstätigkeit in einer Technologie-Firma, die Aufgaben, die Erlebnisse und Erfolge haben mir das Rüstzeug für alle meine Aktivitäten gegeben. Auch heute wird mein Leben geprägt durch meine Freunde und die unterschiedlichen Menschen, denen ich begegne. Zudem schätze ich die zeitlichen und finanziellen Möglichkeiten dieser Lebensphase.

Hatten Sie bestimmte Vorbilder?
Bei einem Treffen in Berlin habe ich durch Zufall Regine Hildebrandt kennengelernt, die frühere Brandenburgische Sozialministerin. Eine großartige Frau „mit viel Herz und Schnauze". Sie war spontan, ehrlich, gerecht und mutig. Was mir an ihr besonders gefiel: Sie war sehr sozial eingestellt und hat gehandelt, statt lange zu reden. Leider ist sie viel zu früh gestorben.

Ihre ehrenamtlichen Aufgaben sind äußerst vielfältig. Warum machen Sie das alles?
Ich habe das Bedürfnis, aktiv zu sein. Aus Dankbarkeit für mein Leben, für alles, was ich bin und habe, möchte ich anderen – speziell Kindern – Gutes tun. Meine Ehrenämter habe ich dabei nicht bewusst gesucht, man könnte vielmehr sagen: sie haben mich gefunden. Meine (Lebens-) Erfahrungen und Stärken helfen mir bei den Aufgaben. Ich treffe tolle Menschen und arbeite meistens mit tollen Menschen zusammen. Es macht mir Freude, mit ihnen der Gemeinschaft etwas zurückzugeben. Dank und Anerkennung dafür tun richtig gut.

Worüber können Sie sich sonst noch so richtig freuen?
Über sehr vieles: schöne Erlebnisse, Treffen mit Freunden und Familie, außergewöhnliche Momente aber auch Spaziergänge, Sonne, Wärme, Natur, Fotos, Briefe … Über Wünsche, die ich mir oder anderen erfülle. Wenn Geschenke und Hilfen gut ankommen. Über eine gelungene Arbeit, lachende Kinder und strahlende Augen.

Und was sind Ihre persönlichen Kraftquellen, was inspiriert Sie?
Ich bin schnell begeistert und werde schnell aktiv, doch möglichst selbstbestimmt und frei. Zufriedenheit und Dankbarkeit spornen mich an, das zu tun, was ich kann und gerne tue. Weitere Kraft-

quellen sind etwas bewegen und selbst gestalten zu können. Freundschaft, Musik und die Stadt Berlin begeistern mich. In schweren Zeiten hilft mir der liebe Gott. Wie einst Don Camillo im Film spreche ich mit ihm wie mit einem Vater. Seine Antworten sind nicht hörbar, aber spürbar. Es tut mir gut, schlechte Zeiten bewältigt und Krankheiten überstanden zu haben – und dass ich mich dadurch sogar gestärkt fühlte und neue Erkenntnisse gewinnen konnte.

Gibt es einen Gegenstand, der Ihnen besonders wichtig ist?

Eine Goldkette mit Schutzengel von meinen Eltern war es früher, heute ist es eine Kette von der Weltausstellung „Expo 2000" – beide stehen für Schutz und Glück.

Wenn Sie bitte spontan ergänzen: Glück bedeutet für mich …

Gesundheit, „heile Welt", wenn alles stimmt; Freude im Alltag und Sinn im Leben; mit Familie, Freunden, Mensch und Tier zusammen sein; zufrieden, unabhängig, sorgenfrei, erfolgreich und lebensfroh sein; Nestwärme spüren und bunte Vielfalt erleben; genießen. Glück für alle Menschen dieser Welt bedeutet für mich gesunde Umwelt, ausreichend Wasser und Nahrung; Frieden, Bildung, Gerechtigkeit, Unabhängigkeit, (Chancen-) Gleichheit und Solidarität.

Ihr Lebensmotto …

„Heaven is not a place – it's a feeling!" – Diesen Spruch, „Der Himmel ist kein Ort, sondern ein Gefühl", habe ich in Berlin an einem U-Bahnhof gelesen. Er gefällt mir sehr gut. Auch wenn ich ihre „Schöpfer" nicht kenne, haben mir auch die folgenden beiden Weisheiten geholfen, ruhiger und gelassener zu werden: „Man mag mir wünschen, was man will, Gott gebe ihm noch mal so viel." Oder: „Man kann sich den ganzen Tag ärgern, man ist aber nicht verpflichtet dazu."

Wenn Sie einen Blick in die Zukunft werfen: Worauf freuen Sie sich?

Auf den nächsten Tag und die nächste Nacht. Ich versuche, viel Freude in meinem Alltag zu haben und möchte mein Leben möglichst so weiterführen. Ich möchte mich erfreuen an Menschen, Tieren und Natur, schönen Erlebnissen und Veranstaltungen. Und an ganz vielen kleinen Dingen. ■

Andrea Interschick

Meine Bilder sollen Spuren hinterlassen

Genussvoll hält ein junger Mann einen Laib Brot in den Händen, scheint den frischen, würzigen Duft förmlich in sich aufzunehmen. Aus großen dunklen Augen betrachtet ihn ein Junge, der mühsam Bohnen ernten muss für den Kaffee, der in der Tasse dampft. Die Motive sind Blickfang auf dem ausdrucksstarken Bild „Unser tägliches Brot" von Andrea Interschick. Das großformatige Gemälde ist Teil ihrer Ausstellungen „Aller Augen warten" und „Vaterunser" – also jenem Gebet, das von Millionen Christen gesprochen wird, auf Jesus zurückgehen soll – und dennoch zeitlos aktuell ist in den Bitten der Betenden, die oft aus dem Herzen kommen und jeden Menschen betreffen.

Auf Leinwand hat Andrea Interschick ihre ganz persönlichen Sichtweisen festgehalten. Zu sehen waren ihre Werke bei „Art 'N' Act" in der Großen Bleiche. Die Mitglieder dieser Ateliergemeinschaft, die 2014 ihr 20-jähriges Bestehen feierte, widmen sich verschiedenen Techniken: von der Malerei über Skulpturen aus Marmor, Bronze und Filz bis hin zu Origami. Darüber hinaus stellte Andrea Interschick in der Philippus-Kirche in Bretzenheim aus. „Religiöse Kunst ist zum Glück nicht irgendwo im Mittelalter stehen geblieben, sondern hat auch heute ihren Platz, mit neuen Ansätzen und kreativen Formen", weiß Pfarrer Sascha Heiligenthal. In seiner Kirche möchte er daher Künstlern aus der Region, die sich spirituellen Themen zuwenden, ein Forum bieten. „Auch inhaltlich ist das Konzept etwas Besonderes: Zwar haben Darstellungen von betenden Menschen eine lange Tradition in der Kunst. Aber Bilder zu einzelnen Passagen eines Gebetes sind eher selten anzutreffen", erklärt Oliver Kelm, ein befreundeter Künstler.

„Der Traum vom Glück, von einer besseren Welt, zu der jeder etwas beitragen kann, hat mich in meinem Leben sehr geprägt", erzählt die 1975 geborene Künstlerin. „Klasse statt Masse", darauf legt sie Wert, sei es bei Bioprodukten oder fair gehandelter Kleidung. Neben ihrer Arbeit als kaufmännische Angestellte gilt ihre Leidenschaft der Malerei: „Fliegende Gedanken", die ihr oft ganz plötzlich – nachts oder bei Spaziergängen in der Natur – in den Sinn kommen, werden zunächst zu inneren Bildern, dann zu Fotos, Skizzen und Kunstwerken in Acryl auf Leinwand. Das Werk „Und vergib uns unsere Schuld" beispielsweise zeigt eine nackte Frau an einem Kreuz, die von einer großen Hand aus der prekären Lage befreit wird. Zudem sind ihre Motive mitunter Ergebnis außergewöhnlicher Begegnungen, wie mit dem Mann, der Andrea Interschick zu „Denn dein ist das Reich" inspirierte: Ein Juwelier, der aus der Türkei nach Deutschland kam, um als Aramäer seinen christlichen Glauben freier leben zu können. Obwohl er viel zurücklassen musste, habe er, so die Künstlerin, ein „ein erstaunlich großes Gottvertrauen" erkennen lassen. Dass es neben ihren Werken auch die Beharrlichkeit war, die sie auf ihrem keineswegs direkten Weg zur Kunst zu einer „besonderen Mainzerin" machte, auch darüber hat uns Andrea Interschick sehr gerne Rede und Antwort gestanden.

Andrea Interschick .... im Gespräch

Frau Interschick, Sie sagen, der Traum vom Glück habe Ihr Leben geprägt ...
Das stimmt. Ich war lange auf der Suche nach dem, was mich wirklich glücklich macht: Geboren und aufgewachsen bin ich in Karlsruhe. Nach Abitur, Hotelfachschule und Abschluss als Betriebswirtin im Hotel- und Gaststättenbereich war ich in mehreren Häusern und dann im kaufmännischen Bereich tätig. Mainz ist mir dabei seit 2003 zur zweiten Heimat geworden. Neben der vielfältigen beruflichen Erfahrung haben unter anderem die Kurse in Ölmalerei bei Sven Schalenberg und die Samstagskurse in „Freier Malerei" an der Städelschule Frankfurt meinen künstlerischen Werdegang beeinflusst. Seit Anfang 2013 bin ich Hauptmieterin der Ateliergemeinschaft Art 'N' Act". 2014 hatte ich die Gelegenheit, an der internationalen Sommerakademie in Salzburg Akt zu zeichnen und viele professionelle Tipps zu bekommen. Das hat mich erheblich weitergebracht.

Mit einer Vollzeit-Arbeitsstelle lässt sich ein solches Engagement aber nur schwer vereinbaren ...
Der Wunsch nach mehr Zeit für die Kunst wurde so stark, dass ich meine bisherige Stelle gekündigt habe und seit 2015 nur noch halbtags im Büro arbeite. Privat hat mich meine früh geschlossene, doch nach fünf Jahren geschiedene Ehe mit einem Marokkaner geprägt, durch den ich eine neue Kultur und Religion kennengelernt habe. In meiner jetzigen Partnerschaft fühle ich mich am glücklichsten, auch wenn wir leider keine Kinder haben.

Foto: privat.

Wie für das Bild „Gesicherte Heimat" (l.) lässt sich die Künstlerin gerne von Straßen- und Brückenansichten aus Mainz inspirieren. Diese fotografiert sie selbst, meist in der Dämmerung. „Der Kontrast zwischen dem grellen Licht von Straßenlaternen und Ampeln und der nächtlichen Dunkelheit fasziniert mich", gerät Andrea Interschick ins Schwärmen. In einer Serie hält sie in ungewöhnlichen Perspektiven und leuchtenden Farben ihre eigene Sicht auf „Mein liebes goldisches Meenz" auf Leinwand fest.

Meine Bilder sollen Spuren hinterlassen

Und wie sieht ein ganz normaler Tag bei Ihnen aus?
Nach meiner Halbtags-Tätigkeit im Büro verbringe ich so viel Zeit wie nur möglich im Atelier, um bis spätabends zu malen. Am Wochenende genieße ich es, gemütlich zu frühstücken und über den Markt zu gehen.

Worüber können Sie sich so richtig freuen?
Über eine schöne Farbkombination. Die Natur auf den Feldern, wenn ich bei schönem Wetter mit dem Fahrrad zur Arbeit fahre, oder bei einem Ausflug. Über ein gutes Essen mit einem leckeren Wein, entweder zu Hause oder in einem Restaurant.

Was sind Ihre persönlichen Kraftquellen? Und was inspiriert Sie?
Ganz oben steht da natürlich die Malerei, obwohl es durchaus auch eine anstrengende Tätigkeit ist, die viel Konzentration erfordert. Zudem schaue ich mir gerne Kunst an, sowohl Ausstellungen als auch Bildbände. Ich liebe Spaziergänge in der Natur in unserer Umgebung und Wanderausflüge im Urlaub. Auch der Besuch einer Messe kann neue Energie geben. Was mich in meinem Leben noch zu neuen Bildideen inspirieren wird, kann ich gar nicht sagen und werde es auch nie voraussehen können. Das ist gerade das Spannende daran.

Wenn Sie bitte spontan ergänzen: Glück bedeutet für mich ...
... in meiner Ateliergemeinschaft vor einer Leinwand zu stehen und an einem Bild zu arbeiten. Und beim Zurückgehen zu staunen, was da gerade entstanden ist. Denn beim Malen sollte man öfter einige Meter zurückgehen und die Fernwirkung prüfen.

Wie lautet Ihr Lebensmotto?
Ich weiß nicht, ob das wirklich mein Lebensmotto ist. Aber ich mag die Aussage von Albert Camus: „Der Kampf gegen Gipfel vermag ein Menschenherz auszufüllen. Wir müssen uns Sisyphos als einen glücklichen Menschen vorstellen." Wobei es für mich einen Gott gibt, der es liebt, wenn wir selbstständig denken und handeln.

Wenn Sie einen Blick in die Zukunft werfen: Worauf freuen Sie sich?
Mein größter Wunsch ist es, irgendwann jeden Tag in mein Atelier gehen zu können, um an meinen Bildern zu arbeiten. Und dass diese Bilder Spuren in unserer Gesellschaft hinterlassen. ■

Amin Kondakji

Für Gott und die Welt

„Schmied" bedeutet sein Name. Und seines eigenen Glückes Schmied möchte auch Amin Kondakji sein. Dabei ist es durchaus möglich, dass Sie ihm irgendwo in Mainz vielleicht schon einmal begegnet sind: auf dem Uni-Campus, in der Auferstehungsgemeinde, bei einer Veranstaltung – oder zumindest auf Wahlplakaten. Doch ganz bescheiden stellt er selbst sich vor bei einem Gespräch in der Studierendengemeinde, die tagsüber einen ruhigen Ort bietet im Trubel an der Universität: „Amin Kondakji, ich studiere evangelische Theologie und bin in der Politik aktiv", sagt er mit angenehm warmer Stimme.

„Kondakji", zugegeben, das bleibt nicht gleich im Ohr. Da hilft die Übersetzung „Schmied" – und der Gedanke an die Binsenweisheit mit dem Glück. Dass Amin Kondakji sein Leben am liebsten selbst in die Hand nimmt, ist unübersehbar. Feuer und Flamme ist er für seine vielfältigen Aufgaben, das spürt man schon an dem Funkeln in seinen dunklen Augen. „Amin", das klingt nicht nur wie „Amen". Im Koran steht es auch meist am Ende eines Gebetes oder Verses. Zudem kann man es mit „ehrlich" übersetzen. Offen und ehrlich wirkt der junge Mann, wenn er von seinem Lebensweg berichtet: im muslimischen Glauben erzogen, mit erstem Abschluss Neurowissenschaftler, nun angehender evangelischer Pfarrer, politisch in vielen Bereichen engagiert – so lautet die Kurzfassung.

Als Sohn einer Mainzerin und eines Syrers kam Amin Kondakji 1985 in Rüsselsheim zur Welt. Dann trennten sich die Eltern und seine katholische Mutter legte Wert darauf, dass er in Glaubensfragen selbst entscheiden konnte. Obwohl er als kleiner Junge eine Koranschule besucht hatte, maß Amin Kondakji der Religion lange Zeit keine allzu große Bedeutung bei. So zog er es in der Schule vor, am Ethik-Unterricht teilzunehmen. „Schon als Kind war es für mich gar nicht so wichtig, welche Religion meine Freunde haben", erinnert er sich. „Ob christlich, muslimisch oder etwas anderes, wir haben einfach zusammen gespielt und Spaß gehabt." Auch heute möchte er in erster Linie die Menschen sehen, unabhängig von ihrer Kultur und Religion.

Nach dem Abitur verpflichtete er sich bei der Bundeswehr – für zwei Jahre, die er als schöne Zeit in Erinnerung hat. Während er die dort herrschende Strenge für notwendig hielt, legte er vor allem Wert auf einen familiären Umgang miteinander und sah sich zuweilen durchaus in der Rolle des Beschützers. „Ganz besonders interessierte mich, wie man Einsätze gründlich plant und vorbereitet – und wie man Menschen gut führen und motivieren kann." Vieles von dem, was er als Zeitsoldat gelernt habe, könne er heute praktisch einbringen, sowohl in der Politik als auch fürs Pfarramt. Trotzdem wollte er kein Militärpfarrer werden. Das wäre nichts für ihn, allein schon wegen der Auslandseinsätze: Mit seiner Familie möchte er am liebsten in Mainz und Umgebung bleiben.

Amin Kondakji

Schließlich begegnete er 2007 Anna, die Lehrerin für evangelische Religion und Erdkunde ist – und nun seine Frau. Doch nicht nur sie begeisterte ihn fürs Christentum, sondern auch Pfarrer Kurt Bendler aus Armsheim bei Wörrstadt, in dem er einen guten Freund und Mentor zugleich sieht: „Er ist wirklich ein Vorbild für mich, vor allem in seiner liebevollen Art, wie er mit Menschen umgeht", erzählt Amin Kondakji. Da war es nur folgerichtig, dass er in der evangelischen Pfarrkirche, die er immer wieder gern besucht, seiner großen Liebe das

Die evangelische Kirche von Armsheim bei Wörrstadt hat für Amin Kondakji eine besondere Bedeutung.

Jawort gab. Lachen muss er bei der Frage, weshalb sich seither in seinem Leben einiges grundlegend geändert hat: „Naja, ich würde nicht sagen, dass Gott selbst zu mir gesprochen hat", meint er. „Es waren eher diese beiden ganz besonderen Menschen, die mich stark beeinflusst haben." Denn bevor er zur evangelischen Theologie kam, hatte er zunächst einen ähnlichen Weg gewählt wie andere Naturwissenschaftler in seiner Familie: In Frankfurt absolvierte er ein Studium der Bio-Informatik und Neurowissenschaften, beschäftigte sich unter anderem mit Alzheimer. „Doch während der vielen Laborarbeiten kam ich ins Grübeln und hab mir überlegt, was mir wirklich wichtig ist", sagt er frei heraus.

„Was möchte ich in meinem Leben bewirken? Wie kann ich anderen Gutes tun? Und wie kann ich persönlich Beruf und Familie vereinbaren?" Fragen wie diese tauchten immer häufiger auf und führten ihn zu einem – für viele in seinem Umfeld sehr überraschenden – Entschluss: Ein Studium der evangelischen Theologie an der Universität Mainz, mit dem Ziel Pfarramt. Schockiert sei niemand gewesen, meint er. Auch nicht sein Bruder, der beim Islam blieb und den er sehr schätzt. Verwundert wird er jedoch manchmal von Passanten angeschaut, wenn er in eine Kirche geht. Oder auch wegen des Kreuzes, das er an einer Kette trägt und das so mancher Betrachter nicht mit Amin Kondakjis äußerem Erscheinungsbild in Einklang zu bringen vermag.

Für Gott und die Welt

Bei sich zu Hause einen Ehrenplatz bekommen hat die Taufkerze, die ihm 2011 überreicht wurde – und die Bibel, die er keineswegs „nur" fürs Studium zur Hand nimmt. Dass er nicht so recht mitreden kann, wenn zum Beispiel an der Uni nach den eigenen Erfahrungen mit Kirche als Kind und Jugendlicher gefragt wird, störe im Grunde genommen niemanden. Dafür kennt sich Amin Kondakji umso besser aus, wenn es beispielsweise um den Dialog zwischen den Religionen geht. Auch in Sachen Sprachen hat er einiges vorzuweisen: Englisch, Französisch und Arabisch hat er in der Schule gelernt, Hebräisch, Latein und Griechisch braucht man als Theologe – und in der Freizeit hat er zudem noch Grundkenntnisse in Chinesisch und Russisch erworben.

Dass man ihn wegen seiner Lebenserfahrung aus Studium, Ehe und sozialem Engagement durchaus schon auf Ende 30 schätzen würde, lässt ihn schmunzeln. Seinen nicht alltäglichen Werdegang sieht er nicht als Nachteil: „Wenn ich bald vor einer Gemeinde stehe, möchte ich ja ernst genommen werden in meiner Rolle als Pfarrer", meint Amin Kondakji. „Und ich möchte mich gut in andere hineinversetzen können." Dass ein Pfarrer die Gemeinde prägt, davon ist Adam Kondakji überzeugt. Vieles hänge von dessen Charisma ab, und davon, ob er mit seiner Ausstrahlung Menschen begeistern könne, vom Kleinkind bis zum Senioren. Folgerichtig möchte der angehende Pfarrer die Mitglieder der Gemeinde gezielt ansprechen und mit ihren vielfältigen Talenten aktiv mit einbeziehen; sie mitentscheiden lassen und offen sein für ihre kreativen Ideen, ihnen vertrauensvoll eigene Aufgaben übertragen. Verwirklicht sieht er das in der evangelischen Auferstehungsgemeinde, seiner kirchlichen Heimat in Mainz.

Voraussichtlich im Frühjahr 2016 möchte er mit seinem Vikariat beginnen, doch am liebsten würde er sofort loslegen. Das spürt man deutlich, wenn Amin Kondakji beschreibt, wie er gern die Gottesdienste gestalten würde: mit Blick in die Bibel und auf das Leben der Menschen, mit dem Wort Gottes in anschaulichen Bildern, inhaltlich fundiert und mit persönlichem Bezug. Weshalb singt man ganz bestimmte Lieder aus dem Gesangbuch? Das möchte er erklären. Und vor allem für die Menschen da sein, also offene Ohren und im Pfarramt stets offene Türen haben.

Bei allem Optimismus sieht er jedoch auch die Herausforderungen: die Kunst etwa, den Beruf vom Privatleben zu trennen, vor allem bei den Sorgen und Nöten, die ihm als Seelsorger anvertraut werden; oder als emotionaler Mensch gefasst zu bleiben in traurigen Situationen. „Sicher ist es nicht leicht, bei Beerdigungen Worte zu finden, die das Leben des Verstorbenen treffend wiedergeben und die Angehörigen trösten können", weiß er. Folgerichtig setzt er neben den theologischen Kenntnissen, die ihm das Studium vermittelt, auf die menschliche Reife, die für das Pfarramt unabdingbar sei.

Amin Kondakji

Wie es ist, vor aller Augen zu stehen und zu den Menschen zu sprechen, das übt Amin Kondakji quasi schon beiläufig bei seinen zahlreichen Aktivitäten im politischen Bereich. Ob nun im Mainzer Stadtrat oder als Vorsitzender der SPD in Hartenberg-Münchfeld, seinem Stadtteil. Wie er dazu kam? Daran kann sich der junge Mann noch lebhaft erinnern: Angefangen hat wohl alles mit der Aufgabe, im Deutschunterricht eine Rede vorzubereiten. Da mag er gerade erst 16, 17 gewesen sein. „Worüber ich damals gesprochen habe, das kann ich gar nicht mehr so genau sagen", meint er - und etwas Schelmisches liegt in seinem Blick. „Doch die Mitschüler waren ganz beeindruckt und mein Lehrer hat gesagt: ,Amin, ich glaube, du wirst mal Politiker'."

Ob als Pfarrer oder Politiker: „Inhaltlich fundiert soll es sein, Hand und Fuß haben, was ich sagen und vermitteln möchte." Großen Wert legt Amin Kondakji außerdem darauf, nicht nur zu reden, sondern auch „zu tun". Wichtig ist ihm, selbstständig zu denken, eigene Ideen einzubringen und sich weiter zu entwickeln. Auch wenn nicht alles gelingt, versucht er mit Schwierigkeiten und Kritik umzugehen, die Dinge zum Positiven zu verändern. Wege zu ebnen, auch das hat er sich zum Ziel gesetzt. Nicht nur mit Blick auf mehr Barrierefreiheit für Menschen mit Behinderungen, sondern auch im übertragenen Sinne.

Mehr Freizeitangebote für Kinder und bessere Bildungschancen für Menschen mit Migrationshintergrund liegen ihm besonders am Herzen, außerdem eine vorteilhafte Infrastruktur für Senioren und eine offene Kommunikation untereinander. Den Migrations-Integrations-Beirat zählt er daher ebenso zu seinen Aufgabenbereichen wie den Förderverein des AWO-Jugendtreffs im Martin-Luther-King-Park. „Dabei geht es mir nicht darum, in der Öffentlichkeit zu stehen oder Geld damit zu verdienen", macht Amin Kondakji deutlich. Durch seine vielfältigen Kontakte oder auch ganz praktisch – und oft rein ehrenamtlich – möchte er weiterhelfen. Und dabei nicht als ein Politiker wahrgenommen werden, der „von oben herab" mit den Leuten spricht, sondern auf Augenhöhe (siehe Kasten rechts).

Keine Frage, zwischen dem Kaffee am Morgen und dem letzten Blick auf sein Smartphone vor dem Schlafengehen liegt oft ein ausgefüllter Tag: Vorlesungen und Seminare an der Uni, dazwischen Zeit in der Bibliothek und Lernen zu Hause, seine Tätigkeit als wissenschaftliche Hilfskraft ... Nachmittags und abends dann oft Arbeitstreffen, Ausschuss-Sitzungen und viele andere Veranstaltungen. Klingt nach guter Organisation und straffem Programm. „Klar, das trifft schon zu", muss Amin Kondakji zugeben. „Doch es ist ja auch das, was ich machen möchte, was mich erfüllt. Und deshalb gibt es wohl kaum einen Tag, an dem ich so richtig mies drauf bin." Seiner Familie und guten Freunden ist er daher dankbar für ihre Unterstützung, durch die er wieder neue Energie tanken kann und sich „einfach rundum zufrieden" fühlt.

AWO Kinder- und Jugendtreff „Park-Haus"

„Wohlfühlen wie in einem zweiten Wohnzimmer": Auch wenn Amin Kondakji sich hier im Hintergrund hält (hintere Reihe, 3.v.r.) ist ihm das Engagement für das „Park-Haus" eine Herzensangelegenheit.

Ein neuer Tisch-Kicker, weitere Spiele, spannende Extra-Angebote: Lang ist die Wunschliste der Mädchen und Jungen im AWO Kinder- und Jugendtreff „Park-Haus" im Martin-Luther-King-Park. Um dem gerecht zu werden und die Interessen der jungen Leute gezielt in der Politik vertreten zu können, wird die Einrichtung von einem Förderverein unterstützt.

Ob Geld- oder Sachspenden, helfende Hände oder andere Talente – alles ist willkommen; der Verein freut sich über finanzielle und ideelle Förderung gleichermaßen. Dabei geht es um ganz praktische Dinge wie das regelmäßige Streichen der Räume, zum Beispiel im Rahmen der „MUMM-Aktionstage". Doch nicht nur Mainzer Unternehmen machen mit, auch Ehrenamtliche, die ihre Fähigkeiten einbringen, sind gefragt: „Wir möchten die Kinder und Jugendlichen unter anderem mit einem Musikwettbewerb, einer Lese-Rallye oder einem Schreibprojekt ansprechen", zählt Amin Kondakji, der als erster Vorsitzender gewählt wurde, auf. „Schließlich sollen die jungen Leute gern herkommen und sich hier wohlfühlen. Eben wie in einem zweiten Wohnzimmer – denn so war das auch bei mir früher."

Die Wertschätzung junger Menschen zu wahren, die Zusammenarbeit mit Behörden und Verbänden zu unterstützen und den Kontakt zu Anwohnern auszubauen, auch das hat sich der Förderverein auf die Fahne geschrieben. „Viele Familien im Stadtteil schätzen die familiäre Atmosphäre des multikulturellen Treffs, der mit großem Engagement von Nicole Dumno geleitet wird", berichtet Gerhard Gonsiorowsky, der ebenfalls gleich in mehreren Bereichen aktiv ist. Zu den regelmäßigen Angeboten der Einrichtung gehören Sprechstunden, Kindertage mit besonderen Aktionen für das Grundschulalter und Abende mit Musik für Jugendliche.

Silke Maurer

Die Neustadt, das ist mein *Quartier*

Alles ist vorbereitet: Die Tische und Pavillons sind aufgebaut und dekoriert, Mikrofone für die Redner stehen bereit, kulinarische Köstlichkeiten und Getränke warten auf die Besucher. Nach und nach füllt sich der neugestaltete Platz mit Menschen jeden Alters. Mittendrin im bunten Neustadt-Leben ist Silke Maurer. Seit 2008 ist sie hier für die Stadt Mainz als Quartier-Managerin tätig. Auch für einige Veranstaltungen laufen die Fäden der Organisation bei ihr zusammen: rechtzeitige Planung und Absprachen, die Koordination der einzelnen Abläufe, damit möglichst an alles gedacht ist und alle Beteiligten zufrieden sind ... Wer nicht selbst schon ein Fest mit etlichen Gästen organisiert hat, kann wohl kaum nachvollziehen, welch einen enormen Aufwand das erfordert –und wie viel Spaß es trotz allem machen kann. Lächelnd atmet Silke Maurer durch und wirft noch einmal einen Blick gen Himmel: Zum Glück spielt auch das Wetter mit!

Fast ihr gesamtes Berufsleben hat Silke Maurer in der Neustadt verbracht. „Ich kenne keinen Stadtteil so gut wie diesen", sagt die Quartier-Managerin und stellt sich – bevor die Ehrengäste kommen und es offiziell losgeht – gerne den Fragen der Journalistin.

Silke Maurer . . . . im Gespräch

Frau Maurer, mit der Neustadt fühlen Sie sich, wie man sieht, sehr eng verbunden ...
Auf jeden Fall! Ich habe hier früher schon im Jugendzentrum gearbeitet und von den jungen Leuten besonders eines gelernt: wie wichtig gegenseitiger Respekt ist! – Gerne denke ich auch an meine Anfangszeit im Quartier-Management, ab September 2008: Überall bin ich herzlich und offen aufgenommen worden, in den Arbeitskreisen der „Sozialen Stadt", in vielen Vereinen, Institutionen und Initiativen ... Das ist typisch Neustadt!

Können Sie uns Beispiele Ihrer bisherigen Tätigkeit nennen?
Meine Aufgabe ist es, das Städtebauförderprogramm „Soziale Stadt" in der Mainzer Neustadt umzusetzen. Das bedeutet, dass zum Beispiel bauliche Verbesserungen im Stadtteil vorgenommen werden. So wurde in den vergangenen Jahren unter anderem der Gartenfeldplatz aufgewertet und die Lessingstraße in drei Bauabschnitten neu gestaltet. Zudem geht es um Entwicklungen in Bereichen wie Kultur, Soziales oder Umwelt. Unter anderem wurde gemeinsam mit dem Naturschutzbund Mainz eine AG Umwelt gegründet. Generell ist es ein Grundsatz in meiner Arbeit, die Bürgerinnen und Bürger an der Gestaltung ihres Umfeldes zu beteiligen. Als Quartier-Managerin bin ich dabei eine Koordinierungsstelle zwischen der Stadtverwaltung, den Bewohnerinnen und Bewohnern, den Institutionen, Organisationen und Vereinen. Bei all dem möchte ich vor allem gern eine Ansprechpartnerin für die Menschen im Stadtteil sein.

Hört sich nach einem recht abwechslungsreichen Job an ...
Der Aufgabenbereich einer Quartier-Managerin ist sehr breit gefächert, denn man ist mit den unterschiedlichsten Belangen und Facetten des Stadtviertels befasst. Und die Neustadt ist ja bekanntlich ein sehr bunter, lebendiger Stadtteil, in dem viele Studenten, Familien mit Kindern, Senioren oder ärmere Bürger leben. All diese Menschen haben unterschiedliche Gründe, weshalb sie hier im Stadtteil zu Hause sind. Und sie haben unterschiedliche Ideen, wie sie sich das Leben hier vorstellen und wie sie es gestalten möchten. In meiner Arbeit möglichst vielen Ansprüchen und Interessen gerecht zu werden, sehe ich als eine besondere Herausforderung. Und gerade das macht diese Aufgabe interessant und spannend für mich.

Gibt es etwas, das ihnen dabei besonders wichtig ist?
Wichtig ist mir, authentisch zu sein in dem, was ich mache. Dass das, was ich tue, sinnvoll ist – und ich dadurch etwas mitgestalten und zum Positiven verändern kann. Und nicht zuletzt, dass es mir und anderen Spaß macht. Dafür ist die Neustadt ein besonders dankbares Pflaster. Ein schöner Satz, der für mich immer wieder Sinn macht, ist wohl so einfach wie genial: „Der Weg ist das Ziel!" ■

Gerrit Meier

Empathie, Humor, Verlässlichkeit

Danke, dann viel Spaß", sagt Gerrit Meier und reicht mit einem Lächeln die Theaterkarten zurück. Wenn er am Einlass steht, wünscht er das den Zuschauern bis zu 200 Mal. An einem Abend! Die Mainzer Kammerspiele – sie sind für ihn zu einer zweiten Heimat geworden. Dass er hier schon seit mehr als zehn Jahren als Regisseur und Leiter des „teatro libre" tätig ist, wissen wohl nur wenige der vielen tausend kleinen und großen Besucher im Jahr – die ihn sonst oft von der Theaterkasse oder Theke her kennen. Außerdem haben die meisten nur eine vage Ahnung davon, was so alles zu seinem vielfältigen Beruf dazugehört. Das Publikum ist im Saal, die Vorstellung läuft: Ich treffe Gerrit Meier zu einem Gespräch bei einem Kaffee im Foyer.

Auf dem ersten Blick mögen Welten dazwischenliegen. Doch manches ist für den gebürtigen Hunsrücker im Theater ähnlich wie auf dem Bauernhof, auf dem er mit vier Geschwistern aufgewachsen ist: „Die Freiheit, Dinge auszuprobieren, eigene Entscheidungen treffen zu dürfen: Das hat mich schon als Kind geprägt. Auf dem Hof meiner Eltern, als drittes von fünf Kindern, wurde ich in die täglichen Arbeiten mit einbezogen, hatte aber gleichzeitig tausend Möglichkeiten, Dinge ganz praktisch auszuprobieren. Meine Eltern haben mich eigene Wege gehen lassen, ob bei der Wahl meiner Hobbys, der Schule oder des Studiums. Immer unter der Prämisse, dass ich es *halt selber hinkriege*. Und wenn ich etwas *gut hingekriegt* habe, war ich natürlich immer wahnsinnig stolz, zum Beispiel im Schultheater."

Als kleiner Steppke hat er gern „Prinz Kunibert" gespielt, erinnert sich Gerrit Meier, Jahrgang 1979, mit schelmischem Blick. „Geschichten zu erzählen, das habe ich schon immer geliebt." Ganz klassisch verlief sein Weg weiter: Von der AG in der Schule und der Theater-Gruppe im Ort über den Abschluss in Theaterwissenschaft und Pädagogik an der Mainzer Uni bis zur Assistenz in den Kammerspielen. Von Anfang an konnte er dort in allen Bereichen mitarbeiten und damit nicht nur sein Studium selbst finanzieren, sondern auch das Handwerkszeug von den langjährigen Kollegen lernen. Eine Erfahrung hat er allerdings noch nicht gemacht, sagt er scherzhaft: zu einem typischen Vorstellungsgespräch eingeladen zu werden. Was er auf die dabei übliche Frage nach den drei persönlichen Stärken antworten würde? Da muss er erst mal kurz überlegen: „Naja, vielleicht humorbegabt, mit einem guten Gespür für Themen und Geschichten und sensibler Wahrnehmung für Menschen", meint er.

Noch vor dem Magisterabschluss gründete er 2004 das Freie Theater „teatro libre", zu dem die Grafikdesignerin Pia Auteried sowie der Komponist und Schauspieler Torsten Knoll gehören. Zugleich wagte Gerrit Meier den Sprung ins kalte Wasser, seine erste eigene Produktion: „Pancho Villa oder die nackte Frau" nach der Komödie von Sabina Berman. Es war zugleich eine europäische Erstaufführung. Ein ehrgeiziges Vorhaben also, bei dem er „wochenlang geschuftet, wohl zehn Kilo abge-

Gerrit Meier

nommen und vor lauter Arbeit und Aufregung nachts kaum geschlafen" hat. Doch umso überwältigender war dann die gute Resonanz nach der Premiere. Die Erleichterung, Euphorie und das tolle Gefühl „ja, dann werde ich wohl jetzt Regisseur sein". Wenn er sich an diesen großen Moment erinnert, strahlen seine Augen vor Begeisterung.

Seit 2006 gehört Gerrit Meier nun schon fest zum Leitungsteam der Mainzer Kammerspiele. Neben der weiteren freiberuflichen Tätigkeit im theaterpädagogischen Bereich und Kultur-Management kamen neun Theaterproduktionen hinzu: Stücke wie „Das erste Mal" und „Aussetzer" zählen ebenso dazu wie die beiden Schauspiele „Tschick" und „Habe ich dir eigentlich schon erzählt ...", die bis

Sommer 2014 im Programm waren. „Ich mag Stücke zum Wohlfühlen und Nachdenken gleichermaßen, Stücke, die spannend, klug und lustig zugleich sind – Stücke, die das Publikum ansprechend unterhalten, mit Humor und Herzenswärme."

Wenn er am Applaus merke, dass eine Aufführung bei den Zuschauern gut ankommt, falle noch immer eine Menge Anspannung von ihm ab. „Schließlich bringt man nicht nur viel Zeit, sondern auch sehr viel von seiner Person mit ein – ob nun auf oder hinter der Bühne." Die unterschiedlichen Tätigkeiten, auf die es ankommt, um im Team Projekte in die Tat umzusetzen, machen für Gerrit Meier den Reiz seiner Arbeit aus. Diese sei nun mal kein Dienst von neun bis fünf, zumal es – im Gegensatz zu einem großen Haus – an den Mainzer Kammerspielen keine eigenen Abteilungen für Kostüme oder Requisiten gibt. Was in der Praxis bedeutet, dass Gerrit Meier (ebenso wie die anderen Regisseure und Ensembles) auch verantwortlich ist für Konzept, Bühne, Ausstattung. Nicht zuletzt aus Kostengründen macht er so viel wie möglich selber, bis hin zum Verteilen der Werbung in der Stadt und dem Servieren von Getränken in den Pausen. „Ganz fertig zu sein, das Gefühl hat man eigentlich nie", meint er. Doch unglücklich wirkt er ganz und gar nicht. „Diszipliniert und geerdet – da passt mein bodenständiger Nachname ja gut", lacht er und trinkt noch einen Schluck Kaffee.

Ebenso vielseitig wie seine Aufgaben, ist auch der Arbeitsalltag von Gerrit Meier: von der Auswahl der nächsten Stücke in einem Café, wo er erste Ideen zum Bühnenbild auf die Serviette kritzelt – über die Proben, bei denen er auf seine Intuition und Erfahrung vertraut, wenn sich das Geschehen auf der

Bühne mit Leben füllt und nach und nach die gewünschte Atmosphäre entsteht – bis hin zum freundlichen Umgang mit den Schauspielern, denen er hinter der Bühne bei einer Umarmung „Alles Gute" wünscht – um das Kribbeln vor jedem Auftritt zusammen zu meistern. Und die er motivieren möchte, stets so zu spielen, als ob sie das Stück zum ersten Mal vor Publikum zeigen würden. Also ohne schon zu ahnen, wie die Zuschauer wohl reagieren werden. „Habt Spaß, genießt es", sagt Gerrit Meier dann – und atmet tief durch vor dem Herzklopfen bis zum Schlussapplaus. Bei „seinen" Aufführungen sitzt er dann oben in der Technik, wo er, wie man es im Theater nennt, Licht und Ton „fährt".

Ebenso wie die Leute in den Zuschauerreihen sei auch er ganz vertieft in das Geschehen auf der Bühne – das ja nicht wie ein Film auf der Leinwand abläuft, sondern sich immer wieder neu ereignet – und auch er habe an manchen Stellen Tränen in den Augen, ob nun vor Lachen oder vor Rührung. „Wenn

Empathie, Humor, Verlässlichkeit

man spürt, dass der Funke überspringt und ich das Publikum mit meinen kreativen Mitteln, mit Fantasie und Fiktion erreichen kann, dann ist das etwas ganz Wunderbares", freut sich der Regisseur. Nicht um ein anonymes Publikum geht es Gerrit Meier dabei, „sondern genauso um jeden Einzelnen im Saal". Auch weiterhin will er mit seinen Stücken zum Genießen und zum Nachdenken anregen, jugendliche Zuschauer wie erfahrene Theatergänger begeistern. Mit ihnen möchte er ins Gespräch kommen, dabei neugierig und offen bleiben. Für Schulklassen beispielsweise bietet er Diskussionsrunden und weiterführende Materialien an: „Wir wollen nicht nur unterhaltsame Vorstellungen bieten, sondern auch etwas mitgeben, das nachklingt – und einen kleinen Beitrag leisten, damit die Welt vielleicht ein Stückchen besser wird."

Beruf und Privatleben gehen für ihn fließend ineinander über – „weil ich meine Arbeit ja sehr gern tue und mich darin als Mensch wiederfinde", sagt Gerrit Meier. Eins zu sein mit dem, was man tut. Sehen, wie sich die Dinge immer weiter entwickeln. Spüren, dass es sich richtig und stimmig anfühlt ... und dabei Zeit und Raum um sich vergessen: Was gemeinhin als „Flow" bezeichnet wird, ist auch für ihn ein glücklicher Zustand, den er sehr schätzt bei seiner Arbeit. Ebenso wie die Freiheit, vieles selbst gestalten zu können. Auf materielle Dinge – „ein großes Auto oder teure Klamotten" – darauf komme es ihm nicht an, wichtiger sei es für ihn, Neues dazuzulernen: ob nun im Theater (so auch in der Produktionsleitung des Weihnachtsmärchens 2014) oder in der Freizeit. Wenn er nicht gerade Theaterprojekte für Kinder und Jugendliche anbietet, schwingt er sich gern aufs Rad, lässt sich überraschen, was hinter der nächsten Wegbiegung kommt – und legt dabei auch Strecken von einigen hundert Kilometern zurück, um Verwandte oder Freunde zu besuchen.

Im Jahr des Erscheinens dieses Buches wird ihn seine Arbeit als Theaterpädagoge unter anderem an die Deutsche Schule nach Lima und auf Reisen durch Südamerika geführt haben. Und weil sich sein Leben so, wie es ist, „ganz gut anfühlt" und er nach wie vor an die Kraft der Geschichten glaubt, schaut er ganz optimistisch in die Zukunft – was immer sie für ihn bringen mag.

Gerrit Meier .... im Gespräch

Herr Meier, Sie haben ja schon einige Produktionen auf die Bühne gebracht, darunter „Habe ich dir eigentlich schon erzählt ..." von Sibylle Berg und den „Tschick" von Wolfgang Herrndorf ...
Beide Stücke sind sogenannte Roadmovies über die Sehnsucht, „einfach mal weg" zu sein. In „Habe ich dir eigentlich schon erzählt ..." steht die (Fantasie-)Reise von zwei Jugendlichen für die Suche nach Freiheit und Identität. Die mutige Anna bringt dabei ihre Gedanken und Gefühle zu Papier. Poetisch beschreibt sie die wenig lebensfrohe Welt um sie herum, zum Ende der DDR-Zeit. Auch ihr Freund Max ist sich sicher, dass das Leben mehr zu bieten hat als vorherbestimmte Lebensläufe.
Einfach losgefahren sind auch Maik und „Tschick": ohne Plan, ohne Gepäck und natürlich ohne Eltern. Freundschaft schließen, die Natur erfahren, den Blick in die Sterne genießen: Darum geht es in der turbulenten Geschichte. Ungewöhnlichen Menschen begegnen sie dabei und erweitern auf amüsante Weise ihren Horizont. Eine wichtige Rolle spielte jeweils auch die Live-Musik: Sie transportierte viele Stimmungen, von locker-leicht bis abenteuerlustig – und das ganz besondere Lebensgefühl.

Haben Sie Vorbilder, an denen Sie sich bei Ihrer Arbeit oder auch ganz persönlich orientieren?
Es gibt viele Menschen, die ich inspirierend und bewundernswert finde – sei es im sozialen, politischen oder kulturellen Bereich. Aber es gibt niemanden, dem ich nacheifere, kein Idol. Ich glaube, dass das öffentliche Bild immer nur einen Teil einer Persönlichkeit zeigt. Ich würde daher allenfalls sagen „Ich würde gerne mal so etwas machen wie ...".

Was ist Ihnen besonders wichtig? Und haben Sie so etwas wie ein Lebensmotto?
Ich gönne mir, meine Sichtweisen zu ändern und dazuzulernen. Das Leben erscheint mir zu komplex, um es in einem Satz zusammenzufassen. Wichtig ist mir, halbwegs authentisch zu bleiben; wieder runterzukommen, wenn ich mich in etwas verstiegen habe; zu merken, wenn ich mir oder anderen etwas vormache; nicht meinen eigenen Rollen zu verfallen; Momente der Selbstbesinnung; generell: Empathie, Humor, Verlässlichkeit.

Wenn Sie einen Blick in die Zukunft werfen: Worauf freuen Sie sich?
Manchmal erschrecke ich selbst darüber, dass ich kaum an die Zukunft denke und keinen Plan für mein weiteres Leben habe. Dann beruhige ich mich damit, dass ich im Grunde ja ganz zufrieden bin und erst über die Zukunft nachdenken müsste, wenn ich das nicht mehr wäre. Letztendlich glaube ich, dass es weniger entscheidend ist, was man macht als wie man es macht. Insofern wünsche ich mir, ein gewisses Maß an Ehrlichkeit und Selbstwahrnehmung zu wahren, pathetisch ausgedrückt: Zweifel zuzulassen und dabei zu wachsen, nicht zu schrumpfen. Konkreter: Ich freue mich darauf, weiterhin Dinge zu machen, die für mich und auch für andere anregend sind. Diese Möglichkeiten finde ich im Theater. ■

Heidi Merlet

Wie das Wasser: in Bewegung

Das Leben ist wie das Wasser: Mal sanft, mal schnell, aber immer in Bewegung", heißt es in einem treffenden Zitat. Auch Heidi Merlet möchte sich dem gern anschließen. Eingeladen hat sie zu sich nach Mombach. Umgeben von Bücherregalen und liebevoll zusammengestellten Erinnerungsstücken, die eine Atmosphäre zum Wohlfühlen schaffen, legt sie sich Papier und Stift parat. Ganz so, wie sie es seit vielen Jahren gewohnt ist. Nur, dass es in diesem Gespräch nicht wie sonst um „das Leben der anderen" geht, sondern um ihren eigenen Weg.

„Das Wasser", erzählt die sympathische Frau, die auch schon in der Sendung „Menschen" beim Domradio zu Gast war, „es hat schon immer eine wichtige Bedeutung für mich gehabt." 1940 geboren, ist sie in St. Goarshausen aufgewachsen – am Rhein also, den auch ihre Familie immer im Blick hatte und der sie wie eine Lebensader mit den Gütern des täglichen Bedarfs versorgte. Schon früh am Morgen wurde nachgeschaut: Ist alles in Ordnung oder droht vielleicht Hochwasser? Gern denkt Heidi Merlet daran, wie sie zusammen mit Nachbarskindern oft am Fluss spielen konnte, ohne ständig beaufsichtigt zu werden. Im Vertrauen darauf, dass schon nichts passiert.

Ihren schönen Erinnerungen an die Kindheit konnten selbst die Schrecken des Krieges nichts anhaben: „Mit meiner Familie und unserem gesamten Umfeld fühlte ich mich sehr verbunden", berichtet sie mit angenehm warmer Stimme. „Die liebevolle Erziehung hat mir gezeigt, dass ich auch mitten im Krieg willkommen war. Das gab mir viel Sicherheit und Selbstvertrauen." In vieler Hinsicht waren ihr die Eltern Vorbilder, betont Heidi Merlet. Der Vater war als Geschäftsführer kleiner Unternehmen immer sehr beschäftigt. Dabei trennte er nicht streng zwischen beruflich und privat, schon rein räumlich. Das Büro war mit im Haus, und daher war es für sie von klein auf selbstverständlich, dass sie mithelfen durfte und auch sollte. In der Freizeit tüchtig weiterzuarbeiten, auch das kennt sie von ihrem in vielen Vereinen aktiven Vater – aber auch von ihrer engagierten und optimistisch denkenden Mutter, die „Not gesehen und gehandelt hat". Eine ihrer drei Puppen abzugeben für ein Kind, das gar kein Spielzeug mehr hatte, war für sie eine normale Geste.

Sätze der Eltern wie „Das kriegen wir schon hin" oder „Mach es einfach, so gut du kannst" klingen ihr auch heute noch oft im Ohr. Und noch ein weiterer guter Zuspruch aus Kindertagen: „Du schaffst das!" Das gute Gefühl, dass ihr zu Hause und in der Schule etwas zugetraut wurde, die Wertschätzung, die sie schon als junger Mensch erfahren hat, tat ihr sehr gut – und gab ihr den nötigen Antrieb für Gymnasium, Handelsschule und Studium. Da sie schon früh mit wirtschaftlichen Zusammenhängen vertraut war, wurde sie zunächst Volkswirtin. „Planen, organisieren, Strukturen schaffen – ich denke, das liegt mir", meint sie bescheiden.

Heidi Merlet

Dass das Leben mitunter das ist, was passiert, während man ganz andere Pläne schmiedet, das kennt auch Heidi Merlet aus Erfahrung. Mehr als ein Mal galt es dann für sie, das Beste daraus zu machen; den Blick nicht nur nach hinten zu richten, zu zweifeln und zu hadern, sondern trotz allem nach vorne zu schauen. Seit mehr als 50 Jahren lebt sie mit ihrem Mann Peter zusammen, der nach einem Unfall mit Anfang 20 querschnittsgelähmt ist. Für beide galt es damals, das Leben neu zu überdenken – und es zusammen zu meistern. „Sicher war manches dadurch nicht mehr möglich", erinnert sich die couragierte Frau. „Doch wir haben nicht daran gezweifelt, es schaffen zu können." Auch ihr Mann blieb weiterhin berufstätig, und selbst wenn sie, so Heidi Merlet weiter, mitunter nicht recht wussten, wie der Weg wohl weitergehen würde, seien sie ihn einfach gegangen. Schritt für Schritt hätten sie getan, was sie konnten, dabei ihre Pläne und Ziele den Möglichkeiten angepasst und sich Stück für Stück ihren Weg selbst geebnet.

Nicht selten wurde dieser Weg dabei zu einer Brücke – zwischen Ideen und zwischen Menschen. Denn als Berufsberaterin beim Arbeitsamt konnte Heidi Merlet hunderte Männer und Frauen ermutigen, ihre Fähigkeiten zu entdecken und Neues auszuprobieren. Ein wichtiges Anliegen war es ihr, speziell Menschen mit Einschränkungen weiterzuhelfen und ihnen Orientierung zu bieten. Besonderen Wert legte sie dabei darauf, das gesamte Umfeld mit einzubeziehen; mit dem Ziel, trotz körperlichem oder geistigem Handicap das persönliche Potenzial auch wirklich auszuschöpfen.

Zudem war Heidi Merlet lange Zeit an der Schnittstelle zwischen Schule und Beruf tätig. Unzähligen jungen Menschen hat sie gegenübergesessen – und sich dabei trotzdem die Offenheit bewahrt für den Einzelnen: Was bringt er mit? Was will er wirklich? Und was kann helfen, dies auch in die Tat umzusetzen? Fragen wie diese haben Heidi Merlet geholfen, bei der Suche nach einem Beruf, der den jeweiligen Neigungen und Fähigkeiten entspricht, behilflich zu sein; Orientierung und Unterstützung zu bieten für sinnvolle, tragfähige Entscheidungen: „Es sollte gut passen und sich richtig anfühlen", sagt sie, „denn man verbringt ja viel Lebenszeit damit." Aus dem Wunsch heraus, noch intensiver beraten und effektiver helfen zu können, besuchte sie Fortbildungen auf dem Gebiet der Individual-Psychologie und gründete ihr eigenes Institut. Viel selbst gestalten und aus Eigeninitiative heraus schaffen zu können, das schätzte sie sehr an ihrer langjährigen freiberuflichen Tätigkeit. Die große Arbeitszufriedenheit wurde dabei für die Berufs- und Laufbahnberaterin zur Triebfeder: um anderen zu helfen, den Platz im Leben zu finden, an dem sie all das einbringen und tun können, was sie wirklich möchten.

Als Ermutigungs-Trainerin war und ist es Heidi Merlet wichtig, Anregungen zu geben, damit ihr Gegenüber die Fähigkeiten, die er oder sie hat, auch sinnvoll nutzen kann. „Mut", da ist sie sicher, „Mut

Wie das Wasser: in Bewegung

kann man nicht nur bei so zentralen Lebensthemen wie der Berufswahl gut gebrauchen, sondern eigentlich immer, um sich neuen Dingen zu stellen, etwas zu erreichen."

Ob nun durch eine starke Leistungsorientierung in Schule und Beruf oder auch im privaten Bereich: Oft wird der Blick auf Fehler und kleine Schwächen gelegt – was einen lähmt statt anzuspornen. Ein Tipp der Beraterin ist daher, sich die eigenen Stärken bewusst zu machen, und dabei wenigstens drei Dinge zu beherzigen: das Positive an der Lebenssituation zu sehen, sich erreichbare Ziele zu setzen und zu überlegen, wie man sie in den Alltag integrieren kann.

Ihr Know how anderen weiterzugeben, war für Heidi Merlet eine Selbstverständlichkeit. So engagierte sie sich sowohl in der Berater-Ausbildung als auch in Organisationen wie dem Deutschen Verband für Berufsberatung. Darüber hinaus entwickelte sie eigene Konzepte und Methoden: Arbeitsinstrumente für blinde Kollegen oder Erinnerungsbücher als Kombination aus Texten und Bildern, unter anderem für ältere Menschen im Seniorenheim, sind nur zwei Beispiele. Sie zeigen, wie bewährte Ideen in neue Zusammenhänge gebracht und dadurch ganz neue Perspektiven entwickelt werden können.

Mit wachen Augen und Ohren durch die Welt gehen, das Gute im Blick haben und dabei offen bleiben für neue Dinge und Entwicklungen, die den eigenen Horizont erweitern – das wünscht sich Heidi Merlet auch weiterhin. Ihre Beratungspraxis hat sie in jüngere Hände übergeben (siehe auch das Porträt von Barbara Heine auf Seite 42), doch selbst im Ruhestand ist ihr Terminkalender nach wie vor gut gefüllt: Neben dem regen fachlichen Austausch, den sie weiterhin mit großer Begeisterung pflegt, steht sie selbstverständlich ihrem Mann zur Seite und engagiert sich darüber hinaus auch noch ehrenamtlich. Dabei möchte sie zum Beispiel jungen Menschen, die aus anderen Teilen der Welt nach Mainz kommen, etwas von der Stadt zeigen. Neben Theaterbesuchen, Konzerten oder Literaturkreis-Abenden trifft sie sich gern mit Freunden oder entspannt beim „bewussten Musikhören". Bewährt hat sich für sie, dass Tage und Wochen auch in dieser Lebensphase eine gewisse Struktur haben, nicht „einfach so dahinplätschern". Außerdem legt Heidi Merlet Wert darauf, nicht zu sehr am Status Quo und an materiellen Dingen zu hängen – eben im Fluss zu bleiben, ganz so wie das Wasser. ■

Foto: privat.

Norbert Nichell

Die Fragen leben

‚Der Engel der Geborgenheit' ist für mich eine kleine Kostbarkeit mit besonderer Bedeutung: Er ist aus Buchenholz gefertigt, also von Bäumen, die mit ihren hohen Stämmen und bis auf den Boden reichenden Ästen Ruhe ausstrahlen und ein Gefühl der Geborgenheit vermitteln", beschreibt Norbert Nichell. Auf sympathische Weise gleicht er diesen Bäumen. Und auch dem Engel, der ihn oft begleitet. Den er gern in Form einer kleinen Figur zusammen mit einer Mut machenden Karte verschenkt – bei seinen Besuchen als Seelsorger im Krankenhaus.

Seit mehr als fünf Jahren ist der Pastoralreferent, Jahrgang 1967, Klinikseelsorger in der Mainzer Universitätsmedizin, wobei die Kinderklinik einen Schwerpunkt seiner Tätigkeit bildet. Mit Besuchen auf Station versucht er den kleinen Patienten und ihren Familien Mut zu machen, die notwendige Behandlung gut zu überstehen und möglichst bald wieder gesund zu werden. Ein Lächeln liegt auf dem Gesicht einer jungen Mutter, mit der sich Norbert Nichell gerade unterhält. Zuversicht, aber auch große Sorge spiegelt sich darin. Zunächst schien alles in Ordnung zu sein, als ihr Baby das Licht der Welt erblickte, erzählt sie. Doch dann kam die Nachricht „Da stimmt etwas nicht" und bald darauf die Gewissheit: ein seltener Gehirntumor, der mehrmals operiert werden musste.

Liebevoll schaut sie auf ihre Tochter, der es zum Glück wieder besser geht. Oft hat sie zusammen mit ihrem Mann am Bettchen gesessen, gehofft und gebangt. Endlich konnte sie die Kleine im Kinderwagen mitnehmen an die frische Luft, auf den Balkon vor dem Klinikzimmer. Das Netz, das hier zum Schutz der Kinder befestigt ist, hat durchaus etwas Symbolisches: Neben der medizinischen Versorgung wird großer Wert gelegt auf emotionale Unterstützung. „Ich bin sehr dankbar für die Mitmenschlichkeit, die wir in dieser schweren Zeit erfahren dürfen", sagt die junge Frau. Zu jenen, die ihr zur Seite stehen und für ihre Familie beten, zählt sie auch den Seelsorger Norbert Nichell: „Er ist ein netter, freundlicher Engel, der einfach da ist, zuhört und im richtigen Moment die richtigen Worte findet."

Der Klinikseelsorger schätzt solche Begegnungen und Gespräche, gerade weil sie oft sehr nahegehen: „Für mich ist es täglich eine besondere Herausforderung und Freude zugleich, kleine und große Menschen in den – nicht selten – existenziellen Situationen ihres Lebens zu begleiten, indem ich ihren Weg ein Stück mitgehen und teilhaben darf an Freude und Leid, Hoffnung und Trauer", gibt Norbert Nichell einen Einblick in das, was das Herzstück seiner Arbeit ausmacht. Doch der Diplom-Theologe ist sich auch seiner Grenzen bewusst. Er weiß nur zu gut, dass er und die Betroffenen gerade auf wesentliche Fragen (zunächst noch) keine Antworten finden können.

Norbert Nichell . . . . im Gespräch

Herr Nichell, Sie strahlen schon auf den ersten Blick sehr viel Lebensfreude aus. Was hat Sie auf Ihrem bisherigen Lebensweg geprägt?

In meiner Herkunftsfamilie war es die starke Fürsorge, gepaart mit einem selbstverständlichen Gottvertrauen meiner Eltern. In meiner eigenen Familie lege ich viel Wert auf den „Dreiklang" von Glaube, bewusster Ernährung und besonderer Liebe zur Natur.

Haben Sie Vorbilder? Und an welche schönen Erlebnisse erinnern Sie sich gern?

Was mich sehr beeindruckt, ist die Zufriedenheit und Naturverbundenheit meines Vaters. Sie wurde unter anderem in einer wachsenden Schafherde erlebbar, als er mit 50 Jahren (s)einen Kindheitstraum als Hobby verwirklichte. Da habe ich ihn ausdrücklich als „guten Hirten" erlebt, der hinter der Herde herlief, um sicherzustellen, dass alle mitkommen. Ein prägendes Bild – sicherlich auch für meine Spiritualität in meinem pastoralen Beruf.

Außerdem konnte ich als Messdiener am Altar in der Eucharistie die faszinierende Nähe zum Religiösen, ja Gottes Gegenwart erleben. Und ich fand es toll, viel Zeit zum Spielen zu haben: Ob beim Fußball im Garten mit den großen Brüdern oder auch allein kreativ zu sein – ganz entscheidend war dabei die Erfahrung, dass immer jemand für mich da war.

Zu meinen schönsten Erlebnissen gehört auch, dass ich als Jugendlicher Redakteur einer „Mini-Zeitung" war – oder während meines Englandaufenthaltes nach dem Abi in einer Fußballmannschaft spielte. Doch vor allem, dass ich mein „Hobby" zum Beruf gemacht habe. Ich bin froh, auf vielfältige Weise als Seelsorger tätig sein zu können, nachdem ich in einer internationalen Gemeinschaft auf die Suche nach meinem eigenen Lebens- und Berufungsweg gehen und in eine reichhaltige Spiritualität hineinwachsen konnte. Und schließlich bin ich sehr glücklich, in meiner Partnerin und unseren vier Kindern als Familie immer wieder neu Herausforderung und Erfüllung zugleich zu finden.

Auch in Ihrer Freizeit engagieren Sie sich in außergewöhnlicher Weise – sowohl in der Kirche als auch für den Umweltschutz (siehe Kasten rechts). Woher nehmen Sie die Kraft? Was inspiriert Sie?

Begegnungen, die gelingen, indem Zuwendung und Nähe spürbar werden. Die mir immer wieder das Vertrauen geben: „Ja, es gibt einen Weg, der mein ganz persönlicher Weg ist, weil er meine Berufung ist, und den ich nicht allein gehe." Die mir immer wieder die Spuren Gottes zeigen, die ich auf dem Weg entdecken darf. Und die Erfahrung, dass sich immer wieder zur rechten Zeit eine neue Tür öffnet, die mich weiterbringt, hin zum intensiven Leben. Rilke hat einmal geschrieben: „Leben Sie jetzt die Fragen. Vielleicht leben Sie dann allmählich, ohne es zu merken, eines fernen Tages in die Antwort hinein."

Die Fragen leben

Gibt es andere Autoren oder auch Musiker, die Sie beeindrucken?

Generell schätze ich emotionale Lieder und tiefgehende Texte; mein Lieblings-Musical ist „Der kleine Tag". Mein liebster Kinofilm war „Der Club der toten Dichter", unter anderem mit der Passage aus dem Gedicht von Henry David Thoreau: „Ich ging hinaus in die Wälder, um wirklich zu leben. Ich wollte das Mark des Lebens tief in mich einsaugen, damit ich am Ende meines Lebens nicht gewahr werden müsste, ich hätte nie gelebt."

Worüber können Sie sich so richtig freuen?

Wenn ich mit dem Erleben aus dem Zimmer gehe, dass diese Begegnung meinem Gegenüber gutgetan hat. Und ganz privat über gemeinsame Stunden mit der Familien, beim Spielen oder in der Natur des Laubenheimer Rieds. Über den Wortwitz von Heinz Erhardt. Und wenn Mainz 05 gewinnt, besonders gegen die „Großen". Die erlebbare Gemeinschaft, ob im Familienkreis oder in der Jugendband, ist mir wichtig.

Foto: kath. Klinikseelsorge

Neben seiner beruflichen Tätigkeit als Klinikseelsorger (Foto) ist Norbert Nichell Mitglied im ökumenischen Dekanats-Arbeitskreis zur Bewahrung der Schöpfung und Umweltbeauftragter des Dekanats Mainz. Für die Ökologisch-Demokratische Partei (ödp) kandidierte er für den Stadtrat. Darüber hinaus ist er Leiter der Jugendband „Spirit of Heaven" in der Pfarrgruppe Zaybachtal.

Wenn Sie bitte spontan ergänzen: Glück bedeutet für mich …

… mich geborgen und getragen zu wissen. In der Tiefe des eigenen Herzens berührt (worden) zu sein. Erlebbar wird es für mich in einer Mischung aus tiefer Freude und Dankbarkeit, eigentlich, wenn es keine Worte mehr gibt …

Verraten Sie uns Ihr Lebensmotto?

„Wenn die Liebe mein Gesicht hat, wird sie Beispiel für die Welt."

Wenn Sie einen Blick in die Zukunft werfen: Worauf freuen Sie sich?

Darauf, wie sich unsere Kinder entwickeln und ihre individuellen Wege finden, dadurch hoffentlich auch auf mehr Zeit mit meiner Frau Angelika. Und generell auf jeden Grund, sich zu freuen.

Nicole Plaul & Reiner Hoster

Mit den Händen besser sehen können

Willkommen bei Nicole, Reiner, Dana, Lucas und Brando", steht auf dem hübsch gestalteten Schild aus Holz an ihrer Tür. Zwei Große, zwei Kleine, ein Hund, ein Häuschen im Grünen: eine ganz normale Familie also. Erst auf dem zweiten Blick fällt der Blindenstock auf, der an der Hauswand lehnt. Doch außergewöhnlich? Das möchten sie gar nicht sein. Dass sie mit ihren beiden Kindern und den eigenen vier Wänden mehr oder weniger so sind wie tausende andere Familien auch, ist Nicole Plaul und Reiner Hoster wichtig. Auch wenn beide blind sind.

Gern laden sie zu sich nach Hause ein, in ihre geschmackvoll gestalteten Räume, in denen Tapeten, Möbel und Dekoration gut aufeinander abgestimmt sind. Wie die Welt um sie herum aussieht, davon haben sie recht detaillierte Vorstellungen: Beide erblindeten erst als Jugendliche vollständig. Seit 2005 sind sie ein Paar und beruflich – im Bereich Physiotherapie und Osteopathie – wie privat ein starkes Team. Hund Brando gehört schon lange zur Familie, ob er nun gerade aktiv „im Dienst" ist oder einfach „nur" als riesiges Kuscheltier dient, ausgestattet mit flauschig weichem Fell und einer Engelsgeduld.

Früher hatte Nicole Plaul noch einen eigenen Hund. Weshalb es vor nicht allzu langer Zeit für die frisch Verliebten gar nicht so leicht war, eine gemeinsame Wohnung zu finden. Oft gab es nur Absagen: „Zwei Blinde, zwei Hunde – an sich ganz schön und gut, doch bitte nicht bei uns!", habe man ihnen direkt ins Gesicht gesagt. Im Rückblick könnten Nicole Plaul und Reiner Hoster zwar darüber lachen, doch Vorbehalte und mangelnde Akzeptanz bleiben ein Ärgernis. Heute haben sie ein eigenes Haus und zwei Kinder. Darüber hinaus üben sie sehr interessante Berufe aus, wobei das für sie so wichtige Zuhören und Berühren eine derart entscheidende Rolle spielt, dass man getrost von einer Berufung sprechen kann.

Reiner Hoster, Jahrgang 1970, ist in Rüsselsheim aufgewachsen. Zunächst war er nur kurzsichtig, bevor er mit 17 Jahren das Augenlicht verlor und eine Blindenschule in Friedberg besuchte. Seine berufliche Laufbahn begann 1991 in Rüdesheim, weitere Stationen führten ihn unter anderem an die Frankfurter Uni-Klinik, wo er einige medizinische Bereiche kennenlernte. Neben der Tätigkeit in physiotherapeutischen Praxen studierte er berufsbegleitend Naturheilkunde und absolvierte Fortbildungen. Auch im Bereich der Akut- und Palliativ-Medizin sowie der chirurgischen Nachbehandlung konnte er jahrelang Erfahrung sammeln.

Dass sie einmal in Mainz als Osteopathin tätig sein würde, das hatte sich Nicole Plaul als Kind wohl nicht träumen lassen. Bei ihr wurden die Sehschwierigkeiten erst recht spät festgestellt, in Halle besuchte sie daher eine spezielle Schule. Die Eltern wollten die DDR verlassen und bekamen kurz vor

Nicole Plaul & Reiner Hoster

dem Mauerfall ihren Ausreiseantrag bewilligt. Gerade in der Pubertät kam für die junge Frau dann vieles zusammen: eine ganz andere, völlig ungewohnte Umgebung, der Abschied von Freunden und Bekannten – und allmählich auch von ihrem Augenlicht. Doch trotz dieser bitteren Erfahrungen wirkt sie sehr optimistisch und lebensfroh.

Aufgeschlossen für Neues, verschlug es sie in verschiedene Städte: In Frankfurt am Main ging sie zur Schule, machte in Marburg ihr Abitur, studierte Psychologie – und absolvierte ihre Ausbildung zur Physiotherapeutin in Würzburg. Ganz nebenbei machte sie einige Zusatzausbildungen, unter anderem zur Naturheilkundlerin, und studierte noch neben dem Beruf Osteopathie. „Das ist genau das Richtige für mich, ich bin jeden Tag aufs Neue begeistert von den vielen Möglichkeiten, helfen zu können", gerät Nicole Plaul ins Schwärmen. Neben dem breiten Behandlungsspektrum, das sich ihr dadurch bietet, möchte sie ihre Patienten auch darin unterstützen, durch die Selbstheilungskräfte des Körpers (und auch durch notwendige Veränderungen mancher Alltagsgewohnheiten) wieder ins Gleichgewicht zu kommen.

Mit den Händen besser sehen können

Mit ihrer Praxis für Physiotherapie und Osteopathische Behandlungtechniken haben sich Reiner Hoster und Nicole Plaul einen besonderen Wunsch erfüllt: ihre eigenen Chefs zu sein, mit der Freiheit, vieles selbst zu gestalten, etwa Arbeitszeit und -organisation sowie Anwendungen. In Eigenregie hatten sie 2011 vieles geplant und dann, mithilfe von Familie und Freundeskreis, vor Ort in Drais in die Tat umgesetzt. Ihr Ziel: durch kompetente Beratung und individuelle Behandlung genau auf die Bedürfnisse ihrer Patienten einzugehen, die sich bei ihnen wohlfühlen und entspannen können. Und wenn es gewünscht wird, geben die beiden auch gerne weitere nützliche Tipps für ein gesundes Leben.

„Wenn die Männer und Frauen, die zu uns kommen, Vertrauen fassen, sich bei uns in guten Händen wissen und oft auch unser Feingefühl bewundern, ist das die schönste Anerkennung für unsere Arbeit", meint die Therapeutin. „Unsere Hände sind tatsächlich unsere wichtigsten Hilfsmittel", ergänzt Reiner Hoster. „Denn neben Fachwissen und Erfahrung ist auch ein guter Spürsinn gefragt, um herauszufinden, wo die Ursachen von Schmerzen liegen oder wie Brüche und Zerrungen heilen." Mit den Augen allein wäre das oft gar nicht zu erkennen.

Dass die beiden durch Krankengymnastik, Massage-Therapie und weitere Methoden nicht nur medizinisch weiterhelfen können, sondern auch persönlich ein offenes Ohr haben für manche Sorgen und Nöte, das hat sich schnell herumgesprochen. Ihr ganzheitliches Konzept hat sich bewährt; bei Patienten und Ärzten haben sie sich dadurch einen guten Ruf erarbeitet. Umgekehrt bedeutet das jedoch auch lange Arbeitstage: Manchmal geht es schon morgens um sieben los – und abends wird es mitunter sehr spät, bis Reiner Hoster nach den vielen schriftlichen und organisatorischen Dingen, die es ja auch noch zu erledigen gibt, das Licht in der Praxis ausschalten kann. „Doch zum Glück sind es ja bis nach Hause nur zehn Minuten zu Fuß", lacht er. Und den Weg dorthin laufe er meist sehr schnellen Schrittes.

Für die beiden Physiotherapeuten unabdingbar ist die Vereinbarkeit von Beruf und Familie. „Wie viele andere Paare haben auch wir uns Kinder gewünscht", meint Nicole Plaul, die ebenso wie ihr Partner sehr liebevoll mit den beiden umgeht. Tochter Dana kam 2009 auf die Welt und zeigt sich, beim Interview mit den Eltern darauf angesprochen, „sehr gespannt" auf die Schule. Aber noch mache ihr auch die Kita Spaß – und natürlich die Zeit zu Hause mit ihren Eltern sowie als stolze große Schwester von Lucas, der 2013 auf die Welt kam und, so die Eltern, „ein richtiger Sonnenschein" ist.

Auch wenn die beiden mit blinden Eltern vielleicht ein wenig anders aufwachsen als andere Kinder, legt man im Hause „Plaul-Hoster" großen Wert auf ein ganz normales Familienleben: auf viel Liebe, Zuwendung und Zärtlichkeit, jedoch ohne sie zu sehr zu behüten und „in Watte zu packen". Ihnen Ge-

Nicole Plaul & Reiner Hoster

borgenheit zu geben, Freude zu schenken und etwaige Gefahren rechtzeitig zu erkennen, das ist ihnen – wie wohl den meisten Mamas und Papas – wichtig. „In Gedanken sehe ich die zwei genau vor mir", sagt Nicole Plaul. Durch Berühren und Beschreibungen haben die Eltern sehr wohl einen Vorstellung davon, wie ihre Kinder aussehen, während das fröhliche Lachen der beiden nicht zu überhören ist.

„Sicher ist es manchmal stressig, wie in jeder Familie. Doch wir genießen die Zeit mit unseren Kindern, für die wir sehr dankbar sind", betonen die glücklichen Eltern. Den Alltag erleichtern ihnen manche Tricks – wie ein Glöckchen an der Hose, um einen Eindruck davon zu haben, wo die Kleinen gerade herumflitzen. Vielfältige Unterstützung bieten auch all die technischen „Helferlein": Das Smartphone und nützliche Apps für alle Lebenslagen helfen bei der Orientierung im Stadtteil. So haben die beiden stets den Busfahrplan parat – und E-Mails werden ihnen vom Computer vorgelesen. „Bei der Auswahl der passenden Sachen zum Anziehen nehme ich manchmal auch ein Gerät zur Farberkennung", verrät Nicole Plaul. Das funktioniert wie ein kleiner Scanner und nennt die Farbe des Stoffes; ein akustischer Ton gibt an, ob es sich um einen helleren oder dunkleren Farbton handelt.

Auch wenn sie Hilfe im Haushalt oder beim Einkaufen in Anspruch nehmen, ist es ihr und Reiner Hoster wichtig, das meiste selbst zu schaffen, um so unabhängig wie möglich zu sein. „Wir wollen kein Mitleid und keinen Behindertenbonus", sagt Reiner Hoster in seiner direkten Art, „sondern einfach so behandelt werden wie andere auch." In Beruf, Familie und Freizeit möchten die beiden Neues entdecken, viel dazulernen und sich weiterentwickeln. Dabei auch gleich aktiv etwas in Sachen Inklusion zu tun, ist ihnen ebenfalls ein Anliegen: „Dass noch mehr Mainzer beispielsweise gemeinsam Sport machen, egal ob mit oder ohne körperliche Einschränkungen; dass sie dabei Spaß haben und dadurch ins Gespräch kommen."

Ganz naturverbunden, gehen sie gern zelten und sind mit ihren Kindern oft draußen an der frischen Luft unterwegs, ob auf dem Spielplatz, in der Stadt oder in den Feldern. Neue Kontakte und Freundschaften ergeben sich dabei meist von selbst; in der Nachbarschaft sind Nicole Plaul und Reiner Hoster bekannt und beliebt. Und da sie nicht nur beruflich, als couragierte Selbstständige, sondern auch privat gut organisieren können, kam vor einigen Monaten beim Umzug Unterstützung von allen Seiten zusammen. Der Weg von der Wohnung ins benachbarte Eigenheim glich dabei einer Ameisenstraße: Alles wimmelte und wuselte durcheinander, in wenigen Stunden waren die Möbel und Umzugskisten transportiert. Die beiden gaben nicht nur „Regieanweisungen", sondern packten auch selbst mit an. Nicht nur Hilfe anzunehmen, sondern auch anderen, wo immer möglich, Gutes tun, ist für sie Ehrensache.

Mit den Händen besser sehen können

„Die beiden Kinder, das Haus und die Praxis – das alles ist nicht selbstverständlich", ist sich das Paar einig. „Wir sind glücklich und dankbar dafür und wissen es zu schätzen." Dazu noch gute Freunde, Verwandte und Bekannte: Sie hätten allen Grund, zufrieden zu sein mit ihrem Leben, so wie es ist, finden sie. Und wenn doch eines Tages die gute Fee vorbeikäme und sie würden drei Wünsche freihaben? Da müssen Reiner Hoster und Nicole Plaul erstmal einen Moment überlegen: Sehen können? Sicher, das würde bestimmt manches noch etwas einfacher machen. Doch viel wichtiger ist es ihnen, dass sie gesund bleiben, in der Familie und der Praxis alles gut läuft und dass es wieder friedlicher zugeht in der Welt. Womit die beiden, die ja (aus „Ost" und „West" kommend) die Zeit der deutschen Teilung und Wiedervereinigung persönlich erlebt haben, ein Thema ansprechen, dass ihnen große Sorgen bereitet: „Unsere Kinder sollen keinen Krieg erleben müssen, sondern in Frieden aufwachsen können." Bei den Erwartungen für ihre eigene Zukunft sind sie ganz bescheiden: Offen und aufgeschlossen möchten sie bleiben, sich an schönen Kleinigkeiten des Lebens freuen – mit ihrem eigenen Blick dafür. ■

Ingrid & Norbert Plum

Musik, Malerei und Menschen

Skandinavien liegt gleich vor der Haustür. Der Mittelmeerraum ein Stückchen darüber. Und Kanada ist auch gleich um die Ecke. Auf Landschafts-Aquarellen ist die Welt zu Gast bei Familie Plum. „Die Schönheit der Schöpfung sehen und malen zu können, das macht mich sehr glücklich", beschreibt Norbert Plum, „und ich empfinde es als ein großes Geschenk". Besondere Momente in der Natur inspirieren ihn zu farbenprächtigen Bildern, die er schon häufig für karitative Zwecke ausgestellt hat. Denn mit seiner Gabe möchte er auch Gutes für andere tun – sowohl beim Betrachten als auch durch den Verkauf seiner Werke, wobei er den Erlös unter anderem an die Christoffel-Blindenmission spendet. Die Ausstellungs-Eröffnungen begleitet er selbst musikalisch und spielt gemeinsam mit seiner Frau Ingrid auf Veeh-Harfen.

Musik, Kunst und soziales Engagement sind drei wichtige Bereiche im Leben des Bretzenheimer Ehepaares, das 2014 Goldene Hochzeit gefeiert hat. Ob mit dem Blick zurück oder nach vorn, in die Zukunft gerichtet: Die beiden pensionierten Lehrer unterhalten sich gerne, sei es bei einem Spaziergang gleich vor der Haustür oder an ihrem gemütlichen Küchentisch, an dem zeitweise acht und mehr Personen zusammenkamen – denn die beiden haben sechs Kinder.

In der eigenen Kindheit erlebten sie die Kriegs- und Nachkriegszeit, mit all ihren Schrecken und Entbehrungen. „Als ich fünf Jahre alt war, verloren meine Eltern bei einem Bombenangriff auf Mainz ihr ganzes Hab und Gut", erinnert sich Ingrid Plum. „Da war es selbstverständlich, dass die Kinder Aufgaben und Verantwortung übernahmen und mithalfen." Sie selbst kümmerte sich um die jüngeren Geschwister und freute sich, wenn sie dafür ein Lob bekam. Zu den schönen Erlebnissen dieser Zeit zählt sie auch die Stunden bei den Großeltern im damals noch ländlichen Zahlbach, im Garten mit vielen Tieren. „Hier durfte ich ganz Kind sein, hatte keine Pflichten, konnte Dinge ausprobieren. Opa zimmerte Spielsachen und stellte Bonbons in der Pfanne her."

Als Lehrerin war Ingrid Plum dann zunächst in Ober-Olm tätig. „Das waren Zeiten", lacht sie. „Den Ofen in der Dorfschule musste ich noch selbst heizen und manchmal huschten die Mäuse über den Holzfußboden." Für eine willkommene Abwechslung sorgte da der junge Kollege, den sie bald schon in ihrem kleinen Auto nach Mainz oder auf Ausflüge ins Schullandheim mitnahm. Zu Besuch bei ihrer Familie brachte Norbert Plum die Flöte mit, zum gemeinsamen Musizieren. Doch sicher wurde nicht nur geflötet, sondern auch geflirtet ... Bald darauf heiratete das Paar und bekam innerhalb weniger Jahre vier Mädchen. Dann kündigte sich noch einmal Nachwuchs an: Nun kamen sogar Zwillinge zur Welt – und diesmal zwei Jungen. „Keine Frage: Mit sechs Kindern war bei uns immer Leben im Haus", erzählen die beiden. „Eine Großfamilie zu managen, ist eine echte Herausforderung. Da gibt es so viel

Ingrid & Norbert Plum

zu tun, zu bedenken, zu organisieren – die eigenen Bedürfnisse stehen da eher im Hintergrund." Doch trotz der strengen Erziehung, die sie selbst damals durch die Eltern und Großeltern erfahren hatten, sind sie im Laufe der Zeit etwas gelassener geworden, denken die Plums. „Einer trage des anderen Last", den Vers aus der Bibel finden sie sehr treffend. „Wobei das ‚Mittragen' nicht immer eine Last sein muss", meint Ingrid Plum, „manchmal verwandelt es sich in Freude."

Inzwischen stehen die Kinder auf eigenen Beinen, die meisten haben selbst eine Familie gegründet – und als Großeltern dürfen sie nun selbst diesen Lebensabschnitt genießen. Das Bild von einer Ballonfahrt kommt ihnen dazu gern in den Sinn: Wenn man sich vom Boden löst, abhebt und die Welt von oben betrachtet, die Stille und Weite erlebend. Die Stille ist es auch, die sie als eine wichtige Kraftquelle ansehen: Meditation, Yoga, Lesen von Biografien, Texte und Briefe schreiben – all das, sagt Ingrid Plum, tue ihr richtig gut. Stets aufs Neue inspiriert würden sie und ihr Mann durch Begegnungen: Das Gefühl, andere Menschen erreichen und vielleicht sogar ein klein wenig glücklicher machen zu können. „Viele klagen über die Menschen, das Leben, die Gesellschaft, doch Klagen hilft nichts", meint die engagierte Frau. „Viel sinnvoller ist es, in unserem kleinen Umfeld Verantwortung zu übernehmen." Ihr Lebensmotto lautet daher „Pflücke den Tag! Liebe und alles andere wird dir dazugegeben werden." Und diese Lebensfreude und Dankbarkeit möchten sie gerne weitergeben.

Diese zuversichtliche Einstellung, verbunden mit vielseitigem sozialem Engagement, hat ihren Ursprung nicht nur in sonnigen Tagen, sondern auch in schwierigen Zeiten, die sie zusammen durchzustehen hatten. Die Krankheit eines Kindes und Ingrid Plums eigene Brustkrebserkrankung in den achtziger Jahren zählt sie zu diesen dunklen Stunden. „Für uns war es die Schule unseres Lebens. Ja, wir sind nun sogar dankbar für diese Erfahrungen. Unsere ganze Familie hat sich verändert und unsere Partnerschaft hat daraus neue Kraft geschöpft. Jetzt können wir den Bibelspruch verstehen ‚Die mit Tränen säen, werden mit Jubel ernten'. Das wäre damals unmöglich gewesen. Danach zu fragen, was uns selbst guttut – das haben wir daraus gelernt."

Ehrenamtlich aktiv sind die beiden agilen Senioren unter anderem in der Gruppe „Bretzenheim baut Brücken", um alleinstehende Menschen ihres Stadtteils zu besuchen. „Als das ambulante Hospiz Mitarbeiter für die Begleitung Schwerstkranker und Sterbender suchte, fasste ich den Mut, mich für diese Aufgabe schulen zu lassen", berichtet Ingrid Plum. „Hier wollte ich etwas von meiner freien Zeit, meinen Erfahrungen und meinem Lebensglück weitergeben." In diesem Rahmen entdeckte sie auch die Veehharfe, ein relativ einfach zu erlernendes Instrument mit 25 Saiten. Vor gut 20 Jahren wurde es entwickelt und erfreut sich wachsender Beliebtheit.

„Die leisen, harmonischen Klänge finde ich einfach faszinierend", gerät Ingrid Plum ins Schwärmen. „Nonverbal kann man dadurch mit anderen kommunizieren – und sogar Sterbenden Trost und Zuversicht spenden." Diese Begeisterung für die Veeh-Harfe erfasste sehr schnell auch ihren Mann, sodass die beiden nun oft miteinander musizieren und dabei immer wieder neue Stücke entdecken und ausprobieren. Die speziellen Noten dafür bringt Norbert Plum, der früher im Domchor gesungen und einen Chor geleitet hat, meist selbst zu Papier. Inzwischen gibt es sogar eine Veeh-Harfen-Gruppe, die sich ein beeindruckendes Repertoire erarbeitet hat. In der Gemeinde St. Bernhard, im Draiser Seniorenheim und in weiteren Einrichtungen wirkt diese Gruppe bei Festen und Gottesdiensten mit.

Die Gemeinschaftserlebnisse, die Musik bewirken kann, schätzen sie seit langem: Die Kinder waren schon interessiert an Klängen und Melodien, noch bevor sie sprechen konnten, erinnern sich die Plums. Die Hausmusik in der Familie wurde daher zu einer beliebten Tradition, ebenso wie das offene Singen im Advent. Zudem musizierten sie jahrelang zur Weihnachtszeit in der Klinik, waren zu acht auf verschiedenen Stationen unterwegs. „Bis alle und alles erst einmal im Auto verstaut war – alle Kinder, Noten, Notenständer, Instrumente – das war eine Aufregung", erinnert sich Norbert Plum heute lachend. Doch dann hat alles wunderbar geklappt, sie freuten sich mit den Patienten und auch über kleine Spenden für die „Musikkasse", für neue Instrumente.

Ingrid & Norbert Plum

Eine ähnliche Freude empfinden sie, wenn in ihren Händen etwas Neues entsteht, sie auf kreative Weise etwas schaffen können. „Schon als Kind entdeckte ich, dass man Puppen nähen, stricken oder aus Pappe mit den zugehörigen Kleidern herstellen kann – denn die Puppen im Geschäft waren unerschwinglich teuer", erzählt Ingrid Plum. „Doch ich habe sie in den Auslagen genau betrachtet, sie lieferten mir Ideen für neue Kreationen. Und wenn ich mit meinen Puppen spielte, wurde all das, was ich in meiner Familie erlebte, auf sie übertragen." Auch als Erwachsene hat sie nach wie vor Spaß daran, Puppen selbst zu fertigen: ob mit eigens modellierten oder gegossenen Köpfen, oder als Figuren, die durch ein besonderes Gestell und Bleifüße aufrecht stehen können.

„Es ist für mich immer noch sehr spannend zu erleben, wie unter meinen Händen ein neues Geschöpf entsteht, das auf seine Weise einzigartig ist", beschreibt sie. „Meine handwerkliche und kreative Begabung gibt mir immer wieder Grund zur Freude. Wenn das Werk meiner Hände – ob getöpfert, genäht, gestrickt, mit Blumen gesteckt oder auch gekocht – gelingt und ich es bewundern kann: Das erfüllt mich. Wenn es dann auch noch anderen gefällt, ist das ein weiterer Blumenstrauß für mich." Als Lehrerin für Textiles Gestalten und Kunst war Ingrid Plum bis zu ihrer Pensionierung an der Martinusschule in der Altstadt tätig und konnte quasi ihr Hobby zum Beruf machen. Dabei hatte sie die Möglichkeit, dieses kreative Arbeiten an andere weiterzugeben und zugleich immer wieder neue Gestaltungsideen zu bekommen. Besonderen Wert legte sie dabei auf die sogenannte „vorbereitete Umgebung": das Schaffen einer angenehmen Atmosphäre, in der man sich wohlfühlen und weiter entwickeln kann – etwas, das sie und ihr Mann auch zu Hause sehr schätzen.

Für Ingrid und Norbert Plum ist das eine Basis, um neugierig die Welt zu erkunden. Interessiert an Land und Leuten, unternehmen sie gerne Reisen, auch zu weiter entfernten Zielen. „Mit etwas Englisch kommt man überall durch", meinen sie, „und auch die Musik kann Türen öffnen und Menschen verbinden, ganz ohne Worte." Von schönen Orten und wahren „Traumlandschaften" bringt Norbert Plum zugleich Anregungen für seine Bilder mit, die er in Aquarelltechnik malt. Von herrlichen Ansichten in der Umgebung über beliebte Reiseziele wie Kreta, der Türkei und Zypern bis hin zur Weite Nordamerikas reicht die Spanne der Motive. „Weites Land" oder „An der

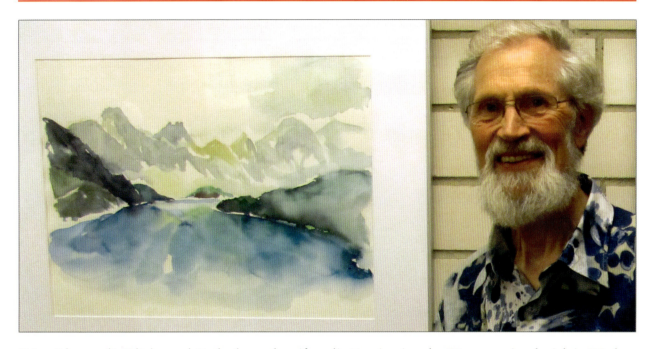

Küste" lassen die Blicke und Gedanken schweifen; die Faszination des Wassers spiegelt sich in Werken wie „Gletscherblick" oder „Tiefes Blau". Dabei möchte Norbert Plum keine originalgetreue Abbildung schaffen, sondern anregen, sich gedanklich in die Landschaft und Stimmung hineinzubegeben. Durch freie Flächen lässt er den Betrachtern Raum, um die Fantasie zum Klingen zu bringen.

„Wenn die Enkel zu Besuch sind und fragen ‚Opa, können wir was malen?' – das sind für mich echte Glücksmomente", sagt der Hobbykünstler. Gern gibt er dann Tipps und Techniken weiter und zeigt ihnen, was man schon mit einem einfachen Bleistift zeichnen kann. Oder er lässt sie ausprobieren, wie viel Spaß es macht, zu töpfern oder etwas aus Holz oder Stein zu formen. Elf Enkel hat das Paar insgesamt, doch ohne tägliche Verpflichtungen zur Betreuung. Kontakt halten sie nicht nur per Telefon und Internet, sondern sie schreiben sich nach wie vor ganz klassisch Briefe. Darüber hinaus unternehmen sie, wann immer es geht, etwas mit ihren Enkeln: So hätten sie bereits einen Bildhauer besucht, längere Wanderungen durch die Natur unternommen und in Jugendherbergen übernachtet. „Die gemeinsame Zeit tut uns und den jungen Leuten richtig gut", finden die Plums. „Es sind Erlebnisse, die sicher noch lange in Erinnerung bleiben." Und so freuen sie sich auf all das, was das Leben Schönes für sie bereit hält – und auf viele weitere „Sternstunden". ■

Elke & Klaus Pöppel

Auf dem Katzenberg aktiv

Zu fröhlichen Klängen zeigen Kindertanzgruppen ihr Können, nebenan wird gebastelt und gewerkelt, Sport- und Spielangebote laden zum Mitmachen ein. Und am Büffet locken süße und herzhafte Köstlichkeiten aus verschiedenen Ländern. Bunt und fröhlich geht es zu im „Katzenberg-Treff", vor allem bei den Festen im Interkulturellen Bürgerzentrum. „Kreativität, Eigeninitiative, Toleranz und nachbarschaftliche Strukturen zu stärken und bei Bedarf gezielte Unterstützung bereitzustellen – das sind unsere Ziele", berichtet der Leiter Andreas Blum. Von Kinder- und Sportgruppen über Hausaufgabenhilfe und Sprachkurse bis hin zur Migrations-Sozialarbeit reicht die Vielfalt der Angebote, die von gut 30 Aktiven vor und hinter den Kulissen organisiert werden. „Zusammen etwas auf die Beine zu stellen – das tut der Gemeinschaft gut, den Familien, die hier zu Hause sind und jedem Einzelnen", ist sich Georg Steitz vom Diakonischen Werk Mainz-Bingen sicher, dem Träger der Einrichtung.

Für sein Engagement ist das Interkulturelle Bürgerzentrum 2014 mit dem Helmut-Simon-Preis in der Kategorie Sonderpreis ausgezeichnet worden; Ministerpräsidentin Malu Dreyer überreichte die Ehrung. Dieser Preis der Diakonie wird an Einrichtungen verliehen, die sich für die Überwindung von Armut einsetzen. Und schon seit 1987 leistet der „Katzenberg-Treff" integrative Stadtteilarbeit, um die gegenseitige Akzeptanz zwischen den verschiedenen Altersgruppen und Kulturen zu fördern, zwischen Menschen aus rund 40 Nationen. Über das gute Miteinander, das hier gepflegt und mitunter auch gemeinsam gefeiert wird, freuen sich auch Elke und Klaus Pöppel, die seit vielen Jahren einige ehrenamtliche Aufgaben übernehmen. Natürlich haben sie auch das Fest mit vorbereitet und behalten ganz selbstverständlich alles im Blick. Dennoch nehmen sie sich gern Zeit, um von ihrem sozialen Engagement vor Ort zu berichten und auch ein wenig von sich selbst zu erzählen: von schönen Erlebnissen in ihrer Kindheit bis hin zu einem Blick auf all das, was sie als großes Glück empfinden.

„Nun, da gibt es recht viel zu berichten", meint Elke Pöppel lachend auf die Frage nach ihrem Ehrenamt. Nachdem sie jahrelang Nachhilfeunterricht in Mathematik gegeben hatte, war es für sie nur konsequent, dass sie sich nach dem Umzug nach Mainz-Finthen auch für die Arbeit am Katzenberg interessierte. Als „Mann für alle Fälle" kam bald auch Klaus Pöppel dazu und war froh, dass organisatorisches Talent ge-

Auf dem Katzenberg aktiv

fragt war. Im neu gegründeten Förderverein übernahm er den Vorsitz, den heute seine Frau innehat, und kümmert sich als Schatzmeister um die Finanzen. „Ansonsten veranstalte ich das Kinderkino, das den Kindern Filme nahebringt, die pädagogisch wertvoll sind und nichts mit Horror und Kampf zu tun haben." Hierbei kann Klaus Pöppel auf einen Stamm von mittlerweile gut 15 Kindern zählen: „Es ist ein tolles Gefühl, wenn ich merke, dass meine Mitarbeit Früchte trägt und sich dadurch etwas zum Guten ändert", betont er. Dass ihr Engagement dankbar angenommen wird, freut auch Ehefrau Elke. Bei so viel Herzblut überrascht es nicht, dass Elke und Klaus Pöppel zum 25-jährigen Bestehen des Katzenberg-Treffs im Jahre 2012 mit dem „Silbernen Kronenkreuz der Diakonie" ausgezeichnet wurden. Doch die schönste Bestätigung ihrer Arbeit sehen die beiden darin, wenn sie von Kindern und Jugendlichen auf deren weiterem Lebensweg eine positive Rückmeldung erhalten.

Bei allem Einsatz soll jedoch das Privatleben nicht zu kurz kommen. „Glück bedeutet für mich", so Elke Pöppel, „geliebt und geachtet zu sein in der Familie und im Freundeskreis, schöne Tage mit den Enkeln zu verbringen und natürlich das gemeinsame Leben und der ständige Austausch mit meinem Mann." Und der bestätigt: „Die Familie – wenn alle zusammen sind und sich darüber freuen – und insbesondere meine Frau, sie sind meine Kraftquellen." Grund zur Freude – und zur Dankbarkeit – sehen sie nicht nur in der Goldenen Hochzeit, die sie 2015 feiern konnten, sondern auch noch in vielen weiteren Dingen: dass sie gesund sind und viel von ihrer Lebenserfahrung weitergeben können; „gute Gespräche" führen, mit den unterschiedlichsten Menschen – und natürlich: sie lieben ihn einfach, ihren bunten, üppig blühenden Garten im Sommer.

„Natürlich spielen Reisen, Theater, Kunstausstellungen und Bücher keine kleine Nebenrolle in unserem Leben", ergänzt Elke Pöppel. Und nicht zuletzt geht die ehrenamtliche Arbeit der beiden noch weit über den „Katzenberg" hinaus: Im Förderverein für das Mainzer Unterhaus sind sie aktiv, sie gehören dem Freundeskreis des Botanischen Gartens an und dem Freundschaftskreis Mainz-Louisville. Ihr neuestes Projekt ist die Initiative „Fremde werden Freunde", die dem Studentenwerk der Mainzer Universität angegliedert ist. „Sinn dieses Vorhabens ist es, Paten für ausländische Studenten zu finden, um ihnen während der Studienzeit in Mainz zur Seite zu stehen, damit sie Anschluss an Familien finden, die hier zu Hause sind", erklärt Klaus Pöppel. Ein Vorteil für beide Seiten: Während die Studierenden Land und Leute kennenlernen und Sprachpraxis sammeln, erfahren die Gastgeber mehr über das Leben anderswo auf der Welt, etwa im Iran oder in Portugal – den Ländern, aus denen die „Schützlinge" der Pöppels kommen. Auch in das Interkulturelle Bürgerzentrum möchten sie die jungen Leute gerne integrieren, denn aktive Mitarbeit und Unterstützung aller Art sind im „Katzenberg-Treff" immer willkommen.

Elke & Klaus Pöppel .... im Gespräch

Frau Pöppel und Herr Pöppel, nach unserem Gespräch über Ihr Engagement auf dem Katzenberg würde ich mich freuen, wenn Sie unseren Leserinnen und Lesern noch etwas über Ihre Kindheit erzählen könnten: Wo sind Sie aufgewachsen, was hat Sie geprägt, woran erinnern Sie sich am liebsten – und wovon haben Sie geträumt?

Elke Pöppel: Meinen Eltern habe ich eine Menge zu verdanken: Mein Vater war Kunstmaler und meine Mutter kam von den Naturwissenschaften, hat aber dann für die Familie gelebt. Beide haben mir ein sehr freies und vor allem soziales Denken auf den Lebensweg mitgegeben. Natürlich war die Nachkriegszeit im zerstörten Berlin nicht leicht. Auch waren unsere finanziellen Verhältnisse beengt, aber ich habe nie Entbehrungen empfunden. Ich würde sagen, ich habe eine sehr glückliche und zufriedene Kindheit verlebt. Die schönste Zeit waren immer die großen Ferien. Sechs Wochen lebten wir dann an einem der Gewässer rund um Berlin mit Zelt und Boot. Als Maler hatte mein Vater dann auch viel Zeit für uns.

Klaus Pöppel: Die schönsten Erinnerungen an meine Kindheit waren die Spiele mit meinen Freunden in einer verkehrsarmen Großstadt wie Berlin. Wir spielten auf der Straße Völkerball und wurden von den Nachbarn nicht gegängelt. Das größte Highlight war mein Geschenk zum 15. Geburtstag: Ein total heruntergekommenes Segelboot, das ich mir wieder aufbauen durfte. Mein Traum? Ich wäre so gerne zur See gefahren und hatte schon einen zugesagten Schiffsjungenplatz auf dem Segelschulschiff „Pamir" – doch die sank 1957 im Sturm.

Hatten Sie Vorbilder – und haben Sie heute bestimmte Leitsätze, oder sogar ein Lebensmotto?

Elke Pöppel: Dass ich viele Menschen bewundert habe, daran kann ich mich noch gut erinnern. Doch konkrete Vorbilder hatte ich, glaube ich, keine. Denn eigentlich wollte ich immer ‚ich' sein. Mein Lebensmotto: Auf jeden neuen Tag neugierig sein, ihn in vollen Zügen ausleben und abends mit dem Erlebten und Erreichten zufrieden schlafen gehen. Ganz klar, das gelingt wahrhaftig nicht immer. Doch trotzdem sage ich mir „Kopf hoch!".

Klaus Pöppel: Mein Lebensmotto würde ich so formulieren: Lebe jeden Tag so, dass du ihn nicht bereuen musst. Mich hat geprägt, dass man durch Fleiß und Beharrlichkeit aus einfachsten Verhältnissen zu einem gewissen Wohlstand aufsteigen kann. Ich lernte dabei, dass nicht nur Glück, sondern auch die Bildung eine große Rolle spielt. All dies konnte aber nur erreicht werden, weil ich meine Ehefrau als Partnerin neben mir habe.

Claudia Presser

Ein Buch ist immer mit dabei

Vorlesen ist die Mutter des Lesens', dieses Zitat von Johann Wolfgang von Goethe habe ich mir auf die Fahne geschrieben", erzählt Claudia Presser. Die Begeisterung, die sie dabei ausstrahlt, ist vom ersten Moment an zu spüren. „Lesen ist eine der schönsten Sachen der Welt für mich und die Freude daran will ich Kindern vermitteln. Lust auf das ‚Selber-Lesen' sollen sie bekommen, möglichst von klein auf, denn Lesen ist der Schlüssel für Bildung – und für das Leben überhaupt."

Die frühere Kindergartenleiterin weiß, wovon sie spricht: Seit über 30 Jahren setzt sie sich aktiv für die frühkindliche Bildung und Leseförderung ein. Als langjährige ehrenamtliche Mitarbeiterin der „Bücherei am Dom" und Referentin für die Ausbildung von Vorlesepaten der „Stiftung Lesen" koordiniert sie auch den Einsatz von rund hundert ehrenamtlichen Lesepaten in Mainz und Umgebung. Zudem organisiert sie regelmäßig Lesefeste, Veranstaltungen zum Welttag des Buches und Aktionen zum bundesweiten Vorlesetag mit, darunter Lesungen mit Prominenten.

Auch an ungewöhnlichen Orten wurde in den vergangenen Jahren vorgelesen, unter anderem im Ratssaal und im Plenarsaal des Landtags, im Dom oder im römischen Theater. Vorbereitet hat Claudia Presser den „Bundesweiten Vorlesetag" vor Ort in Kooperation mit den Stadtteil-Bibliotheken und den Abteilungen Öffentlichkeitsarbeit der Stadt sowie des Bistums Mainz. Während die Stadt Gutenbergs nun stolz den Titel „Vorlesehauptstadt" tragen darf und damit ein starkes Signal für das Vorlesen aussendet, wurde auch Claudia Presser für ihr beispielhaftes Engagement geehrt: 2007 erhielt sie für ihre vielfältigen Initiativen den Preis als „Vorleserin des Jahres". Und 2013 sogar das Bundesverdienstkreuz am Bande, das ihr im Berliner Schloss Bellevue von Bundespräsident Joachim Gauck persönlich überreicht wurde.

Unzählige Stunden im Jahr ist Claudia Presser im Einsatz, um Kindern das Lesen näherzubringen, Vorleserinnen und Vorleser auszubilden sowie Lektüre auszuwählen. Als Ansprechpartnerin der „Bücherei am Dom" vermittelt sie kostenlos Vorleserinnen oder Vorleser an Schulen, Kindergärten und andere Institutionen, für Aktivitäten rund ums Buch – sei es für einzelne Aktionen oder regelmäßige Vorlesestunden, die es nun nahezu flächendeckend in den Mainzer Kitas gibt. Auch stellt sie bei Elternabenden in Kindergärten oder in Bibliotheken neue Bücher vor. Sie sucht aus den Neuerscheinungen auf dem Buchmarkt geeignete Bücher für die Bücherei aus und gibt Vorlesetipps für Eltern. Gern greift die engagierte Frau auch nach wie vor selbst zum Buch, beispielsweise im Schmöker- und Vorlesezelt im Volkspark, zum Weinmarkt. Die kleinsten Leserinnen und Leser auf ihrem Weg ins Erwachsenenleben ein Stück begleiten zu können, ihnen zu vermitteln, wie interessant Bücher sind, das ist ihr auch noch nach 30 Jahren ein echtes Herzensanliegen. Und ihnen zu zeigen, wie schön es ist, sich Bilder vorzustellen, zu träumen und in andere Welten abzutauchen.

Claudia Presser .... im Gespräch

Frau Presser, woran erinnern Sie sich, wenn Sie an Ihre Kindheit zurückdenken?

Ich hatte eine schöne, unbekümmerte Kindheit: In der Natur, in den Wiesen und Feldern in Laubenheim mit anderen Mädchen und Jungs zu spielen, die in unserer Straße oder in der näheren Umgebung wohnten – daran denke ich sehr gern zurück. Ausflüge in die nähere Umgebung, das waren für mich besonders schöne Erlebnisse. Oder bei Bekannten mit auf dem Mähdrescher zu fahren. Und wo immer ich hingegangen bin, war schon damals ein Buch dabei.

Hatten Sie damals bestimmte Lebensträume und Vorbilder?

Als Kind wollte ich Ärztin werden und dann kranken Kindern helfen. Vorbilder gab es viele: Albert Schweitzer, Martin Luther King – doch eine Frau hat mich besonders geprägt. Es war die Ordensschwester Maria Petra an meiner Schule. Wie sie mit uns Schülern umgegangen ist – und auch mit anderen Menschen und Kindern –, das fand ich wunderbar. Sie hat mich gelehrt, dass jeder Mensch verschieden ist und man auf jeden individuell eingehen muss, um ihn zu verstehen. Dass man mit Nachsicht, Freundlichkeit und Zuhören immer weiter kommt. Daher versuche ich, anderen Menschen gerecht zu werden und ihnen zu helfen.

Worüber können Sie sich so richtig freuen?

Da gibt es vieles: über Kinder, insbesondere meine Enkelkinder, mit denen ich vieles unternehme; über eine schöne Blumenwiese; oder am Meer sitzen, die Wellen sehen, den Sonnenuntergang; mit Freunden etwas unternehmen, sei es Konzerte besuchen, Theater oder Literaturveranstaltungen; und natürlich über ein gutes Buch in der Hand. Unglaublich viel Freude bereitet mir auch meine ehrenamtliche Arbeit: die großen Augen, wenn man den kleinen Zuhörern eine Geschichte vorliest. Wie sie gebannt an den Lippen hängen – das ist einfach wunderbar. Immer wieder gibt es neue, tolle Begegnungen – und keine Vorlesestunde ist wie die andere.

Ein Buch ist immer mit dabei

Ihr Tipp, um Kinder für das Lesen zu begeistern?

Um Kindern von Anfang an Spaß daran zu vermitteln, braucht Lesen Vorbilder – und zwar Frauen und Männer gleichermaßen. Um vor allem die Motivation der Väter weiter zu steigern, empfiehlt es sich, das Lesen stärker in die Freizeitaktivitäten mit den Kindern zu integrieren. Neben Kombinationen aus Lese- und Sachbüchern mit vielen Abbildungen und gut strukturierten Texten kommen oft auch amüsante Geschichten oder Bücher gut an, die die Eltern aus ihrer eigenen Kindheit kennen. Und wer selbst als Vorleserin oder Vorleser aktiv werden möchte, kann sich gerne zum Beispiel mit der Bücherei am Dom in Verbindung setzen, die Tageskurse für Interessenten jeden Alters bietet.

Was sind Ihre persönlichen Kraftquellen, was inspiriert Sie?

Eine wichtige Kraftquelle ist meine Familie, in der ich mich geborgen fühle. Ein Ring, den ich schon seit langem trage, symbolisiert für mich diese Verbundenheit, egal wo ich bin. Zudem habe ich eine gute Freundin und einen guten Freund, die immer für mich da sind, egal in welcher Situation. Zu ihnen kann ich immer gehen, wenn mich etwas freut oder auch, wenn mich einmal etwas bedrückt, wenn ich mich einfach mal zurückziehen will. Weitere Kraftquellen sind gute Musik hören – und auch ab und zu in den Tag hinein träumen.

Wenn Sie bitte spontan ergänzen: Glück bedeutet für mich ...

... Gesundheit

Und was ist Ihr Lebensmotto?

Träume nicht dein Leben, lebe deinen Traum.

Außerdem würde ich mir wünschen, dass die Menschen etwas verständnisvoller miteinander umgehen und nach diesem Spruch aus dem Talmud handeln:

Achte auf deine Gedanken, denn sie werden Worte.
Achte auf deine Worte, denn sie werden Handlungen.
Achte auf deine Handlungen, denn sie werden Gewohnheiten.
Achte auf deine Gewohnheiten, denn sie werden dein Charakter.
Achte auf deinen Charakter, denn er wird dein Schicksal.

Wenn Sie einen Blick in die Zukunft werfen: Worauf freuen Sie sich?

Ich freue mich, meine Enkelkinder aufwachsen zu sehen, wie sie den Weg ins Erwachsensein bewältigen werden. Auf neugierige Kinderaugen und schöne neue Bilderbücher. Auf eine hoffentlich noch lange Zeit mit meiner Familie, mit Freunden und auf viele Reisen.

Uschi Presser-Saelzler

Leuchtend farbenfrohe Lebensfreude

Licht senden in die Tiefen des menschlichen Herzens ist des Künstlers Beruf." Der Gedanke von Robert Schumann, auf einem Zettelchen in ihrem Atelier festgehalten, hat eine große Bedeutung für Uschi Presser-Saelzler: seit Jahren ist es ihr Leitspruch. Denn passend zu dieser Lebensweisheit möchte die Gonsenheimer Malerin selbst viel Licht und Lebensfreude zum Ausdruck bringen.

„Mit der Malerei erfülle ich mir einen Kindheitstraum, denn ich wollte schon immer Künstlerin werden", erinnert sich Uschi Presser-Saelzler mit strahlenden Augen. Und auch heute noch, mit über 80 Jahren, sind Farben und Pinsel ihr Lebens-Elixier. Das spürt man beim ersten Blick in ihr gemütliches Häuschen in der Nähe des Gonsenheimer Wildparks. Immer schon waren Menschen aus aller Welt hier willkommene Gäste. Gern hat sie auch ihre Pforten geöffnet im Rahmen der Reihe „Offene Ateliers", um den Besuchern Einblicke zu bieten in ihr kreatives Schaffen.

Über 600 Bilder, schätzt sie, sind im Laufe der Jahrzehnte vorwiegend hier aus ihren Händen entstanden. Architekturen, Menschen und Landschaften sind ihre Themenschwerpunkte. Viele ihrer Werke sind heute in Museen und anderen öffentlichen Sammlungen zu finden, in Rathäusern, Arztpraxen oder Privathaushalten. Doch nicht wenige unverkäufliche Liebhaberstücke „wohnen" förmlich bei ihr daheim: In allen Räumen haben die Bilder ihren Platz – und viele spannende Geschichten gibt es über sie zu erzählen, ebenso wie aus dem Leben der Künstlerin selbst.

Als Tochter eines Architekten und einer kunstinteressierten Mutter kam sie in Ludwigshafen zur Welt. „Mein Leben wurde geprägt durch viel Liebe und Verständnis bei Eltern und Großeltern", sagt sie. Allerdings musste Uschi Presser-Saelzler, 1933 geboren, das Schicksal ihrer Generation teilen: „Viele düstere Erlebnisse gab es durch die Kriegsjahre." Ihre Mutter jedoch sei stets ein Vorbild für sie gewesen: „Trotz allem verstand sie es, mich heiter zu stimmen." Sie war es auch, die sie in ihrer Liebe zur Kunst gefördert hat, von klein auf durfte sie malen. Nach dem Umzug der Eltern nach Mainz belegte sie Kurse in Kunstgeschichte an der Universität und absolvierte ein Studium der Malerei an der Landeskunstschule. Zudem verbrachte sie anderthalb Jahre an der „Accademia di Belle Arti" in Rom, wo sie mit interessanten Menschen aus vielen Ländern ins Gespräch kam. Mediterranes Flair und Sinnlichkeit spiegeln sich noch heute in farbintensiven Gemälden.

„Anschließend verspürte ich den großen Wunsch, nach Paris zu gehen, für eine Ausbildung an der ‚Académie de la Grande Chaumière'", berichtet Uschi Presser-Saelzler. Von den Eltern Geld annehmen, das wollte sie nicht, sondern arbeitete als Kindermädchen bei einer vornehmen Familie „mit sieben Zimmern und sieben Kindern." Das sei schon eine harte Zeit gewesen, erinnert sie sich. „Jedoch:

Uschi Presser-Saelzler

Ich war in Paris, lernte außergewöhnliche Menschen kennen und weilte zwei Mal wöchentlich, wie zuvor schon in Rom, in großartigen Konzerten mit weltberühmten Solisten." Auch in späteren Jahren führten Studienaufenthalte die Künstlerin quer durch Europa, nach Ägypten, Nordamerika oder Russland; zahlreiche Motive hat sie von diesen Reisen mitgebracht.

Privat hatte sie schon früh das Gefühl, angekommen zu sein: Dankbar erinnert sie sich an ihre Ehe mit Helmut Presser, dem ehemaligen Direktor des Gutenberg-Museums: „1958 unterm Weihnachtsbaum (also mit 25 Jahren) bekam ich den Ehering angesteckt und mein geliebter Vater sang dazu ‚Glücklich zu jeder Stund sei nun der neue Bund‘." In der Tat hat sie die gemeinsame Zeit, die 38 Jahre währte – „in gegenseitiger Achtung und Bewunderung, gepaart mit viel Humor und Lachen" – als großes Glück empfunden. Und noch immer ist der Ehering für sie ein besonderer Begleiter, der ihr viel Kraft gibt und durch den sie sich ihrem Mann nahe fühlt.

Die Liebe zum Leben und zur Natur ist für sie eine ihrer wichtigsten Quellen der Inspiration, Freude und Lebensenergie. Von zeitloser Schönheit sind daher auch die Landschaftsbilder von Uschi Presser-Saelzler, die viel mehr sind als ein Abbild der Wirklichkeit: All die Wunder der Schöpfung regen sie immer wieder zum Staunen und Entdecken an. Ihrer inneren Stimmung dabei entsprechend, zaubert sie eine ganz eigene Atmosphäre, indem sie Gefühle in Farben verwandelt. Vitalität und Frische atmen ihre üppigen Naturansichten aus der Umgebung, von Ober-Olm über Wackernheim und Heidenfahrt bis in den Rheingau. Der Blick auf den Himmel über der weiten Landschaft, er hat für sie eine befreiende Wirkung, erklärt die Malerin. Bei ihrer besonderen Vorliebe für Bäume nimmt sie den Betrachter mit auf eine Fantasiereise durch alle Jahreszeiten hindurch: von den feingliedrigen winterlichen Strukturen über die Blütenpracht der Obstbäume im Frühjahr und das üppige Grün der Baumkronen im Sommer bis hin zum Spiel der farbigen Blätter im Herbst. Zuversicht und Optimismus sprechen speziell aus ihren Frühlingsmotiven, der Zeit des Aufbruchs. Interessanterweise begreift Uschi Presser-Saelzler sogar die Gesichter, die sie malt, als Landschaften, was zum Beispiel bei einer südländisch wirkenden jungen Frau oder auf Bildern deutlich wird, die ihre Söhne als Kinder zeigen.

Neben dem harmonischen Ganzen, auf das sie großen Wert legt, ist die Arbeit mit der traditionellen Ei-Tempera-Technik ein Markenzeichen der Künstlerin. Auch bei den Stadtansichten bleibt sie ihrem Stil treu. Einige Motive stammen aus Gonsenheim: Sei es eine idyllische Gasse im alten Ortskern oder die Stephanskirche inmitten blühender Bäume – die Verbundenheit der Künstlerin mit ihrem Stadtteil kommt deutlich zum Ausdruck. Zudem malte sie Kirchen und Lieblingsplätze in ihrer Wahlheimat

Leuchtend farbenfrohe Lebensfreude

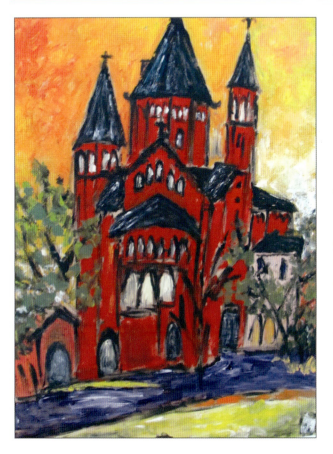

Mainz: Der Dom erstrahlt mal in kraftvollem Violett, mal leuchtet der rote Sandstein im Abendlicht. Auch der Johannis- oder Karmeliterkirche und anderer sakraler Architektur hat sie sich gewidmet, ebenso wie dem Kirschgarten, dem Winterhafen oder der Theodor-Heuss-Brücke.

Mutter zu sein, betont sie, das ist für sie das allergrößte Glück: „Man will immer für seine Kinder sorgen, gleich, wie alt sie auch sind. Und nach allerlei Turbulenzen, die das Leben so bringt, werde ich hoch geliebt und geachtet von meinen Söhnen." Selbst schwierige, durch Krankheit geprägte Zeiten haben sie gemeinsam durchgestanden und immer versucht, das Beste daraus zu machen. „Dunklere Tage gehören eben auch zum Leben", ist sich die zierliche Seniorin sicher, die sehr viel Optimismus ausstrahlt. Und sie fügt augenzwinkernd hinzu: „Alles ist schön, auch Hausarbeiten." Eine Botschaft, die sie gern anderen mitgeben möchte, lautet daher: „Sich an allem freuen, was kommt. Nicht grübeln, sondern anpacken. Denn alles hat seinen tiefen Sinn."

Die Liebe zur Kunst hat sie an ihre Söhne weitergegeben: Zusammen mit Sohn Manuel Presser stellte sie mehrfach im Gonsenheimer Rathaus aus. Claudio Presser begleitete die Vernissagen mit klassischen und volkstümlichen Liedern oder mit seiner selbstgebauten Drehorgel. „Mir kam das Glück geradezu entgegen", strahlt sie. „Vielleicht weil ich das Leben, die Menschen so liebe und immer den guten Willen dahinter sehe." Das sei es auch, was ihr immer wieder neue Kraft und Zuversicht gebe. Jeden Tag erfreue sie sich an all den Kostbarkeiten, mit denen sie sich im Leben reich beschenkt fühlt. Und wenn sie einen Blick in die Zukunft wirft? „Dann erhoffe ich vor allem Glück für meine geliebten Söhne und Wohlergehen für meine lieben Freunde und Verwandten", antwortet Uschi Presser-Saelzler. Und sie hofft, dass sie mit ihren Bildern noch lange Licht und Freude senden kann in die Tiefen des menschlichen Herzens. ■

Gertrud Przytulla

Mithelfen als Selbstverständlichkeit

„Ich weiß mich beschützt und geborgen, darum bin ich voll Freude und Dank." Dieser Psalmspruch liegt Gertrud Przytulla besonders am Herzen. Schon auf dem ersten Blick strahlt sie eine angenehme Herzlichkeit aus. Denn auch sie fühlt sich wohl in ihrer Haut, ist dankbar für viel Schönes in ihrem Leben, das spürt man deutlich. Als Gastgeberin hat sie alles – wie gewohnt – liebevoll vorbereitet. Seit vielen Jahren schon leitet sie den Frauen- und Seniorenkreis ihrer Kirchengemeinde in Mainz-Finthen, nur einen Katzensprung entfernt von ihrem Zuhause. Vor den gemütlichen Nachmittagen, die meist zwei Mal im Monat stattfinden, ruft sie die anderen Frauen an, um sie an die Treffen zu erinnern; und die ein oder andere holt sie persönlich zu Hause ab. Was es im Ort und in der Gemeinde so alles Neues gibt, darüber redet man dann bei Kaffee und Kuchen, anschließend werden meist zu bestimmten Themen Texte vorgetragen und besprochen.

Heute erzählt Gertrud Przytulla selbst ein wenig aus ihrem Leben. Im Dezember 1941 geboren, wurde sie am ersten Weihnachtsfeiertag getauft, gut zwei Wochen nach ihrem Geburtstag. „Als jüngstes von vier Kindern war ich das Nesthäkchen, habe viel Zuwendung bekommen und mich dadurch gut behütet gefühlt", erinnert sich die sympathische Seniorin. „Aber auch anzupacken und mitzuhelfen, das war von klein auf selbstverständlich für mich." Viel zu tun gab es in ihrem Elternhaus, einem Bauernhof am Niederrhein, der immer offen war für Gäste. Ihr Vater war Presbyter (Kirchenvorsteher). „Dadurch wurde das Christsein in der Familie gelebt und hat mich im Glauben gefestigt, der mich durchs Leben begleitet hat", sagt sie. Nach der regulären Schulzeit half sie zunächst auf dem Bauernhof mit, besuchte eine Handelsschule und machte dann eine Ausbildung zur Erzieherin und danach zur Sozialarbeiterin.

Nach zweijähriger Tätigkeit beim Diakonischen Werk in Mainz war Gertrud Przytulla von 1972 bis zu ihrer Versetzung in den Ruhestand 2002 beim „Landesamt für Jugend und Soziales" beschäftigt. Und zwar in der zentralen Adoptionsstelle, wo sie für das so sensible Feld der Auslandsadoptionen

Gertrud Przytulla

zuständig war. Seit mehr als einem Vierteljahrhundert ist sie zudem ehrenamtlich für die evangelische Kirche und die Diakonie unterwegs. Sie ist Diakoniebeauftragte ihrer Gemeinde und Mitglied im Besuchsdienst, der besonders an Geburtstagsjubiläen Seniorinnen und Senioren aufsucht. Gertrud Przytulla nutzt diese gute Gelegenheit, um häufig weitere Besuche oder konkrete Nachsorge-Angebote zu machen. Zudem ist sie Mitglied im Besuchsdienst des Altenheimes Pro-Vita in Finthen, ebenso wie im Besuchsdienst des Altenheimes Maria Königin in Drais. In beiden Heimen nimmt sie auch an den Gesprächsrunden für Ehrenamtliche teil. Als Co-Leiterin im Ökumenischen Frauenkreis ist Gertrud Przytulla in besonderer Weise engagiert, um neben den regelmäßigen Treffen das sogenannte „Inselwochenende" zu organisieren, bei dem einmal im Jahr drei Tage lang bestimmte Themen mit einer Pfarrerin erörtert werden. Darüber hinaus leistet sie – in Absprache mit ihrer Gemeinde – bei Bedarf Hilfe im Einzelfall, auch mit Unterstützung ihres Mannes. Unter anderem ist sie Gemeindemitgliedern, die aus anderen Ländern kommen, durch Übersetzungsarbeiten oder bei Behördenkontakten behilflich. „Nicht zuletzt ist es mir einfach ein selbstverständliches Anliegen, die Gottesdienste regelmäßig zu besuchen und mich bei älteren Menschen nach ihrem Befinden zu erkundigen", meint die in vielen Bereichen aktive Frau. Auch bei den monatlichen „Bewirtungen" nach den Gottesdiensten, also bei Kirchen-Kaffees und anderen Treffen, hilft sie gerne mit.

Interessiert und aufgeschlossen ist Gertrud Przytulla auch für die ökumenische Zusammenarbeit, die weit über die gemeinsamen Sommerfeste der evangelischen und katholischen Gemeinde in Finthen hinausgeht. Als aktive Teilnehmerin begleitet sie die Stammtische für Angehörige dementiell erkrankter Menschen. Mit von der Partie ist sie außerdem bei den beliebten Spieletreffs und Best-Ager-Runden. Dass sie soziale Verantwortung übernehmen möchte, das zeigt Gertrud Przytulla auch dadurch, dass sie sich zur stellvertretenden Vorsitzenden der Mitarbeitenden-Versammlung hat wählen lassen – ein

Amt, das sie nun ebenfalls schon seit einigen Jahren innehat. „Sie ist einfach eine der guten Seelen unserer Gemeinde", meint Pfarrer Josef Scheuba, der sich gemeinsam mit dem Kirchenvorstand für eine ganz spezielle Würdigung eingesetzt hatte.

Die besondere Ehre wurde ihr zum 70. Geburtstag zuteil: Gertrud Przytulla bekam das Goldene Kronenkreuz der Diakonie überreicht, die höchste Auszeichnung, die das Diakonische Werk zu vergeben hat. Ihre Augen scheinen sogar

noch etwas mehr zu leuchten als sonst, wenn sie sich an diesen Sonntagsgottesdienst erinnert. Vier rote Kerzen brannten am Adventskranz und gleich zu Beginn sang die Gemeinde „Tochter Zion", ihr Lieblingslied. Etliche Freunde und Bekannte waren in die Kirche gekommen, sodass Gertrud Przytulla viele Glückwünsche entgegennehmen konnte. Großen Wert legte sie darauf, einen der Gratulanten ganz besonders hervorzuheben: Ehemann Otto, der „ruhende Pol" der Familie, mit dem sie seit 1968 verheiratet ist. „Dass er Verständnis hat für meine vielen Aktivitäten, dafür bin ich ihm sehr dankbar", betont die agile Seniorin. Doch nicht nur in der Kirche übernimmt sie Verantwortung und kommt gern mit anderen zusammen, um sich auszutauschen. Gleiches gilt auch weit darüber hinaus, sei es durch praktische Nachbarschaftshilfe für ältere Menschen oder durch das „Prinzip der offenen Türen und offenen Ohren." Darüber hinaus ist Gertrud Przytulla seit über 30 Jahren ehrenamtlich für Unicef tätig.

Freundschaften zu pflegen, die mitunter schon seit Jahrzehnten bestehen, das liegt ihr ebenso am Herzen wie der gute Kontakt zu Neffen und Nichten. Kinder und Enkel seien ihr zwar keine geschenkt worden. Doch dafür sei sie stets eine Ansprechpartnerin für ihr „Patenkind", das gerade einmal 14 Jahre jünger ist als sie selbst. „Sei es durch einen Anruf oder nette Zeilen mit der Post: Es freut mich, wenn ich jemandem eine Freude machen kann", berichtet Gertrud Przytulla. Keine Frage, sie beschenkt andere auch gern durch liebevoll ausgewählte Dinge, Zeit und Zuwendung. Selbst ein ganz normaler Tag beginnt bei ihr für gewöhnlich mit einem Gebet, bei dem sie an viele andere Menschen denkt, die ihr wichtig sind. „Und dann geht es auch gleich weiter mit Gymnastikübungen", lacht sie, „um nicht nur der Seele, sondern auch dem Körper etwas Gutes zu tun." Dass sie sich den Tag meist selbst einteilen kann, und, wie sie sagt, „nicht mehr müssen" muss, das schätzt sie am derzeitigen Lebensabschnitt. Und ihr gefällt es, dass sie noch oft verreisen kann.

Glück, das sind für sie die wahrhaft großen Güter wie Gesundheit und Harmonie. „Nicht, dass immer alles eitel Sonnenschein ist", beschreibt sie. „Doch dass man, selbst wenn es mal Meinungsverschiedenheiten in der Partnerschaft gab, möglichst keinen Streit mitnimmt, wenn man schlafen geht." Noch lange aktiv zu bleiben, das ist ihr großer Wunsch. Und die Situation auch gut annehmen zu können, falls es mal nicht mehr so ist. „Wenn ich das Gefühl habe, anderen helfen zu können, ob praktisch oder durch Worte, die guttun, dann macht mich das auch selbst glücklich", meint Gertrud Przytulla und schüttelt lächelnd die Hände einiger Frauen, die sich bei ihr für den schönen Nachmittag bedanken. Ein kleines Rezept für mehr Zufriedenheit im Leben gibt sie ihnen noch mit auf den Weg: „Positiv denken. Sich beschützt und geborgen fühlen. Und dankbar sein für all das, was man von Gott geschenkt bekommen hat."

Dorothee Richters

Doro rennt ... und fährt ... und forscht

einfach nur still sitzen, das ist nichts für mich", sagt Dr. Dorothee Richters und greift zu ihrer Fahrradbrille. „Dafür habe ich einfach zu viel Energie." Schon schwingt sie sich auf ihr Rad, das immer einsatzbereit auf sie wartet. Denn viel Bewegung draußen, in der Natur, braucht die zierliche und zugleich couragierte junge Frau wie die frische Luft selbst. Kaum hat sie das Haus verlassen, ist sie auch schon mittendrin im Grünen.

Ob beim Radfahren, Laufen oder Schwimmen, selbst in einem See oder Fluss: Dabei ist sie so richtig in ihrem Element. Doch nicht nur aus Spaß an der Freude verbringt sie einige Stunden in der Woche damit, sondern auch, um sich ganz gezielt auf langfristig geplante Wettkämpfe vorzubereiten. Und das meist in einzelnen Einheiten. Denn Dorothee Richters ist doppelte Vize-Rheinland-Pfalz-Meisterin im Cross-Duathlon und -Triathlon, also in Kombinationen der drei Disziplinen. Einer ihrer aktuellsten Titel ist der Sieg in der Damenwertung des „Neroman-Cross-Triathlon" in Wiesbaden: Für 500 Meter Schwimmen, 21,4 Kilometer Mountainbike und 5,4 Kilometer Laufen benötigte sie 2014 exakt eine Stunde, 28 Minuten und 29 Sekunden. Also weniger als die 90 Minuten eines Fußballspiels. Viele weitere Trophäen hat sie im Laufe der Jahre in mehr als einhundert Wettkämpfen geholt.

Neben den Titeln selbst und dem, was sie dafür geleistet hat, freut sich Dorothee Richters vor allem darüber, dass sie mit Durchhaltevermögen und einem starken Willen viel erreichen konnte. „Früher war ich gar nicht allzu sportlich", lacht die junge Frau, die 1984 in Wiesbaden geboren wurde und dort aufgewachsen ist. „Klar, ich hab mal eine Radtour mit den Eltern gemacht oder einen längeren Spaziergang. Doch ich bin nie so weite Strecken am Stück gelaufen und auch nie mit einem hohen sportlichen Anspruch", erinnert sie sich. Ins Rennradfahren hat sie sich dann als Jugendliche verliebt. „Irgendwie kommt man nicht mehr davon los, wenn man einmal richtig damit angefangen hat", meint sie und tritt in die Pedalen.

Doch dann ereilte sie 2002 eine Rückenmarksentzündung: Kurzzeitig konnte sie gar nicht mehr gehen, auch später sackten ihr die Beine manchmal einfach weg. Vieles konnte sie zwar noch tun, ist sogar Radrennen gefahren. Doch alle Bewegungen musste sie von Grund auf neu lernen, was ihr vor allem beim Rennen und Wandern sehr schwerfiel. Trotz allem konnte Dorothee Richters später wieder lange Wanderungen machen. „Und 2011 bin ich dann, als mein ganz persönliches Highlight, sogar den Marathon in Mainz mitgelaufen", strahlt sie.

Allen Grund zur Freude hat sie auch im beruflichen Bereich: Nach dem Abitur 2003 studierte sie Mathematik mit Nebenfach Französisch an der Universität Mainz und verbrachte ein Jahr im französi-

Doro rennt ... und fährt ... und forscht

schen Amiens. Im Anschluss promovierte sie in Mainz in theoretischer Chemie. In einer Arbeitsgruppe hat sie sich mit der Entwicklung von Algorithmen und der Erforschung von Methangas beschäftigt, doch nicht im Labor, sondern bei Simulationen am PC, „um Algorithmen zu optimieren, was in der Praxis hilft, Ressourcen und Geld zu sparen".

Kurz vor ihrem 30. Geburtstag hat Dorothee Richters die Doktorarbeit eingereicht und sich damit selbst ein Geschenk gemacht. Aber nicht allein der Titel vor dem Namen ist ihr wichtig. Durchhaltevermögen, Frustrationstoleranz – also nicht aufgeben und nach neuen Lösungen suchen: Was sie im Sport weiterbringt, das gilt auch im Beruf. Eine Erfahrung, die sie zudem als Übungsleiterin an andere weitergibt, sei es im Hochschulsport oder im Verein. Neben regelmäßigen Kursen bietet Dorothee Richters Touren in die Umgebung an und kennt sich gut aus, ob im Gonsenheimer Wald, im Taunus oder in Rheinhessen. Dabei geht es ihr nicht um harten Drill, sondern um anspruchsvolles Training, das auch Spaß macht. Denn die eigene Motivation, da ist sie sich ganz sicher, ist das, was am meisten zählt. Und nicht zuletzt gibt es draußen so viel Spannendes zu entdecken, dass man gern mal einen Zwischenstopp einlegt.

Die Schönheit der Natur: Die junge Frau vermag darin auch Gottes Spuren zu finden. In Kirchen schätzt sie vor allem die Menschen, denen sie dort begegnet, also quasi die lebendigen Steine. Einige Jahre lang hat sie auch die Gospelmessen in der Studierendengemeinde mitgestaltet, Lesungen gehalten und selbst Gebete geschrieben. „Dass vieles in meinem Leben sich gut gefügt hat, dass ich mit Ehrgeiz und Disziplin viele Ziele erreichen konnte, das macht mich sehr dankbar", sagt sie. „Und es gibt mir ein stabiles Grundvertrauen, auch für die Zukunft."

Dorothee Richters . . . . im Gespräch

Frau Richters, wie sieht ein ganz normaler Tag bei Ihnen aus?
Nach dem Frühstück geht es nicht mit dem Auto, sondern wenn möglich mit dem Rad zur Arbeit. Und auch nach Feierabend geht es sportlich weiter, wahlweise mit Schwimmen, Laufen, Radfahren, Krafttraining. Abends bin ich also meist unterwegs. Doch Partys feiern wäre nicht so mein Fall. Lieber gehe ich nicht allzu spät schlafen, um am nächsten Morgen wieder fit zu sein. Am Wochenende nehme ich mir gern Zeit für längere Rad-Ausfahrten. Mein Lebensgefährte, mit dem mich die Liebe zum Radfahren, Reisen und „Schöne-Momente-Teilen" verbindet, gibt mir dabei stets Rückhalt. Er weiß, dass mir ohne Sport etwas Wichtiges fehlen würde.

Haben Sie Vorbilder?
Ich schätze alle Menschen, die eigene Wege gehen und nicht nur mit dem Strom schwimmen – auch wenn das manchmal unbequem ist.

Worüber können Sie sich so richtig freuen?
Über einen guten, erfolgreichen Wettkampf und generell dann, wenn mir gelingt, was ich mir vorgenommen habe. Doch genau so freue ich mich über die kleinen Dinge: Wenn morgens die Sonne scheint, oder über eine Rad-Ausfahrt mit meinem Partner.

Woher nehmen Sie die Kraft, was inspiriert Sie?
Zu Fuß oder mit dem Rad unterwegs zu sein, vor allem im Urlaub in den Bergen, um fremde Gegenden zu erkunden. Neue Länder und Herausforderungen mag ich.

Haben Sie ein Lebensmotto?
Nichts ist unmöglich! Wenn du es nicht versuchst, wirst du nie wissen, ob es nicht doch geklappt hätte.

Glück ...
... bedeutet für mich, gesund zu sein, Liebe und Zufriedenheit zu erfahren. ■

Ismail Sackan

Man sieht nur mit dem Herzen gut

Herzlich willkommen! Wer mag ein Wasser oder einen Eistee? Und darf es auch etwas zum Knabbern sein?" Charmant begrüßt Ismail Sackan seine Gäste im „Dunkel-Café". Wie der Name schon sagt, ist es wirklich stockdunkel. Und das ist auch gut so – um selbst zu erfahren, wie es ist, wenn man mit den Augen nichts erkennen kann. Der 34-Jährige hat das nie anders erlebt; schon von Geburt an konnte er nicht sehen. Und er ist nun klar im Vorteil: Während sich die großen und kleinen Gäste etwas unbeholfen vorantasten und zu orientieren versuchen, schenkt er gekonnt die Getränke ein und serviert Schälchen mit Russisch Brot. Nicht nur die Kinder sind froh und auch ein wenig stolz, wenn sie die Buchstaben richtig erfühlen, die sie in den Händen halten. Dann bietet sich Gelegenheit, Ismail Sackan Fragen rund um das Thema Blindsein zu stellen, die er mit viel Geduld, Sinn für Humor und angenehm warmer Stimme beantwortet.

„Als blinder junger Mann mit türkischem Namen hatte ich es hier nicht immer leicht", erinnert er sich, „doch ich denke, ich bin meinen Weg gegangen." An seine Geburtsstadt Aksary kann er sich kaum erinnern. Schon mit zwei Jahren kam er nach Deutschland, hat seine Kindheit und Jugend in Wiesbaden verbracht und noch drei Geschwister bekommen. „Wie andere Jungs habe auch ich früher davon geträumt, einmal Lokführer oder Pilot zu werden", lacht Ismail Sackan. In der Rückschau war die Zeit recht schön, in der er Internate in Friedberg und Marburg besucht hat. An diesen speziellen Schulen war Blindsein nichts Besonderes. Das änderte sich gründlich, als er 1998 nach Mainz kam, zum Studium der Sozialpädagogik an der Katholischen Fachhochschule: „Plötzlich war ich von ganz vielen Sehenden umgeben." Auf den erfolgreichen Abschluss folgte eine mehrjährige Tätigkeit im Mainzer Zentrum für selbstbestimmtes Leben behinderter Menschen. Erfahrungen mit dem Konzept der Dunkel-Cafés konnte er im „Schloss Freudenberg" und im „DialogMuseum Frankfurt" sammeln.

Die besondere Lebenssituation von Menschen mit Handicaps und auch mit Migrations-Hintergrund hat Ismail Sackan nun an seiner Arbeitsstelle „im Blick": Als Koordinator betreut er das Inklusionsprojekt „Marienborn – ein Stadtteil für alle", bei dem sichtbare wie unsichtbare Barrieren ab- und Brücken zueinander aufgebaut werden sollen. Ziel sei es, den Weg zu ebnen zu einem besseren Miteinander. Dabei schätzt der Sozialpädagoge besonders die gute Zusammenarbeit mit anderen Haupt- und Ehrenamtlichen wie Carola Herbrik (siehe Seite 47). Schließlich gehe es darum, wie in der UN-Behindertenrechtskonvention gefordert, in den Bereichen Freizeit, Bildung und Gemeinwesen dauerhaft barrierefrei und inklusiv zu werden. Der Fokus müsse dabei nicht nur auf Menschen mit Körperbehinderungen oder psychischen Beeinträchtigungen gerichtet werden, sondern auch auf verschiedene Kulturen oder Generationen. „Alle können mitmachen, Unterschiedlichkeit führt zum Ziel, Nebeneinander wird zum Miteinander, Anderssein ist normal" sind die Grundgedanken dabei. „Unser Ziel

Ismail Sackan

ist ein soziales Miteinander von allen, mit all ihren Besonderheiten", ergänzt Carola Herbrik, die wie ihr Kollege Überzeugungsarbeit für mehr Toleranz leisten möchte. Damit auch Menschen, „die anders sind als du und ich" völlig selbstverständlich dabei sein können. Dass jeder etwas dazu beitragen kann und sollte, das möchten sie vor Ort möglichst allen bewusst machen, von Kirchengemeinden und anderen religiösen Gruppen über Kindergärten und Schulen bis hin zu Geschäften und Vereinen.

Einen Informations- und Lotsendienst zu Beratungs-, Bildungs- und Freizeitangeboten gibt es bereits im ökumenisch geleiteten „Centrum der Begegnung – Haus der Familie", zu dem die Schwelle bewusst niedrig gehalten wird. Alle im Stadtteil sollen „inklusiv denken und handeln lernen" und ihre Angebote dahingehend überprüfen, dass niemand davon ausgeschlossen wird.

Ismail Sackan ist optimistisch: „Ich bin überzeugt davon, dass wir gemeinsam im Laufe der nächsten Jahre viel bewegen können." Begeistert berichtet er von seinen spannenden Vorhaben: Eine Tauschbörse und Tipps für „Leichte Sprache" zählen ebenso dazu wie Ortsbegehungen, zum Beispiel mit Architekten. Mit ihnen möchte er Wege abschreiten und sie als „Experte in eigener Sache" beraten. „Den großen Weg in kleinen Schritten zurückzulegen, gemeinsam mit anderen" – auch im übertragenen Sinne ist das für ihn ein treffendes Bild und ein lohnendes Ziel. Nicht nur gegen die Barrieren in Gebäuden möchte er dabei angehen, sondern auch gegen die Barrieren in den Köpfen.

Gegen starre Denkgewohnheiten, Vorbehalte und, wie er sagt, gegen soziale Kälte: „Mir geht es darum, dass Andersartigkeit nicht mehr als Problem angesehen wird, sondern einfach als Normalität", betont Ismail Sackan, „und dass Inklusion nicht etwas Fremdes, Bedrohliches ist – sondern etwas, das mit Willkommensein zu tun hat und von dem jeder profitieren kann."

Seine Begeisterung ist ihm anzumerken, wenn er mit Menschen aus dem Ort ins Gespräch kommt, beispielsweise bei einem der zahlreichen internationalen Feste und anderen Begegnungsmöglichkeiten in Marienborn. Dann kann Ismail Sackan, der sich selbst als hilfsbereit und einfühlsam beschreibt, manchmal gar nicht Hände, Mund und Ohren genug haben, um Tipps zu geben, und vor

Man sieht nur mit dem Herzen gut

allem Anregungen für eigene Erfahrungen: Wie fühlt sich Blindenschrift an? Und wie kann man Worte auf einer speziellen Schreibmaschine, dem sogenannten „Streifenschreiber", selbst zu Papier bringen? Schließlich lädt er zu einem Parcours ein, mit Duftflaschen und weiteren interessanten Aktionen zum Ausprobieren.

Gern kommt er in Schulen, um auf die Schwierigkeiten, aber auch die Möglichkeiten von Menschen mit Handicap aufmerksam zu machen. Sein Tipp: Hilfsbereitschaft ist richtig und wichtig. Doch bitte nicht einfach zupacken, sondern vorher fragen, ob und wie man jemanden am besten unterstützen kann! Der Unsicherheit und Unwissenheit, die er häufig erlebt – gerade wenn sein Gegenüber zuvor kaum mit behinderten Menschen zu tun hatte – versucht er mit Nachsicht und manchmal auch mit Humor zu begegnen. Wird er jedoch bewusst beleidigt oder ignoriert – oder wenn andere in seiner Gegenwart nicht mit ihm reden, sondern nur in der dritten Person mit seiner Assistenz, dann ärgert und kränkt ihn das. „Wenn ein Mensch blinde Augen hat, dann kann man sich darauf einstellen", formuliert er etwas philosophisch. „Viel schlimmer hingegen ist, wenn jemand ein blindes Herz hat."

Auch wenn für seine Augen nahezu alles unsichtbar bleibt, versucht Ismail Sackan ein ganz normales Leben zu führen. Nach der morgendlichen Dusche geht es mit dem Bus zur Arbeit – sei es nach Marienborn, auf Außentermine oder zum Blindenverein. Generell lässt er sich bei vielen Dingen von moderner Technik helfen, aber auch durch altbewährte Tricks und Kniffe wie Markierungspunkte und feste Abläufe. „Beim Kochen mache ich es wie die Fernsehköche: Ich bereite erst alles vor, bevor es nach und nach in die Pfanne kommt", berichtet er. Dankbar ist er außerdem für die Assistenz im Haushalt, bei Einkäufen oder in der Freizeit. Die dann wie ein „Extra-Auge" für ihn ist, wenn er Ausstellungen besucht oder ins Kino geht. In seiner Freizeit spielt er gern „Show Down", die Tischtennisvariante für Blinde: „Sport bringt Menschen zusammen, ganz egal ob blind oder sehend. Oft ergeben sich interessante Begegnungen und Gespräche, bei denen man wieder neue Kraft tanken kann."

Kraft tanken kann Ismail Sackan auch dann, wenn er neue Dinge kennenlernt: Im Technikmuseum in Speyer beispielsweise staunt er über die Geräusche und versucht sich U-Boot, Dampflok oder das nostalgische Karussell beim Berühren bildlich vorzustellen. „Gern darf auch etwas Nervenkitzel dabei sein, wie auf der Sommerrodelbahn", lacht er und möchte auch anderen Mut machen, aus den eigenen vier Wänden herauszugehen: Freunde treffen, etwas unternehmen und auf Reisen – etwa nach Skandinavien oder Ägypten – den eigenen Horizont erweitern. Dabei legt er, wie auch im Alltag, größten Wert auf ein selbstbestimmtes Leben im Rahmen seiner Möglichkeiten. Glück? Für Ismail Sackan bedeutet das: „Wenn ich so leben kann und darf wie ich bin."

Frei und sicher leben können

Alla Sariban

„**Z**u schreiben und zu malen, das ist für mich wie eine Entdeckungsreise und zugleich eine Art Befreiung", sagt Dr. Alla Sariban. Denn entscheidend geprägt wurde die Wahl-Mainzerin durch ihre Herkunft: Sie stammt aus der ehemaligen Sowjetunion. 1948 in Odessa geboren, lebte sie in Leningrad und studierte drei Jahre in Moskau, bevor sie 1981 nach Deutschland kam. Ihre Fähigkeiten zu entwickeln, daran fühlte sie sich lange Zeit gehindert, vor allem durch das System, in dem sie groß geworden ist. Mit dem „realen Sozialismus" und den Langzeitfolgen des untergegangenen Regimes, die tiefe Spuren hinterlassen haben und bis heute weiterwirken, hat sie sich gründlich auseinandergesetzt: in ihren Büchern „Verinnerlichung der Diktatur" und „Die Diktatur von innen", die sie gern bei Lesungen vorstellt.

Geprägt wurde die promovierte Naturwissenschaftlerin zudem durch ihre berufliche Tätigkeit in der Physik – durch Strukturen, stetes Nachfragen und Begreifen. Doch auch ihr christlicher Glaube ist es, der sie seit langen Jahren begleitet und ihr immer wieder neue Kraft gibt. Viele Erfahrungen haben sie zum Nachdenken gebracht – vor allem darüber, wie Menschen miteinander umgehen. Ihr Wunsch nach einer Gesellschaft, in der man sich entfalten kann, ist daher eng verbunden mit der Hoffnung auf Freiheit. Das kommt auch in ihren Bildern zum Ausdruck: „Sie verkörpern eine paradiesische Naturordnung, in der es keine Selbstbehauptung auf Kosten von anderen gibt", betont Alla Sariban, „hier wird niemand unterdrückt." Eine Welt der Fülle und Vielfalt spiegelt sich daher in den farbenfrohen Werken der Künstlerin – und eine Liebe zum Detail, die zum genaueren Hinsehen einlädt: Auf vielen Zeichnungen sind Gestalten zu erkennen, die etwas von Menschen, Tieren und Pflanzen in sich haben und dabei auf magische Weise miteinander verbunden zu sein scheinen. Manche wirken traurig, doch die meisten machen auf den Betrachter eher einen neugierigen Eindruck. „Schließlich gibt es sehr viel zu entdecken in der Welt", ist sich Alla Sariban sicher. Auf ihre Weise möchte sie dazu beitragen, das Leben „ein Stück kreativer, schöner und sinnvoller" zu machen – und dass möglichst viele Menschen die eigenen Fähigkeiten erkennen und ihr Potenzial entfalten können.

Alla Sariban . . . . im Gespräch

Frau Sariban, in Ihren Büchern beschreiben Sie die gesellschaftlichen Verhältnisse, in denen Sie groß geworden sind, ausführlich. Was hat Sie persönlich im Leben geprägt?

Leider habe ich sehr schlechte Erinnerungen an meine Kindheit. Meine Mutter ist gestorben als ich erst fünf Jahre war, daher kam ich in die Obhut der Familie meines Onkels. Die Verhältnisse dort waren sehr schwierig: Die Tante, die keine eigenen Kinder hatte, hat mich zwar sehr geliebt, aber auch unterdrückt und streng kontrolliert, da ich ihrer Meinung nach „schlechte Veranlagungen" hatte. „Du musst aufpassen, wo du bleibst und was aus dir wird", sagte sie oft.

Hatten Sie bestimmte Vorbilder?

Ein konkretes Vorbild hatte ich nicht, doch ich wollte immer das Niveau der „großen Helden" erreichen, also der Persönlichkeiten aus Kultur, Kunst und Wissenschaft, die Großes leisten und bewirken. Unter „Großem" verstand ich schon immer einen Beitrag zu etwas Wesentlichem. Natürlich ist das ein Ideal, dem man nie ganz gerecht werden kann. Doch etwas Gutes hatte es: Ich habe tief verinnerlicht, mich nie mit Mittelmaß zufriedenzugeben, sondern in allem, was ich tue, sozusagen „in die Tiefe zu bohren, um die Höhe zu erreichen". Ein wichtiger symbolischer Gegenstand, der mich schon lange begleitet, ist daher das Kreuz.

Welchen Stellenwert hat dabei Ihr künstlerisches Schaffen?

Meine Arbeit als Schriftstellerin und Malerin, der ich mich tagtäglich widme, ist für mich ein Ehrenamt im wahrsten Sinne des Wortes. Auch wenn ich kaum Geld verdiene, möchte ich den Menschen damit dienen, einen Beitrag zum Gemeinwohl leisten und – wenn ich Glück habe – etwas bewirken.

Worüber können Sie sich so richtig freuen?

Dass ich das alles machen darf, was ich tue. So leben kann, wie ich jetzt lebe. Denn das ist überhaupt nicht selbstverständlich, wenn man bedenkt, dass es auch heute noch auf der Welt längst nicht überall Orte gibt, an denen man so frei und sicher leben kann wie hier.

Was sind Ihre persönlichen Kraftquellen, was inspiriert Sie?

Ich möchte das werden, was ich schon bin: ein Ebenbild Gottes. Das bedeutet für mich, das Potenzial, das in mir steckt, weiter und weiter zu entfalten.

Und wie lautet Ihr Lebensmotto?

Ich tue, was ich kann und so gut ich es kann
– und alles Weitere überlasse ich den höheren Mächten.

Ruth Sartor

Ich sag' *Ja* zu meinem Leben

Mit ihrem freundlichen Lächeln grüßt sie die Besucher schon am Eingang: Ruth Sartor, die auf einigen Fotos von Werner Feldmann zu sehen ist. Gezeigt werden die Schwarz-Weiß-Motive zu verschiedenen Anlässen, unter anderem zum 50-jährigen Bestehen der Werkstätten für Behinderte, kurz WFB. „Perspektiven weiten – Blicke schärfen" heißt der Titel dieser sehenswerten Ausstellung, die dazu einlädt, genauer hinzuschauen, Menschen in ihrer Individualität wahrzunehmen und auch selbst über viele Fragen des Lebens nachzudenken. Als Spiegel der Gedanken spricht das Gesicht eine universelle Sprache, um auch ohne Worte – und ganz gleich ob mit oder ohne Behinderung – Gedanken und Gefühle zum Ausdruck zu bringen.

Doch sehr freundlich hatte es das Leben zunächst nicht gemeint mit Ruth Sartor, die ursprünglich aus Frankfurt kommt. 1961 geboren, litt sie von Geburt an unter Tetraspastik und konnte anfangs gar nicht sitzen. Schon in jungen Jahren waren viele Operationen und Krankenhausaufenthalte notwendig. Den Vater kannte sie nur von Bildern. Er starb, als sie erst ein Jahr alt war, und so stand die Mutter allein mit ihrem einzigen Kind. „Ich habe sie immer bewundert", sagt Ruth Sartor, „sie war wirklich eine starke Frau, die mich gefördert hat, wo sie nur konnte, und die mir sehr viel vermittelt hat." Couragiert und so selbstständig wie möglich zu sein, darin war ihr die Mutter schon in jungen Jahren ein Vorbild. „Sie hat mir trotz allem viel zugetraut, mich wo immer möglich aktiv miteinbezogen und vieles ausprobieren lassen", berichtet Ruth Sartor, und ein dankbares Lächeln liegt auf ihrem Gesicht. „Und sie hat mich sehr oft mitgenommen, ganz bewusst mit in die Öffentlichkeit, statt mich zu verstecken." War das einmal nicht so leicht möglich, „dann hat sie das Leben eben zu uns nach Hause geholt", erinnert sie sich, froh darüber, dass sie sich dadurch nicht so oft ausgeschlossen gefühlt hat.

Nach der Schulzeit in Mainz begann sie in der WFB, wo sie seit mehr als 30 Jahren in der Telefonzentrale tätig ist. Schon immer war es ihr Wunsch, beruflich mit vielen Menschen zu tun zu haben. „Das liegt mir, denn ich bin sehr kontaktfreudig", sagt Ruth Sartor. Spannend bleibt die Arbeit für sie eigentlich immer – denn wer als nächstes am Apparat ist und was der Tag so alles bringt, das weiß man schließlich morgens noch nicht so genau. Tüchtig und umsichtig wie sie ist, denkt sie mit und übernimmt auch weitere Aufgaben. So führt sie regelmäßig Besucher durch die Werkstätten, ob Schüler oder junge Leute im Freiwilligen Sozialen Jahr. Andere zu beraten, beispielsweise als Frauenbeauftragte, das wäre eine neue spannende Herausforderung für sie.

Als Angestellte, ganz klassisch von 8 bis 16 Uhr tätig zu sein, das ist nur ein Teil von Ruth Sartors Berufsleben. Darüber hinaus managt sie quasi ihren eigenen kleinen Betrieb und führt ein sogenanntes Arbeitgebermodell mit fünf Assistenten. Früher war sie im Grete-Kersten-Haus daheim und wagte

Ruth Sartor

2005 den Schritt in die Selbständigkeit, mit eigener Wohnung auf dem Lerchenberg. Seit 2007 kann sie am Wochenende für insgesamt 20 Stunden Assistenz auf Minijob-Basis beantragen, sei es für die praktischen Dinge des Lebens oder auch für eine pädagogische Assistentin, die sie bei schriftlichen Dingen unterstützt. „Die Gelder, die mir dafür vom Amt zur Verfügung gestellt werden, muss ich selbst gut verwalten – ein sehr verantwortungsvoller Job", gibt sie einen Einblick in ihren Alltag. Doch auch wenn eine Menge Bürokratie und Formalitäten damit verbunden sind, bis hin zum Sichten von Bewerbungen und zu Vorstellungsgesprächen, bereitet ihr das Organisieren Freude. „Zudem bietet mir diese Regelung mehr Flexibilität und dadurch mehr Lebensqualität im Vergleich zum Pflegedienst", berichtet die sympathische Frau. Verlässlichkeit ist ihr dabei sehr wichtig – denn sagt eine Assistentin kurzfristig ab, ist ihr vieles alleine kaum möglich.

Dass sich die Menschen in ihrem Umfeld – ob Assistenz, Freunde oder Kollegen – wohlfühlen, dass man ein angenehmes Miteinander erlebt, liegt Ruth Sartor am Herzen. Da sie selbst gern kocht und backt, ist es für sie Ehrensache, auch andere mit diesen Köstlichkeiten zu verwöhnen. Auch wenn sie alle Hände voll zu tun hat, ob im Beruf oder als Unternehmerin in eigener Sache, nimmt sie sich oft Zeit, um anderen etwas Gutes zu tun. Das kann ein leckerer Muffin sein, oder – wenn gewünscht – mit Rat und Tat. „Langweilig wird mir eigentlich nie", sagt die ehrgeizige Frau. „Nicht nur in meinem Haushalt will ich so viel wie möglich selbst erledigen, sondern auch gern für andere da sein und sie unterstützen."

„Sie kann gut zuhören und sich in andere hineinversetzen", meint Ulrike Klein, eine gute Freundin, die sie seit Kindergartentagen kennt. Ein offenes Ohr haben, Wertschätzung zum Ausdruck bringen, auch mal Trost spenden – oft hilft das schon weiter. Zudem versucht sie, gemeinsam mit ihrem Gegenüber selbst Lösungen zu finden – oder bei Bedarf an geeignete Stellen weiterzuvermitteln. „Ich bin sehr dankbar für alles Gute und Schöne in meinem Leben. Dankbar für gute Freunde und all das, was ich trotz mancher Einschränkungen kann, wo ich anderen helfen kann", betont Ruth Sartor. „Und ich möchte gern etwas bewegen."

Vielseitig interessiert, ist sie zum Beispiel beim „Rollitanz" in der WFB aktiv. Das bereitet ihr Freude – vor allem wenn es darum geht, gemeinsam mit anderen Tänze einzuüben, ob mit Blick aufs große Ganze, die Choreographie oder schöne Details. Auch die Gottesdienste in der Emmausgemeinde, zu denen Menschen mit und ohne Behinderungen willkommen sind, gestaltet sie mit und übernimmt Lesungen. Als wichtige Stütze in ihrem Leben gibt ihr der Glaube neue Kraft, mehr Vertrauen und Gelassenheit.

Das Thema Inklusion noch stärker in die Öffentlichkeit zu bringen, das ist ihr ein besonderes Anliegen. Durch Fortbildungen und Schulungen möchte sie selbst auf dem Laufenden bleiben und schätzt die Fachgespräche mit Gleichgesinnten. Umgekehrt gibt sie ihr Wissen gerne weiter, etwa Informationen rund um das Thema Behinderungen, um gemeinsam, wie sie hofft, „noch mehr Barrieren zu überwinden." Neben Vorträgen und Gesprächsrunden setzt sie dabei auch auf praktische Erfahrungen. So lädt sie Menschen, die noch nie darauf angewiesen waren, dazu ein, sich selbst einmal in einen Rollstuhl zu setzen und fortzubewegen. Dabei würden, so Ruth Sartor weiter, meistens schon ein paar Minuten reichen, um zu merken, wie es sich anfühlt, wenn man zu anderen hinaufschauen, Blicke aushalten sowie Fremde ansprechen und um Hilfe bitten muss. So idyllisch viele Gassen in der Mainzer Innen- und Altstadt auch sein mögen: Für Menschen im Rollstuhl ist es alles andere als ein Vergnügen, über die Pflastersteine zu ruckeln und an engen Türen, zu schmalen Gängen, Stufen, zu steilen Rampen oder nur über Treppen erreichbaren Toiletten zu scheitern, die schier unüberwindliche Hindernisse darstellen.

Mitleid möchte Ruth Sartor nicht. „Laufen können, das habe ich ja nie kennengelernt", meint sie. „Sicher ist es viel schwieriger, wenn man gesund war und nach einem Unfall auf den Rollstuhl angewiesen ist." Doch dass die Bedürfnisse behinderter Menschen noch mehr in den Blick und ernster genommen werden, ist ihr Wunsch. Über die Hilfsbereitschaft anderer freut sie sich daher sehr – wenn jemand sieht, dass sie etwas nicht allein schafft, und Unterstützung anbietet. Das können schon kleine Gesten sein – die Tür aufhalten, etwas anreichen. „Doch einfach hingehen und anpacken, das mag ich gar nicht gerne", bittet sie um Verständnis. „Und man sollte auch nicht böse sein, wenn ich oder andere Rollstuhlfahrer mal Hilfe ablehnen, wenn wir es auch ganz gut selbst schaffen können." Nützliche Hinweise möchte sie gern geben – und vor allem auch Möglichkeiten zeigen, die man selbst mit Handicap hat. Für die Zukunft wünscht sie sich noch mehr Gelegenheiten, etwas bewegen und bewirken zu können, und das möglichst ganz unbürokratisch. „Ich bin ein sehr lebensbejahender Mensch", sagt sie. „Und von diesem Optimismus möchte ich anderen auch gern ein Stückchen abgeben." ■

Glauben und Handeln: Hand in Hand

Annemarie Schäfer

„**D**ie Einheit von Glauben und Handeln ist es, die mich so beeindruckt an meinem Vorbild Albert Schweitzer", sagt Annemarie Schäfer. Auch wenn ihre „Mission" sie nicht bis nach Afrika geführt hat, ist dieses Prinzip zu einem Leitgedanken für ihr Leben geworden. Dass Worte mit guten Taten einhergehen, das ist ihr wichtig bei dem, was sie tut. „Anderen zu helfen, mich für sie einzusetzen und zu spüren, dass es dem ein oder anderen dadurch besser geht, das macht auch mir selbst Freude", meint die Pfarrerin im (Un-) Ruhestand.

In jungen Jahren hat die Zeit des Zweiten Weltkriegs sie geprägt, als sie in Kellern übernachten musste, um Schutz zu suchen. Gute Erinnerungen verbindet sie hingegen mit ihrer christlichen Familie oder mit der evangelischen Jugendarbeit, die sie auch selbst mitgeleitet hat. Nach dem Besuch der Volksschule in Meisenheim und dreieinhalb Jahren im dortigen Paul-Schneider-Gymnasium machte sie nach weiteren fünfeinhalb Jahren im Rabanus-Maurus-Gymnasium in Mainz Abitur – und musste als einziges Mädchen in einer Jungenklasse früh lernen, sich zu behaupten. „Zu einem wichtigen Wegbegleiter ist mir mein Konfirmationsspruch geworden, ‚Suchet in der Schrift' (Joh 5,39)", berichtet Annemarie Schäfer. „Denn seit fünf Jahrzehnten gehört das Bibelstudium für mich einfach dazu, und es hilft mir sehr im Leben." Mit Pfarramtskandidaten-Ausbildung, Predigerseminar und Praktika führte sie das Studium der evangelischen Theologie von 1959 bis 1966 quer durch die Bundesrepublik: nach Berlin, Bonn, Mainz, Friedberg, Darmstadt, Gelnhausen und Falkenstein im Taunus, wo sie ordiniert wurde.

1967 heiratete sie Klaus Schäfer, einen Studienrat, der früh verwitwet und alleinerziehend mit zwei kleinen Mädchen war. Eine Herausforderung, der sie sich sehr gern stellte. „Doch als ‚Hochzeitsgeschenk' wurde mir durch die Landeskirche der Dienst gekündigt", berichtet Annemarie Schäfer. Erst ab 1970 waren dann auch verheiratete Pfarrerinnen zugelassen. Viele Jahre hat die zierliche und doch sehr couragierte Frau ohne fremde Hilfe eine richtige Großfamilie „gemanagt", drei Kinder groß gezogen und auch den Schwiegervater betreut, der zehn Jahre bei ihnen lebte. Mit großem Aufwand sanierte die Familie zudem ihr historisches Haus in der Mainzer Altstadt. Ehrensache war für sie auch, Verwandte und Bekannte in der DDR zu unterstützen, sei es durch Pakete oder Besuche. Um wirklich einmal durchzuatmen und Energie zu tanken, verbrachte sie über 30 Jahre lang die Sommerurlaube in der Schweiz: „Die Berge sind für mich ein Ort der Erholung und Sehnsucht zugleich", beschreibt sie mit leuchtenden Augen – und denkt an wunderschöne Momente, die ihr wieder neue Kraft gaben.

Nach 18 Jahren Religionsunterricht am Mainzer Theresianum mit Privatvertrag trat Annemarie Schäfer wieder in den Kirchendienst der Evangelischen Kirche in Hessen und Nassau als Pfarrerin und übernahm eine halbe Stelle in der Altenheimseelsorge am Mainzer Altenheim. „Bald schon arbeitete ich im Vorstand des Konventes der Altenheimseelsorge der EKHN mit, also auf landeskirchlicher Ebene, und übernahm dann auch den Vorsitz für einige Jahre", berichtet sie. Einen Bibelkreis leitete sie über 40 Jahre lang. „Über die Weltgebetstags-Arbeit der Frauen, die ich schon 1967 in meiner ersten Pfarrstelle kennengelernt hatte, entwickelte sich die Gruppe zu einem ökumenischen Bibelkreis und trug viel zu einem guten ökumenischen Klima bei – Ende der sechziger Jahre noch längst keine Selbstverständlichkeit in Mainz", erzählt die vielseitig aktive Frau, die somit auf manchen Gebieten Pionierarbeit leistete.

Von vielen Menschen geschätzt wird sie auch für ihre Andachten mit Gedanken, die direkt aus dem Herzen zu kommen scheinen. Sei es im Rahmen von Treffen der „Meenzer Leisetreter" für Menschen mit und ohne Behinderungen oder im „Wendepunkt", der Evangelischen Wohnungslosenhilfe. Den Förderkreis der sozialen Einrichtung hat sie als Vorsitzende entscheidend geprägt. Das Informations- und Hilfezentrum in der Neustadt bietet Frauen in Wohnungsnot ein Zuhause auf Zeit; und neben der praktischen Unterstützung zugleich eine angenehme Atmosphäre, um sich willkommen zu fühlen.

„Menschen etwas Gutes zu tun, die eher am Rande der Gesellschaft stehen und sonst oft übersehen werden, war mir schon immer sehr wichtig", betont die Pfarrerin im Ruhestand. Das gilt für sie unabhängig vom kulturellen, sozialen und religiösen Hintergrund – was zählt, ist der Mensch. Dass die meisten der über 200 Frauen, die hier Jahr für Jahr Hilfe suchen, durch kompetente Begleitung und mehr Lebensqualität wieder neue Hoffnung schöpfen, das freut sie sehr. „Für viele von ihnen ist es eine ganz neue Erfahrung, wenn sie spüren ‚Da schenkt uns jemand Aufmerksamkeit und teilt etwas mit uns'", weiß sie aus langjähriger Erfahrung. Befreundete „Ehrenamts-Kolleginnen" wie Ute Ahrens loben ihren unermüdlichen Einsatz mit Freude, Herz und Sachverstand, wodurch sie so manche Türen öffnen konnte.

„Anderen Menschen zu helfen, sei es durch ein Gespräch oder ganz praktisch, das war und ist mir einfach ein Herzensanliegen", meint Annemarie Schäfer bescheiden. Nach wie vor sind ihre Tage daher recht ausgefüllt und enden nicht selten vor Mitternacht – vom Aufstehen um sechs Uhr in der Früh, wohl bemerkt. Ihren schwer kranken Mann weiterhin zu Hause zu pflegen, dazu fehlten ihr die Kräfte. Doch die engagierte Frau hofft, dass ihr noch einige Jahre geschenkt werden, um weiterhin etwas zu bewirken, durch gute Worte und gute Taten. ■

Christine & Manfred Siebald

Musik und andere Medizin

Sie sind eigentlich immer mit dabei, ob am Schreibtisch oder unterwegs: die kleinen Notizbücher mit dem weichen Leineneinband. Seit Jahrzehnten schon sind sie gleich zur Hand, um neue Melodien, Textpassagen oder kleine Geschichten darin festzuhalten. Etliche dieser Büchlein hat Manfred Siebald bereits mit Ideen gefüllt, denn Musik ist ein fester Bestandteil seines Lebens.

Musik in seinen Ohren ist auch das Plätschern des kleinen Brunnens und das muntere Zwitschern der Vögel im heimischen Garten, der kleinen Wohlfühl-Oase von Manfred und Christine Siebald. Gern nehmen sie sich Zeit für ein Gespräch, auch wenn die Kabel, Verstärker und Gitarrenhüllen im Wohnzimmer schon von den Vorbereitungen auf die nächste Konzertreise künden: „Wir führen eben ein Leben im Transit." Während bei ihr die Fäden für das Management zusammenlaufen, fasst Manfred Siebald sein musikalisches Schaffen auf poetische Weise so zusammen: „Ich komponiere und singe geerdete Himmelslieder – Lieder aus dem Alltag des Glaubens für den Alltag des Glaubens."

Seit viereinhalb Jahrzehnten ist der Literaturwissenschaftler und Musiker deutschlandweit und international als christlicher Liedermacher bekannt. „Was ich von Gott Gutes mitbekommen habe, möchte ich auch sinnvoll einsetzen, denn zu jeder Gabe gehört bekanntlich eine Aufgabe", sagt Manfred Siebald und gibt einen Einblick in sein Leben und Wirken: Geboren 1948 im hessischen Baumbach, verbrachte er seine Schulzeit in Kassel und erhielt Geigen-, Bratschen- und Klavierunterricht. Das Gitarrespielen hat er sich im Wesentlichen selbst beigebracht. Gern denkt er an seine Kindheit und Jugend zurück, auch weil ihm die Eltern große Vorbilder waren für den gelebten Glauben. Dass Gäste aus aller Welt daheim immer willkommen waren, daran kann sich auch Christine Siebald noch lebhaft erinnern: Ihr Vater war Pastor, daher kannte auch sie von klein auf „offene Türen und offene Ohren" und war gewohnt, anderen zu helfen.

In mehr als 40 Ehejahren haben die beiden gemeinsam auch beruflich schon einiges auf die Beine gestellt. „Einer trage des anderen Last": Der bekannte Vers aus der Bibel hat auch für sie eine große Bedeutung. Dankbar für ihre immense Unterstützung, die noch weit über die Organisation der Konzerte hinausgeht, widmete Manfred Siebald seiner Frau unter anderem das gefühlvolle Liebeslied „Du bist Gottes Geschenk". Mit einem Lächeln berichtet er davon, wie damals musikalisch alles angefangen hat im „Jugend für Christus"-Chor, mit dem er 1969 auf Amerika-Tournee ging. 70 Konzerte in nur 39 Tagen – ja, das war ein echtes Marathonprogramm, meint er, doch zugleich eine wunderbare Erfahrung. Auf seine ersten LPs „Da steh ich nun" und „Ich gehe weiter" folgten im Laufe der Jahre viele weitere. Für die bisher erschienenen Produktionen bekam der Liedermacher 1994 eine Goldene CD überreicht. Zur „Gemeinschaft künstlerisch arbeitender Christen – DAS RAD", die er mit be-

Seine schönsten Lieder, mehrere Gitarren und eine Menge Humor hat Manfred Siebald im Gepäck bei seinen Konzerten. Ob in Mainz oder anderswo: Sein Publikum begeistert er mit seinen Liedern aus dem Alltag des Glaubens und lädt zum Mitsingen ein. Mit angenehm ruhiger Stimme und feinem Humor hält er wunderbare Augenblicke musikalisch oder in kleinen Geschichten und Gebeten fest. Von Glück, Erfolg und Hoffnung erzählen seine tiefgründigen Texte. Doch auch neuen Mut nach weniger schönen Situationen möchte er seinen Zuhörern zusprechen: Mit Liedern wie „Bevor der Tag zu mir kommt" oder mit dem Gedanken, Familie und gute Freunde als Gottes Geschenk zu sehen.

gründet hat, gehören inzwischen über 250 kreative Köpfe, die sich gegenseitig unterstützen und inspirieren. Zu seinem großen Repertoire zählen viele Texte mit Tiefgang, die Hoffnung geben möchten, romantische Balladen, originelle Stücke für Kinder und natürlich Lieder für den Gottesdienst. „Ins Wasser fällt ein Stein" oder „Überall hat Gott seine Leute" haben längst einen festen Platz in Liederbüchern verschiedener Konfessionen und werden oft in Gemeinden und Jugendgruppen gesungen. Doch noch wichtiger als die gedruckte Form ist ihm, dass die Lieder auch in den Herzen vieler Menschen ankommen und sie tief in ihrem Inneren berühren.

Warum er seine Gedanken und Gefühle auf diese Weise in Worte fasst? „Gehet hin in alle Welt" und „Singt dem Herrn ein neues Lied": Mit einem Funkeln in den Augen umschreibt er seinen in der Bibel gefundenen Auftrag. Denn er predigt gewissermaßen durch seine Musik. Ein Gespür zu haben für die Sehnsüchte der Zuhörer, ihnen mit seinen Liedern Freude zu bereiten, sie zum Nachdenken anzuregen oder ihnen auch Trost zu schenken, das ist ihm eine Herzensangelegenheit; und dabei sogar Menschen zu erreichen, denen der Glaube bisher noch nicht viel bedeutete. Inspirationen für seine Texte findet er meist im Alltag: Das kann ein Satz in der Predigt sein, eine Meldung in den Nachrichten, ein interessantes Gespräch. Oft findet man sich in den Liedern selbst wieder: Wenn es um die guten Vorsätze geht, die man „In der Nacht zum Neuen Jahre" fasst, aber die bald wieder aufgegeben werden, oder wenn man wie „Louisa" neidisch auf andere schaut. Zudem erzählt Manfred Siebald gern Geschichten aus der Bibel, sei es aus dem Alten Testament oder aus dem Leben Jesu, und überträgt sie dabei zugleich in das Hier und Heute. Das gilt für seine Songs ebenso wie für Liedergeschichten in den Büchern „Gib mir den richtigen Ton" und „Lass uns leise jubeln". Veröffentlicht hat er zudem verschiedene Gedichtbände, die Kurzgeschichtensammlung „Pitti lächelt und andere Geschichten" sowie das Claudius-Brevier „Und wir in seinen Händen: Ein Jahr und ein Tag mit Matthias Claudius".

Bevor er anderen seine Texte zeigt oder sie zu Gehör bringt, braucht es allerdings die nötige Zeit. Wie guter Wein müssen auch sie erst eine Weile reifen. Denn er sei nun einmal ein „man of revisions", ein Mann der häufigen Überarbeitungen, gibt Manfred Siebald zu. Als Wissenschaftler wie als Musiker habe er immer schon hohe Maßstäbe angelegt, damit seine Worte wirklich passend gewählt und die sprachlichen Bilder stimmig sind. Obwohl sich auch sein beruflicher Werdegang eindrucksvoll liest, ist Manfred Siebald, der als Literaturwissenschaftler viele Jahre in Mainz und zeitweise auch in den USA geforscht und gelehrt hat, mit beiden Füßen auf der Erde geblieben. Auf das Studium in Marburg und in den USA folgten die Promotion und Tätigkeit als wissenschaftlicher Mitarbeiter, die Ernennung zum Akademischen Rat, Oberrat und Direktor. Nach der Habilitation und der Zeit als Privatdozent und Gastprofessor war er Professor für Amerikanistik an der Johannes Gutenberg-Universität.

Christine & Manfred Siebald

Doch bei allem ambitionierten Einsatz gab es für ihn immer auch ein Leben außerhalb der Universität, oder, wie er formuliert, „den geistlichen Auftrag neben dem Brotberuf". Seine fast 3.000 Konzerte, bei denen er sich auf seinen akustischen Gitarren begleitete, führten ihn quer durch Deutschland und gelegentlich auch auf andere Kontinente. „Zu meinen aktiven Uni-Zeiten war ich ständig in Erholung", lacht Manfred Siebald: „Wenn ich am Wochenende unterwegs auf Konzerten war, habe ich mich von der Woche als Dozent erholt – und in der Woche erholte ich mich dann vom Wochenende." Obwohl dabei eine Menge Arbeitsstunden zusammengekommen sind, hat ihm die Erfüllung und Zufriedenheit in den beiden großen Bereichen seines Lebens wieder viel neue Energie gegeben.

„Dass Glaube und Handeln übereinstimmen und darin Gottes Liebe spürbar wird", ist Manfred und Christine Siebald sehr wichtig. Den Erlös der Konzerte spenden sie stets an karitative Projekte, zu denen sie persönlich Kontakt halten. So unterstützen sie schon seit vielen Jahren diakonische und missionarische Einrichtungen in Afrika, Asien oder Südamerika. Sich anderen Menschen auf der Welt verbunden zu fühlen, ihnen Gutes zu tun und Sinnvolles zu bewirken, das macht für sie Glück und wahren Reichtum aus.

Das ist es auch, was Christine Siebald als Ärztin bei internationalen Einsätzen bewegt. Seit 2000 war sie oft für die Organisation „Humedica" tätig: Hilfseinsätze führten sie unter anderem nach Ruanda, Liberia, Simbabwe, Peru, El Salvador und auf die Philippinen. Unter schwierigsten Bedingungen versucht sie, so gut wie möglich zu helfen, mit den Mitteln und Möglichkeiten, die vor Ort zur Verfügung stehen. Sohn Benjamin ist nun ebenfalls Mediziner. Für ihr humanitäres Engagement wurde Christine und Manfred Siebald 2008 das Bundesverdienstkreuz verliehen.

„Wer in Christi Dienste steht, der ist in tiefster Seele still", besagt eine Lebensweisheit von Pestalozzi, die

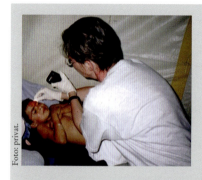

Foto: privat.

Oft mit einfachsten Mitteln, wie auf dem Foto mit einem Kind in El Salvador zu sehen, hat Christine Siebald in den vergangenen 15 Jahren als Ärztin für die Organisation „Humedica" tatkräftig Hilfe geleistet. Bei ihren mehrwöchigen Einsätzen in Afrika, Asien und Südamerika war vor allem Soforthilfe gefragt, zum Beispiel nach Naturkatastrophen; aber auch die Versorgung von Inhaftierten, die unter den Folgen von unzumutbaren hygienischen Verhältnissen litten. „Für andere da zu sein und mich um sie zu kümmern, das habe ich von klein auf kennengelernt, weil es die selbstverständliche Konsequenz des christlichen Glaubens meiner Eltern war", sagt die 1948 in Solingen geborene Ärztin, die in einer Pastorenfamilie aufgewachsen ist.

Musik und andere Medizin

Manfred Siebald gut gefällt. Sie beschreibt den inneren Frieden, der tiefer geht als die aktuellen Tagesbefindlichkeiten. Er fühlt sich „zuhaus in seiner Haut", wie es in einem kessen Liedtext von ihm heißt. Ausgeglichenheit bedeutet für ihn jedoch auch zu sehen, wo die eigenen Grenzen liegen, im Sinne von „Ich kann nicht alles regeln – und muss es auch nicht". Das schließt aber nicht aus, einen Blick dafür zu entwickeln, welche Möglichkeiten es in vielen Situationen gibt. Fest im Glauben verankert zu sein, das hat ihn auch getragen in weniger guten Zeiten. „Das Leben mit Gott ist nicht automatisch ein Leben ohne Sorgen und Tiefen", sagt er – und denkt an Abschiede im Freundes- und Familienkreis oder an seine längere Krebserkrankung. Besorgnis und Trauer hat er in das ein oder andere Lied mit einfließen lassen, und vor allem die tiefe Dankbarkeit dafür, sicher durch manches finstere Tal geführt und wieder gesund geworden zu sein. Auch nach einer komplizierten Verletzung an der Schulter, die er sich 2014 zugezogen hatte, ist er froh, dass er sich wieder besser bewegen und auch wieder Konzerte geben kann.

Denn etwas bewirken möchten die beiden Siebalds nach wie vor, mit Worten und mit Taten. Sehen, wo es etwas zu tun gibt und anpacken, das ist für sie auch Programm in der Auferstehungsgemeinde: Dort begegnet man ihnen nicht nur als Prädikant und Leserin bei Gottesdiensten oder bei der Arbeit in der Bücherecke. Sie greifen auch gern mal zu Rechen und Schaufel beim Einsatz in der Grünanlage vor der Kirche. Zeit verschenken, um anderen Freude zu bereiten, das gilt natürlich auch bei Konzerten in Mainz und Umgebung, die dann quasi ein „Heimspiel" sind. Und die gleich in mehrfacher Hinsicht Gutes bewirken: unmittelbar bei den Zuhörern, aber auch zugunsten von Einrichtungen vor Ort oder für Bedürftige in aller Welt.

„Aktiv zu sein, hält jung", sagen die beiden übereinstimmend, „denn ein rollender Stein setzt bekanntlich kein Moos an." Wo Christine und Manfred Siebald wieder neue Energie tanken? Zunächst einmal in der Familie, bei Freunden oder im Hausbibelkreis. Aber auch bei Gesprächen mit Gott, mit denen der Tag für gewöhnlich beginnt und die ihnen neue Kraft und Ideen geben. Erholung finden sie nicht nur im Urlaub „am liebsten auf Korsika", sondern auch in Drais, wo sie seit über 30 Jahren zu Hause sind und der Weg in die Natur nicht weit ist: „Beim Laufen im Wald den Gedanken freien Lauf lassen, das tut dem Körper gut und auch dem Kopf." Darüber hinaus sehen sich die beiden, wann immer sie es auf den Konzertreisen einrichten können, auch gerne in der jeweiligen Stadt um.

Dankbar blicken die beiden auf ihren bisherigen Lebensweg zurück – und möchten auch in Zukunft offen sein für alles, was auf sie zukommt. Ihre Gaben betrachten sie als Aufgaben – so wie sie das, was sie in ihrem Leben erfüllt, gern an andere weitergeben. Und so werden die kleinen Notizbücher, in denen Manfred Siebald seine Gedanken zu Papier bringt, auch weiterhin treue Begleiter bleiben. ■

Per *Mikro* mit der Welt verbunden

Tomislav Sola

„Hallo zusammen. Ich hoffe, euch geht's gut – und sende viele Grüße aus Mainz." Die sympathische Sprecherstimme gehört Tomislav Sola, live auf Sendung bei „Radio Zwiebeldorf". Um ins Studio zu kommen, muss er keinen Anfahrtsweg zurücklegen: Von seinem Zuhause in Gonsenheim aus ruft er quasi in die ganze Welt. Dank seines Computers, auf dem er sich einloggen und „On Air" gehen kann. Der originelle Name des Internetsenders, der für seine Fans längst Kultstatus hat, erklärt sich übrigens aus dem Hauptsitz in Zeiskam in der Pfalz, einem Zwiebeldorf. Hobbymoderatoren können ihre eigenen Sendungen gestalten, ohne großen technischen Aufwand von daheim aus. Das ist etwas, das ihm sehr entgegenkommt: Denn Tomislav Sola ist von Geburt an blind.

„Leute aus ganz Deutschland gehören zum virtuellen Team", erklärt der 24-Jährige, der von seinen Freunden „Tomi" genannt wird. „Beim Sendeplan kann man selbst mitentscheiden, wann man sich einträgt. Jeder kann senden, was er möchte. Ob bei der Musik oder den Moderationen – da gibt es niemanden, der einem kritisch über die Schulter schaut." Diese Freiheit schätzt er sehr und spielt als „Tomi the Crazy Man" Titel ganz nach seinem Geschmack, unter dem Motto „Black Music and more". Der Spaß am Auswählen der Stücke ist ihm anzumerken, ebenso wie bei den „An-Moderationen" in lockerem Ton. Ganz in seinem Element scheint er zu sein, wenn er über Aktuelles und Unterhaltsames redet, was ihn und andere Zuhörer interessiert – und dabei mit seinem recht trockenen Humor gute Laune verbreitet. Ein oder zwei Mal pro Woche wirkt er bei „Radio Zwiebeldorf" mit und mag auch Partysendungen mit mehreren Moderatoren. Mit Begeisterung spielt Tomi Sola Hip-Hop, sogar seine eigenen Texte, die er selbst aufgenommen hat. Neben dem Klang dieses Sprechgesangs ist ihm auch die Botschaft wichtig, die aus den Zeilen und Rhythmen spricht. Die, wie er findet, anspruchs- und gehaltvoll sein soll, „mit einer intelligenten Message."

Die ganz eigene Welt des Radios – sie wäre schon ein Traumjob für ihn, dem er sich durchaus gewachsen fühlen würde. „Es macht einfach Spaß und gibt mir das gute Gefühl, andere erreichen zu können", beschreibt der junge Mann, der sich sehr über positive Rückmeldungen freut, die im Internet zu seinen Sendungen eintreffen. Sich auch beruflich in neue Aufgaben, Technik und Anwendungsmöglichkeiten „hineinzufuchsen", darin sieht Tomi Sola deshalb kein Problem. Computer und Handy mit Sprachausgabe erleichtern ohnehin schon seinen Alltag. E-Mails und Texte bearbeiten, selbst Briefe schreiben? „Das schaffe ich auch", meint er – und würde seine Prioritäten gern seiner Ausbildung entsprechend setzen, und zwar in den Bereichen Büro, Fremdsprachen und Verwaltung. Generell wünscht er sich, dass noch mehr Firmen Menschen mit Handicaps einstellen. Denn wenn andere erst einmal Vorbehalte haben, ihm wenig zutrauen und dabei mitunter nicht gerade taktvoll sind, macht ihn das traurig.

Hell und Dunkel kann er zwar unterscheiden, doch wie das wäre, richtig sehen zu können, das hat sich Tomi Sola schon als Kind immer wieder vorgestellt. Für die Unterstützung seiner Eltern ist er sehr dankbar. Doch an die Schulzeit hat er nicht nur angenehme Erinnerungen, musste er doch von klein auf lernen, sich zu behaupten. Sehr wohl und unter Gleichgesinnten hat er sich deshalb an der Blindenschule in Marburg gefühlt, wo er die Mittlere Reife gemacht und eine Ausbildung zum Fremdsprachenkorrespondenten absolviert hat. Neben Kroatisch als Muttersprache lernte er auch Englisch, Französisch und Spanisch. Hinzu kamen viele Extra-Stunden in Haushaltsführung, mit guten Tipps für die ganz praktischen Dinge des Alltags. Und mit all den kleinen Tricks und Kniffen: zum Beispiel wie man kochen und Tee zubereiten kann, ohne sich die Finger zu verbrennen – oder dass man helle oder dunkle Wäsche an verschiedenen Knöpfen unterscheiden kann. „Neben vielen hilfreichen Ritualen muss man eben auch improvisieren. Denn bekanntlich führen viele Wege nach Rom."

Mal eben in die „ewige Stadt" nach Italien kommt Tomi Sola nicht so leicht. Doch seine vertraute Wahlheimat Marburg besucht er immer wieder gern und schätzt die angenehme Atmosphäre dort. Und natürlich die Blindenfreundlichkeit, mit der Marburg ein gutes Vorbild für viele andere Städte abgibt. Auch manche Fortschritte in Mainz weiß er zu schätzen, wie die Ansagen an Bushaltestellen. Von dort aus geht es für ihn manchmal auf Reisen, um in ganz Deutschland Freunde und Bekannte zu besuchen, interessante Gespräche zu führen und andere Gegenden kennenzulernen. Ein Hobby, das ihm wieder Kraft gibt für den Alltag.

Mit Freunden unterwegs sein, Spaß haben – darin möchte er gern so sein wie tausende andere junge Leute auch. Offen und interessiert an anderen Sprachen und Kulturen, würde er auch gern noch mehr von der Welt „sehen" – auf seine Weise. Einmal in die USA zu reisen, das wäre beispielsweise ein großer Traum für Tomislav Sola. Doch zunächst hat er sich kleinere, greifbare Ziele gesetzt: In seiner Heimatstadt möchte er künftig häufiger ohne Begleitung unterwegs sein können. Und er hat den Ehrgeiz, noch mehr selbst zu schaffen. Glück? Für ihn liegt es nicht in materiellen, teuren Sachen. Zufrieden ist er schon, „wenn die Dinge gut laufen", wenn er gesund ist – denn auch das ist für ihn nicht selbstverständlich. Auch interessante Begegnungen und Gespräche sind etwas, über das er sich richtig freuen kann. Und, natürlich, über eine gute Sendung auf „Radio Zwiebeldorf".

Christoph Thoke

Der Mann der Kinofilme *Made in Mainz*

Marrakesch ist es zwar nicht, doch der farbenfrohe, lebendige Mainzer Wochenmarkt liegt nur einen Katzensprung entfernt von „Mogador". Und Heringe mit Pellkartoffeln, wie manche den Brunnen am Fischtor liebevoll nennen, hat Christoph Thoke gleich vor der Haustür. Als einziger vor Ort ansässiger Kinoproduzent ist er in Mainz daheim und in der Welt zu Hause.

Berufliche und private Reisen führten ihn selbst schon rund um den Globus. „Reisen ist wie ein guter Film", sagt er, „und umgekehrt sollte ein Film wie eine Reise sein." Denn mit auf Reisen gehen sollen auch die Zuschauer – bei Geschichten, die eine ganz eigene Dynamik haben, einen mitnehmen, Begeisterung wecken und einladen, sich selbst so richtig in sie hineinzuversetzen. Genau das ist es, was für Christoph Thoke die Verheißung ausmacht, die, wie er betont, „jeder gute Film haben sollte."

Doch was und wo ist nun dieses „Mogador"? Für den mystisch und orientalisch klingenden Namen der Produktionsgesellschaft, die er 2007 gründete, stand die altehrwürdige marokkanische Küstenstadt Essaouira Pate, die früher Mogador hieß. Ein magischer Sehnsuchtsort also, der eine Fülle von Eindrücken bietet für alle Sinne. Begegnungen zwischen den Kulturen liegen hier förmlich in der Luft und der Ort ist für Christoph Thoke „voller Geschichten, die an jeder Straßenecke zu finden sind – wenn man denn genauer hinschaut". Genau das tut der Filmproduzent, wann immer er dort ist und zum Beispiel im nahe gelegenen Marrakesch zu tun hat. „Mogador, das ist einer der malerischsten, kraftvollsten Orte, die ich je gefunden habe", meint er. Ein treffend gewählter Name also für seine Produktionsfirma, die mit viel Idealismus über Grenzen von Ländern, Kulturen und Religionen hinweg agiert.

Wie alles angefangen hat? „Ins Kino gegangen bin ich immer schon gern", erinnert sich Christoph Thoke, der 1960 in Westfalen geboren und aufgewachsen ist. „Später eigene Filme produzieren, mit Geschichtenerzählen die Welt kennenlernen, das wäre doch fantastisch." Beim Studium der Theaterwissenschaft in München lernte er das Handwerkszeug und knüpfte Kontakte zur Filmbranche. Praktische Erfahrungen konnte er neben Bavaria Film und Taunusfilm in Wiesbaden auch im PR-Bereich sammeln, bevor er sich vor mehr als zehn Jahren als Produzent selbstständig machte.

Einer „Hall of Fame" gleicht seine beeindruckende Galerie im Flur, mit zahlreichen Urkunden, Auszeichnungen und Ehrungen. Und natürlich mit Regalen voller Filme, von denen er über 20 als Produzent oder Co-Produzent betreut hat. Auf über 700 Festivals waren seine Filme schon dabei, berichtet er. Immer selbst präsent zu sein, das schafft er bei dieser Größenordnung natürlich nicht – auch wenn er „gern um die Welt jettet." Generell ist ein guter Start bei einem international anerkannten Festival ein entscheidender Impuls, damit ein Film Erfolg hat und es in vielen Ländern in die Kinos schafft.

Christoph Thoke

Wann immer dies Christoph Thoke gelingt, erfüllt ihn das zu Recht mit Stolz. „Allein für das Film-Festival in Cannes gehen für gewöhnlich Bewerbungen von rund 6.000 Filmen ein, von denen nicht einmal 20 ausgewählt werden", gibt er einen Einblick in das hart umkämpfte Terrain, auf dem er sich bewegt – und regelmäßig Erfolge verzeichnen kann: „Tropical Malady" beispielsweise gewann 2004 den Spezialpreis der Jury in Cannes. „Buffalo Boy" war 2006 für den Auslands-Oscar nominiert. Und der Film „Little Senegal" erhielt mehrere internationale Festivalpreise. Einer der schönsten von mehr als 150 Preisen, die Christoph Thoke inzwischen sein eigen nennen kann, ist ein geflügelter Schnee-leopard. Zudem freut er sich, wenn seine Produktionen Prädikate als „künstlerisch wertvolle Filme" erhalten. Denn den „Mainstream", betont er, den habe er bewusst nicht im Blick. „Hollywood wäre nicht mein Fall", winkt er ab und sieht das Außergewöhnliche an seiner Arbeit gerade darin, mit relativ wenig Geld in internationaler Zusammenarbeit anspruchsvolle Filme zu schaffen.

„Von Menschen und Pferden" heißt eine seiner neuesten Produktionen, die in Island spielt. Und passend zur traumhaften Landschaft in einer „Weite mit Tiefgang", wie Christoph Thoke beschreibt: „Verschiedene poetisch erzählte Geschichten sind ineinander verwoben – gefühlvoll und mit einer Dramatik, die einen richtig packt", gerät er ins Schwärmen. Genau das ist es, was man in der Film-branche auch „hooked" nennt: „Den Zuschauer schnell abholen, ihn gewissermaßen einhaken, emo-tional berühren und nicht mehr loslassen", erklärt der Experte. Wie das gelingen kann? Unter anderem durch Figuren, in die man sich gut hineinversetzen, mit denen man so richtig mitgehen kann. Mit einer gehaltvollen Geschichte und starken Bildern. Die richtige Mischung also, die bewirkt, dass man am Ende lächelnd das Kino verlässt – gut unterhalten und zugleich zum Nachdenken angeregt.

Den Überraschungserfolg des französischen Films „Ziemlich beste Freunde", der auf eine solche Kom-bination setzt, kann er sich dadurch gut erklären. Zu seinen eigenen Vorbildern zählen Größen wie Orson Welles oder Arthur Cohn, gerade weil er sich auch persönlich in der Rolle eines Moderators sieht, der fähige Leute aus aller Welt zusammenbringen möchte. Jungen Regisseuren beispielsweise will er anspruchsvolle Projekte ermöglichen, wobei er sich auch als Mentor sieht, der sein Wissen an andere weitergibt und seine Kontakte nutzt. „Kreativ, kommunikativ und dabei auch kommerziell denkend", so würde sich Christoph Thoke selbst beschreiben. Doch bei allem Engagement und plan-vollem Vorgehen, das nötig ist, um als Produzent Filme zu managen und zu vermarkten, möchte er auch Dinge delegieren.

Denn das Schöne an der Selbstständigkeit ist ja für ihn gerade, dass er via Internet von zu Hause aus mit der ganzen Welt verbunden sein und dennoch so viel Zeit wie möglich mit seinem Sohn verbringen

Der Mann der Kinofilme *Made in Mainz*

kann. „Schließlich bin ich praktizierender und passionierter Vater", lacht Christoph Thoke. Dem Jungen die Frühstücksbrote selbst zu schmieren, seine Freude zu spüren, wenn er ihn von der Schule abholt, das sind für ihn wahre Glücksmomente. Vor allem mag er es, wenn sie am Wochenende durch die Natur wandern und dabei ins Gespräch kommen – so, wie er das als Kind schon gern getan hat. Kleine Reisen mitten im Alltag eben.

Obwohl – oder gerade weil! – Christoph Thoke viel auf Reisen ist, genießt er das „typisch Mainzerische" auf dem Wochenmarkt.

Stichwort „Reisen": Mehr als 80 Länder hat er bisher erkundet, einige schon damals mit den Eltern, die anderen beruflich oder mit der Familie, berichtet der Filmproduzent und seine Augen beginnen regelrecht zu strahlen. Entsprechend gut gefüllt mit Reiseführern sind seine Bücherregale. Was ihn besonders fasziniert? „Märkte natürlich, die ja auch wie eine Inszenierung sind, eine große Bühne – lebendig, bunt und fröhlich." Wann immer sich Gelegenheit bietet, ist er unterwegs über die Plätze, auf denen man das Flair einer Stadt besonders intensiv spüren kann, um Land und Leute näher kennenzulernen. Die kulturelle Vielfalt und die interessanten Begegnungen, die sich dabei oft rein zufällig ergeben, schätzt er auch in seiner Wahlheimat. Denn in Mainz schlendert er nicht nur gern über den Markt, den er für seine Vielfalt und Frische liebt. Wenn Zeit bleibt, hilft er auch gern einem Bekannten am Stand mit, einfach so und ehrenamtlich.

Lebenslang lernen, das hat Christoph Thoke zu seinem Leitspruch gemacht: „It's never too late for the future", so würde er sein Motto formulieren. Dass es „nie zu spät ist für die Zukunft", möchte er auch auf junge Talente in seinem beruflichen Umfeld verstanden wissen. An sie möchte er sein Know how weitergeben, sie ermutigen und unterstützen – gerade weil die Filmbranche sehr hart ist. Weil er sich generell mehr Wertschätzung, Lob und Freundlichkeit wünschen würde, versuche er eben, mit gutem Beispiel voranzugehen. Mit Blick in die Zukunft freut er sich auf all das, was auf ihn zukommt – ob es nun neue berufliche Projekte sind oder die nächsten Urlaubsreisen mit der Familie. Und ganz sicher auch auf manchen Bummel über einen farbenfrohen Markt. ■

Carsten Trimpop

Nie aufgeben – und anderen vergeben

"Ich bin ein Kämpfer", sagt Carsten Trimpop über sich. 1970 in Hagen geboren, wuchs er mit drei Geschwistern auf. Als kleines Kind zog er mit der Familie in die Nähe von Oppenheim. Ein ganz entscheidender Wendepunkt in seinem Leben war eine Impfung gegen Pocken, die er erhielt, als er zwei Jahre alt war. Danach sollte nichts mehr so sein wie zuvor: "Bis dahin war ich gesund gewesen", erzählt er, und das Sprechen bereitet ihm sichtlich Mühe. "Doch die falsch verabreichte Impfung hatte schlimme Folgen." Auch bei Bewegungen oder beim Essen hat er seither Schwierigkeiten. Von Anfang an hatte seine Mutter viel unternommen, um die Beschwerden zu lindern, mit ihm zu üben und die Arme und Beine durch Gymnastik zu lockern. Doch die Konsequenzen, die der ärztliche Kunstfehler für seine Gesundheit hatte, blieben unumkehrbar.

"Man muss immer weiter kämpfen", das ist daher von klein auf zum Credo für Carsten Trimpop geworden, der in vielen Bereichen des Lebens mit Einschränkungen und nicht selten mit Ablehnung zu kämpfen hat. "Man wird schon komisch angeschaut – eigentlich jeden Tag", beschreibt er. Wenn Kinder mit dem Finger auf ihn zeigen und rufen "Mama, guck mal", versucht er das zu verstehen. "Doch wenn die Mütter dann wegschauen und sagen: ‚Der ist krank', das tut schon weh", findet er klare Worte für das, was ihn bewegt – und wogegen er selbst aktiv angehen möchte. Denn nur in der Wohnung rumsitzen und mit der Situation hadern? "Das bringt niemanden weiter", ist sich Carsten Trimpop sicher.

Seit 1989 ist der in vielen Bereichen aktive Mann, der sich selbst als offen und aufgeschlossen sieht, in Mainz zu Hause. "Vieles musste ich mir hier erst selbst aufbauen, das war nicht immer leicht", erinnert er sich. "Außerdem hatten etliche Leute anfangs eine gewisse Scheu, auf mich zuzugehen." Statt abzuwarten und sich darüber zu ärgern, wollte er selbst den Anfang machen und seinen Möglichkeiten entsprechend etwas tun – ein Motto, das sich für ihn bewährt hat.

Dementsprechend war auch der Umzug aus der Wohnstätte in die eigene Wohnung ein großer Schritt, den er nicht missen möchte. Auch wenn schon kleine Handgriffe manchmal schwerfallen, möchte Carsten Trimpop gern viele Dinge des Alltags so selbstständig wie möglich erledigen. Das gilt auch für den Haushalt, für Einkäufe oder für seinen Beruf. Dabei beginnt ein ganz normaler Werktag für ihn in der Regel um halb sieben, bevor er eine Stunde später selbst mit dem Bus zur Arbeit in die Werkstätten für behinderte Menschen nach Hechtsheim fährt, wo er hauptsächlich am Computer tätig ist.

In seiner Freizeit spielt Carsten Trimpop gerne Schach und mag es, die Gegend zu erkunden und Neues kennenzulernen, ob zusammen mit seinen Assistenten oder gemeinsam mit seiner Freundin. Unterwegs ist er dabei nicht nur in Mainz und Umgebung, sondern auch deutschlandweit.

Carsten Trimpop

Seinen Fähigkeiten entsprechend mitzuhelfen und Dinge aktiv mitzugestalten, das ist für ihn Ehrensache, sei es in der Werkstatt, im Rolliclub oder in der Gemeinde. „Ich bin sehr froh darüber, dass viele Menschen Vertrauen in mich setzen", meint er, und ein Lächeln liegt auf seinem Gesicht. Daher schätzt er es auch sehr, wenn er als „Experte in eigener Sache" zu Veranstaltungen eingeladen wird, bei denen es um Inklusion und Barrierefreiheit geht. Dabei möchte er nicht nur Referate halten, sondern neben Gesprächs- und Informationsrunden auch dazu einladen, selbst einmal auszuprobieren, wie es sich anfühlt, wenn man im Alltag Hilfe braucht. Mit Blick auf viele praktische Dinge – wie dem leichten Einstieg in Busse und Straßenbahnen – habe sich schon einiges getan, vor allem im Vergleich zur Situation vor 20 Jahren, beschreibt der engagierte Mann. „Doch vieles könnte man noch weiter verbessern." So könnten in Mainz an noch mehr Gebäuden Rampen den Zugang erleichtern, wo es bisher nur schier unüberwindbare steile Treppen gibt.

Doch noch wichtiger sind Carsten Trimpop die Barrieren in den Köpfen, die Vorurteile, gegen die er charmant und bestimmt zugleich vorgehen möchte. „Denn es ist ganz normal, verschieden zu sein", betont er. Niemand ist perfekt, sondern bei jedem und jeder gibt es viele Dinge, die er oder sie gut kann – und andere, in denen man eben nicht so gut ist und vielleicht Unterstützung braucht. Daher bietet er auch gern an, in Schulen zu gehen und mit jungen Menschen über diese wichtigen Themen ins Gespräch zu kommen.

Seit mehr als zehn Jahren ist Carsten Trimpop außerdem im Kirchenvorstand der Emmausgemeinde tätig, wo er unter anderem die Gottesdienste für Menschen mit und ohne Behinderungen mitgestaltet. Aus dem Glauben könne er neue Kraft schöpfen, sagt er, ebenso wie aus der Mitmenschlichkeit im Alltag, die für ihn schon damit beginnt, anderen öfter etwas Nettes zu sagen. Was ihn selbst glücklich macht? Darauf weiß er eine einfache Antwort: „Wenn ich merke, die Leute akzeptieren und mögen mich – so wie ich bin."

Bestens bekannt ist Carsten Trimpop vielen als „ganz großer Fußballfan von Mainz 05". 2004 wurde er sogar zum „Fan des Jahres" gekürt, erzählt er stolz. Bei fast jedem Heimspiel mit dabei zu sein, das ist für ihn Ehrensache. Entsprechend groß war die Anteilnahme der Mannschaft und der anderen Fans, als bekannt wurde, dass er von einem Auto überfahren und dabei schwer verletzt worden war. Einige Tage hatte er sogar im Koma gelegen, bevor es ihm nach und nach etwas besser ging. Entsprechend überwältigt war er, als er vom Mitgefühl im Stadion erfuhr: Über den Stadionlautsprecher habe man ihm gute Besserung gewünscht, gefolgt vom Applaus der Fans. „34.000 Zuschauer haben an mich gedacht – so etwas hätte ich nie für möglich gehalten", erinnert er sich sichtlich gerührt. „Dafür bin

Nie aufgeben – und anderen vergeben

Foto: Roland Reischl

Carsten Trimpop hält zu den 05ern – und die 05er halten zu ihm, als er nach einem Unfall im Koma liegt: „34.000 Zuschauer haben an mich gedacht. So etwas hätte ich nie für möglich gehalten."

ich wirklich dankbar, es hat mir sehr geholfen." Auch in dieser Situation hat er versucht, das Beste daraus zu machen und ist stolz darauf, dass er wieder in seiner eigenen Wohnung leben kann. Und dass es ihm gelungen ist, die Angst zu überwinden. „Es wäre doch schlimm, wenn ich mich nun nicht mehr in den Rollstuhl oder allein in die Stadt wagen würde", findet er und formuliert dies auch als Botschaft für andere: „Mut fassen, nicht aufgeben, sondern einfach weitermachen." Und noch etwas liegt ihm als Christen am Herzen: Die Kraft, verzeihen zu können – und dies auch dem etwa gleichaltrigen Autofahrer zu sagen, der den Unfall verschuldet und sich deswegen große Vorwürfe gemacht hatte.

Eine Lebensweisheit, die Franz von Assisi zugeschrieben wird, scheint daher auch Carsten Trimpop aus der Seele zu sprechen: „Herr, gib mir die Kraft, die Dinge zu ändern, die ich ändern kann. Die Gelassenheit, das Unabänderliche zu ertragen. Und die Weisheit, zwischen diesen beiden Dingen die rechte Unterscheidung zu treffen."

Petra Urban

Das Leben und uns selbst genießen

Das Leben in vollen Zügen zu genießen heißt auch, uns selbst zu genießen", sagt Dr. Petra Urban, und ein Lächeln umspielt ihre Augen. Mehrmals im Jahr ist sie mit Lesungen zu Gast in Mainz und entsprechend vertraut mit der Stadt, mit der sie heimatliche Gefühle verbindet. Zu Hause ist sie noch ein kleines Stücken weiter den Rhein entlang, in Bingen. Das Wasser, es hat von jeher eine besondere Bedeutung für die Schriftstellerin, Jahrgang 1957. Der „rote Faden" durch ihre lesenswerten Seiten, er ist daher gewissermaßen blau. Bei „Sprudelndes Leben, strömende Zeit" beispielsweise – Geschichten, bei denen man immer mittendrin zu sein scheint. Denn „alles ist in Bewegung, und auch wir wandeln uns ständig", beschreibt Petra Urban, die gern ausdrucksstarke Motive verwendet. „Das Gesetz des Lebens heißt eben Veränderung."

Von besonderen Begegnungen in der Natur erzählt sie in einigen ihrer Veröffentlichungen, sie schreibt „Flussgeschichten", schwärmt von einem „Wasserwunder" und fasst „Freudenströme" und „Meeresrauschen" auf sehr poetische Weise in Worte. Auch andere möchte die Autorin dazu einladen, das Besondere zu sehen – sei es in alltäglichen Momenten oder in den Mitmenschen. „Liebe im Blick", für sie ist es eine innere Haltung voller Zuwendung. Eine Lebenskunst sogar, die etwas zu tun hat mit voller Aufmerksamkeit: um das, was im jeweiligen Augenblick um einen herum geschieht, mit allen Sinnen wahrzunehmen. Öfter mal herauszugehen aus dem Haus und aus alten Gewohnheiten, ausgetretene Wege zu verlassen und offen zu sein für Neues, dazu lädt sie ein. Ein Netz wohltuender Freundschaften zu knüpfen, zu lachen, Abenteuer zu wagen, zu reisen oder „ein Fass voller Möglichkeiten aufzumachen", das bringt Abwechslung.

Schon als Kind liebte sie es, die Welt durch ein Kaleidoskop zu betrachten, zu staunen über das Spiel der Muster und Farben. Einem Mosaik aus persönlichen Erlebnissen, spirituellen Augenblicken und Momentaufnahmen aus dem Alltag, kombiniert mit poetischen Texten und ausgesuchten Bibelstellen, gleicht auch Petra Urbans Buch „Das Leben ist ein Abenteuer oder gar nichts". Entstanden ist es auf der Basis lebensphilosophischer Vorträge, die sie als Dozentin in der Akademie des Bistums hält. „Es sind kurze Geschichten, die lange im Gedächtnis bleiben", beschreibt die promovierte Literaturwissenschaftlerin, die großen Wert legt auf eine schöne Sprache mit anschaulichen Bildern. „Jeder trägt den Schlüssel zur Schatzkammer der eigenen Möglichkeiten", betont sie und regt dazu an, neue Talente in sich zu entdecken: „Bei all den Anforderungen in Beruf oder Familie sollte man auch Ja zu sich selbst sagen."

Die Liebe zur Natur: Für Petra Urban ist sie eine wichtige Quelle der Inspiration, Kraft und Lebensfreude. Auch ihre Zuhörer und Leser lädt sie ein, persönliche „Wohlfühlorte" zu finden, sei es unter einem alten Baum oder an einem plätschernden Brunnen – beispielsweise im Innenhof des

Das Leben und uns selbst genießen

Mainzer Doms oder vor dem historischen Rathaus in Gonsenheim (Foto). Sich Zeit für sich selbst zu nehmen und kreative Pausen zu gönnen, um zu entspannen und neue Kraft zu tanken, dazu möchte sie auch mit ihren „Schmunzelgeschichten" anregen.

Mit einer großen Portion Lebensfreude spricht sie davon, dass es gar nicht so leicht ist, die runden Geburtstage und das Älterwerden mit Humor zu nehmen – und möchte genau dazu Mut machen. Auf amüsante Weise erzählt sie von der leuchtend roten Hose, zu der ihr der Verkäufer in der Boutique nicht mehr so leichtfertig raten möchte. Oder vom „Lachen der Versuchung", das laut erschallt, wenn es nicht recht gelingen will, von Süßem oder Zigaretten loszukommen.

Ganz im Augenblick leben, unterwegs sein und Ideen sammeln: für Petra Urban sind das wahre Glücksmomente. Ob in ihrer Wahlheimat Bingen, am Rhein entlang oder in den Weinbergen: Präzise beobachtet sie die scheinbaren Kleinigkeiten und Begebenheiten des Alltags, die sie zu immer neuen Geschichten inspirieren. Amüsant und intelligent zu unterhalten ist das Ziel der Autorin, die neben ihren lebensphilosophischen Büchern auch drei Romane und Kurzgeschichten veröffentlicht hat. Gern webt sie auch die eine oder andere Hommage an große Literaten mit ein in ihre Texte. Dichtung und Wahrheit, um es mit Goethe zu sagen, werden dabei auf angenehme Weise miteinander verflochten. „Natürlich habe ich nicht alles, was ich meine Ich-Erzählerin berichten lasse, eins zu eins so erlebt", erklärt Petra Urban. „Und was so locker leicht daherkommt, bedeutete auch Arbeit – um so lange zu feilen, bis der Spannungsbogen rund ist und die sprachlichen Bilder passen." Doch Schreiben, das ist ihr Leben.

Gern plaudert sie daher in den Geschichten aus der Lebenswelt einer Schriftstellerin: von der schöpferischen Pause in der Weinstube und dem sehnsüchtigen Warten auf den Kuss der Muse; von schweißtreibenden Aktionen wie Weinlesen und Radtouren; vom Nein-Sagen, um sich der Flut an Papier zu erwehren; oder von einem besonderen erotischen Verhältnis mit Aha-Effekt. Offen zu sein für Neues und schöne Begebenheiten mit allen Sinnen wahrzunehmen, dazu möchte Petra Urban ihre Leser und Zuhörer einladen. Sie selbst jedenfalls ist gespannt auf alles, was auf sie zukommt, und ist sich sicher: „Das Leben ist ein Abenteuer und voller Überraschungen."

Frau Urban, was hat Sie geprägt?

Geprägt haben mich die Frauen in meiner Familie. Vor allem meine Großmutter, die mir in Kindertagen, in einem streng atheistischen Elternhaus, heimlich das Beten beigebracht hat. Sie hat mir einiges mit auf den Weg gegeben, vor allem den Mut, der inneren Stimme zu folgen, um aufrecht und selbstbewusst durchs Leben zu gehen. Geprägt hat mich auch mein „großer" Bruder, der drei Jahre älter war als ich, und dem ich in allem und jedem nachgeeifert habe. Erstaunlich früh wusste ich, dass ich später einmal schreiben, mit Worten umgehen will, sie spielerisch und mit Leichtigkeit aufs Papier tanzen lassen will. Und genau so ist es dann ja auch gekommen.

Wie gestalten Sie Ihren Alltag?

Da ohne Gehen bei mir so gut wie gar nichts geht, gehe ich viel spazieren. Ich denke sozusagen mit den Füßen. Zudem bin ich ein „Tisch-Mensch": Viele Stunden am Tag verbringe ich an meinen beiden Schreibtischen. Der eine gehört dem aktuellen Manuskript, der andere meinem Tagebuch und Briefen. Gern und oft sitze ich auch mit Freunden am großen Küchentisch.

Worüber können Sie sich so richtig freuen?

Über all die kleinen Freuden am Wegesrand, die meine Lebensmelodie zum Klingen bringen. Über Menschen, Tiere und Pflanzen – die Schöpfung mit allem, was in ihr lebt.

Was sind Ihre persönlichen Kraftquellen, was inspiriert Sie?

Meine wichtigste und unerschöpfliche Kraftquelle ist mein Glaube und das Gebet. Und ich liebe es, mir Kirchen anzuschauen; über die uralten Steine zu gehen und die Energie zu spüren, den Geist, der dort weht. Zu wissen, dass viele Gottbegeisterte über die Jahrhunderte hinweg hier gekniet, gebetet, geweint und gelacht haben, inspiriert mich.

Wenn Sie bitte spontan ergänzen: Glück bedeutet für mich ...,

... ganz im Augenblick zu leben.

Verraten Sie uns Ihr Lebensmotto?

Ein Wort von Albert Camus: „Mitten im Winter erfuhr ich endlich, dass in mir ein unvergänglicher, unbesiegbarer Sommer ist."

Marietta Wahl & Andreas Koridass

Puschels Eltern sind ein kreatives Paar

Kulleraugen, Knubbelnase, Kuschelfell: Man muss ihn einfach gern haben, Puschel, den süßen Koala. Auch Marietta Wahl und Andreas Koridass ist der kleine Kerl richtig ans Herz gewachsen. Kein Wunder, schließlich gehört er mit zur kreativen Familie, die in Hechtsheim wohnt. Schreiben und Zeichnen gehen im wahrsten Sinne Hand in Hand, denn die beiden sind ein eingespieltes Team, auch beruflich. Dem kreativen Duo ist die Freude an der interessanten und abwechslungsreichen Arbeit anzumerken, zu der die Puschel-Kinderbücher zählen, mit fantasievollen Geschichten, farbenfrohen Illustrationen und viel Wissenswertem.

„Ich möchte die kleinen und großen Leser gut unterhalten und ihnen auch einiges mitteilen über die Tiere, ihre Lebensweise, Besonderheiten und ihre Umwelt", erklärt die Autorin. Wie alles angefangen hat? „,Oma, kannst du mir eine Geschichte schreiben?', fragte vor gut zehn Jahren meine Enkeltochter – das war die Geburtsstunde von Puschel", erinnert sich Marietta Wahl, die schon immer gern geschrieben hat. Auch andere Kinder standen Paten für die „tierischen" Protagonisten in den Büchern. Mal fröhlich, mal launisch wirken die Koalas und ihre Freunde dadurch. Vor allem halten sie fest zusammen, auch wenn es einmal nicht so gut läuft. „Überall, ob in Gesprächen oder in der Natur, finden wir neue Anregungen", verrät Andreas Koridass. Der vielseitige Künstler ist Grafik-Designer, Maler, Bildhauer und Fotograf. Auch Besuche im Duisburger Zoo gehörten zu den gründlichen Vorbereitungen für die Bücher, neben vielen weiteren Informationen rund um die Tiere und ihre Heimat Australien, wo sie spannende Abenteuer im Eukalyptuswald erleben.

Mit wie viel Liebe die Puschel-Geschichten entstanden sind, das erkennt man beim Blick aufs große Ganze ebenso wie bei den Details: von der anschaulichen Sprache mit lebendigen Dialogen bis hin zu aufwendig gestalteten Zeichnungen, die die Leser direkt mit einbeziehen. „Großen Wert lege ich auf facettenreiche und mit Bedacht gewählte Formulierungen, die alle Sinne ansprechen, den Wortschatz der jungen Leser erweitern und das ‚Kino im Kopf' in Gang setzen", betont Marietta Wahl. „Ob knistern, rascheln oder flüstern: die Geräusche des Waldes soll man förmlich aus den Seiten heraushören können." Anschaulich dargestellt werden die Tiere und ihre Umgebung in den Illustrationen von Andreas Koridass. Von ersten Skizzen über die groben Umrisse bis hin zu fertig colorierten Figuren verfolgt seine Frau dann gespannt mit, wie ihre Gedanken und Worte zu Bildern werden. Zudem ist ein mit viel Engagement produziertes Hörbuch erschienen, bei dem die Autorin mit angenehm warmer Stimme vorliest und auch selbst die Klaviermusik komponiert hat. „Wenn die Kinder begeistert sind, gespannt zuhören und Fragen stellen – also wenn ich sehe, dass wir mit den Büchern ihr Interesse geweckt haben – das ist für mich das Schönste an meiner Arbeit", sagt Marietta Wahl, die gemeinsam mit ihrem Ehemann auch Lesungen und kostenlose Kooperationen anbietet, zum Beispiel für Schul-Projekttage.

Marietta Wahl & Andreas Koridass . . . . im Gespräch

Frau Wahl, Herr Koridass, was hat Sie in Ihrem Leben geprägt?

Marietta Wahl: Ich stamme aus einer Familie, in der Kunst und Literatur gepflegt wurden, Lesen war für uns wie das tägliche Brot. Auch die Musik spielte stets eine große Rolle und hat mich mein Leben lang begleitet. Nach einer Pause von 30 Jahren habe ich auf Drängen meines Mannes wieder angefangen, Klavier zu spielen. Als Kind träumte ich davon, Tänzerin zu werden. Über die Bühne zu schweben, leicht wie ein Vogel. Von der Welt des Theaters und der Schauspielerei bin ich bis heute fasziniert.

Andreas Koridass: In meiner Kindheit hat mich vor allem die Natur geprägt, denn ich bin in einem Forsthaus aufgewachsen. Schon in jungen Jahren wollte ich Künstler und Grafiker werden – und habe Schriften nachgezeichnet und Traumhäuser entworfen.

Gestatten Sie uns einen kleinen Einblick in Ihren Arbeitsalltag?

Marietta Wahl: Eigentlich führe ich ein ganz normales Leben wie viele andere Frauen auch. Einige Stunden des Tages sind dem Haushalt gewidmet, doch abends setze ich mich an den Computer, um zu schreiben. Besonders bei den Kinderbüchern ist auch viel Recherche angesagt. Bis sich in meiner Fantasie eine Geschichte herausbildet, die keimt und wächst, dauert es mitunter eine Weile – doch dann wird alles in Worte gefasst und zu Papier gebracht.

Andreas Koridass: Mit meiner Arbeit lebe ich bis heute sehr gerne, als Bildhauer, Zeichner, Maler, Illustrator, Fotograf. Abwechslungsreicher geht es eigentlich kaum. Auch Modelle bauen, Ausstellungen organisieren, mit Kunden und Mitarbeitern umgehen und „Bürokram" gehören dazu, ebenso wie im „Atelier Römerberg e.V." den Austausch mit anderen Künstlern zu pflegen. Mit meiner Frau arbeite ich gern zusammmen, ob beim Texten und Korrektur lesen, Qualitäten prüfen und diskutieren. Wir können uns dann gegenseitig Muse sein.

Worüber können Sie sich so richtig freuen?

Andreas Koridass: Freuen kann ich mich über so vieles: die Enkel meiner Frau, meine Nichte, die kleinen Erlebnisse auf unseren Wanderungen und Exkursionen.

Marietta Wahl: Ich freue mich, wenn die Sonne scheint, die Vögel zwitschern, Blumen blühen. Wenn ich Kindern vorlesen kann und sie mich mit großen, erwartungsvollen Augen ansehen. Wenn sie lachen, herumtollen, spielen und die Welt bestaunen. Wenn ich klassische Musik höre oder ein gutes Buch lese. Und wenn ich mit meinem Mann durch die einsame Bergwelt wandere: also Natur pur – ohne Hektik – nur wir zwei und die Stille.

Das sind ja einige wichtige Kraftquellen. Und woraus schöpfen Sie neue Inspiration?

Marietta Wahl: Die größte Kraft schöpfe ich aus der Musik. Wenn ich am Klavier sitze und ein Stück von Beethoven spiele, vergesse ich die Welt um mich herum. Dann öffnet sich meine Seele. Zudem mag ich QiGong – eine sanfte Methode, die alle Muskeln trainiert. Und ich beobachte gerne Menschen, meine Enkelkinder zum Beispiel. Wie sie sich verhalten, was sie sagen, ob sie lachen oder weinen: Das inspiriert mich für meine Bücher, und oft verwende ich dann ihre Ausdrücke; die Tiere in meinen Erzählungen haben also sehr menschliche Züge.

Gibt es einen bestimmten Gegenstand, der eine besondere Rolle für Sie spielt?
Marietta Wahl: Ein Baum ist für mich der Inbegriff der Stärke und der Kraft, gegen alle Unbilden der Natur zu trotzen. Er wächst, blüht, spendet mit seinen Blättern Schatten und kann hunderte von Jahren alt werden, wenn wir Menschen es zulassen. Da mein Mann ja Holzbildhauer ist, habe auch ich mich intensiv mit Holz und seiner Beschaffenheit beschäftigt. Dabei fand ich eine wundervolle Geschichte aus der griechischen Mythologie, über Philemon und Baucis: ein altes Paar, das armen Bettlern das letzte Stück Brot und den letzten Tropfen Wein von sich abgibt. Zeus belohnt ihre Güte und verwandelt sie in eine Linde und eine Eiche, die eng umschlungen wachsen, bis ans Ende ihrer Tage.

Wenn Sie bitte spontan ergänzen: Glück bedeutet für mich ...
Andreas Koridass: ... unsere Ehe.
Marietta Wahl: ... mit meinem Mann Hand in Hand durchs Leben zu gehen, mit ihm den Tag zu verbringen, gemeinsam mit ihm unsere Projekte zu besprechen und sie umzusetzen.

Ihr Lebensmotto?
Andreas Koridass: Carpe diem – nutze den Tag. Wichtig ist mir dabei das Prinzip, etwas zu schaffen und mich auch daran zu erfreuen. Mir Zeit zu nehmen zum bewussten Genießen.
Marietta Wahl: Sofern es geht, beschäftige ich mich nur mit Dingen, die mir Spaß machen. Und wenn ich mich für etwas begeistere, dann hat es Bestand. Das gilt auch für Familie und Freundeskreis; also Menschen, die sehr viel Herz haben, auf die ich mich verlassen kann – und für die ich da sein kann, wenn sie Zuwendung nötig haben.

Wenn Sie einen Blick in die Zukunft werfen: Worauf freuen Sie sich?
Marietta Wahl: Eigentlich bin ich ein Mensch, der im Heute lebt; morgen und nächste Woche sind zwar wichtig, aber das Wichtigste ist der Augenblick, den ich genieße. Es wäre schön, wenn mein Leben einfach so weitergehen würde wie bisher, ohne große Veränderungen.
Andreas Koridass: Ich freue mich auf ein langes, gesundes Leben mit meiner Frau und viele neue Projekte und Reisen.

Karin Weber

Kunst, Kultur, Kirche, Kinder

Alles ist liebevoll vorbereitet: Sarah hat einen Kuchen gebacken, Jan stellt Wasser und Kaffee auf den Tisch. Über ein paar helfende Hände freut sich Karin Weber, die beruflich wie privat oft im Einsatz ist: Als Journalistin hat sie das Leben der Region im Blick, über das sie in verschiedenen Medien in Texten und Bildern berichtet. Als Diplom-Ingenieurin (FH) für Architektur und Bildende Künstlerin bietet sie Kurse für Kinder und Jugendliche an, präsentiert zudem ihre eigenen Werke in Einzel- und Gemeinschafts-Ausstellungen. Ehrenamtlich ist sie unter anderem im Schulelternbeirat und für ihre Kirchengemeinde tätig. Ihr Terminkalender ist also immer gut gefüllt. Und als Freiberuflerin gibt es keine Feierabende oder freien Wochenenden im klassischen Sinne. Doch wenn sie über ihr vielseitiges Engagement spricht, spürt man, wie viel Freude ihr die Arbeit bereitet.

Aus ihrem Leben zu erzählen, das ist eher ungewohnt für Karin Weber, die selbst lieber im Hintergrund bleibt und in ihren Artikeln über andere berichtet. Jahrgang 1966, absolvierte sie ein Architektur-Studium in Darmstadt. Berufsbegleitend kam von 2002 bis 2006 ein Studium an der Kunstwerkstatt Mainz hinzu, wo sie bildnerische Mittel und Ausdrucksmöglichkeiten in Theorie und Praxis reflektieren und handwerkliche Grundlagen verfeinern konnte. Mit Stilen und Epochen beschäftigte sie sich dabei, zudem konnte sie praktisch ausprobieren, wie ein Motiv in unterschiedlichen Techniken wirkt, ob in Aquarell, mit Bleistift oder Pastellkreide gemalt, in kräftigen Farben oder als Collage. Besonders im Blick: „Moderne Architektur im Spiegel der Malerei" – ein Thema, das sie noch heute zu nicht alltäglichen Werken anregt.

Wahre Schätze hat sie dabei gesammelt, ob auf Leinwänden oder in großen Mappen. Gern räumt sie den großen Esstisch dafür frei und verwandelt die Wohnung spontan in ein Atelier: Ob große, außergewöhnliche Dinge oder vermeintliche Kleinigkeiten in der Natur und im Alltag – Anregungen für ihre Motive findet sie nahezu überall. Sei es in Mainz oder auf Reisen, gemeinsam mit ihrer Familie. Meist ist es die Architektur, die sie genau betrachtet und lebendig darstellt: mit klassischen Linienführungen und Perspektiven oder mit ungewöhnlichen Blickwinkeln etwa auf die Frankfurter Zeil.

In einem Bild, auf dem alles zu fließen scheint, hat sie die „Rush Hour am Mainzer Bahnhof" festgehalten; andere Werke zeigen weitere Stadtansichten, sei es vom Rhein, dem Markt oder dem Fastnachtsbrunnen. Realistische Elemente kombiniert sie dabei mit fantasievollen, die zu eigenen Interpretationen anregen möchten. Welche Wirkung Gebäude haben, das fasziniert die Künstlerin. Dabei hält sie die Stimmung an Orten der Reflexion in ihren Arbeiten fest, aber auch die Atmosphäre in mediterranen Ländern – etwa beim Blick auf ein verwinkeltes Häusermeer mit unzähligen Fensterläden, wirren Stromkabeln und engen Gassen.

Karin Weber

Der Weg vom Auge zur Leinwand führt dabei meist über ihr Skizzenbuch, das sie unterwegs in Mainz und vor allem auf Reisen begleitet. Zu Hause werden dann großformatige Bilder aus dem Moment, in dem ein Besucher auf gewagten Aussichtsplattformen Wind und Weite spürt. Oder in dem ein Kind förmlich in der Luft schwebt, um einen Augenblick darauf wieder von schützenden Armen aufgefangen zu werden. Was sie besonders schätzt, ist die Kombination aus Architektur, Malerei und Schreibkunst, wie bei einem Werk in Anlehnung an „blaue Gedichte".

Die Erfahrung, die sie im Laufe der Zeit gesammelt hat, fließt nicht nur in neue Bilder ein. Karin Weber freut sich, wenn sie ihr Wissen und Können weitervermitteln kann. Seit 1996 betreut sie künstlerische Projekte mit Kindern und Jugendlichen in Jugendzentren, Volkshochschule, Kirchen oder Schulen. So bietet sie aktuell Kurse in kreativer Fotografie an und gibt praktische Einblicke, worauf man achten sollte, um ein gutes Bild zu machen. Zugleich möchte sie das Augenmerk darauf richten, die Schönheit im Alltäglichen zu finden. „Es gibt so viele Situationen, Dinge oder Orte, an denen wir meist achtlos vorbeigehen – und die es eigentlich Wert sind, über den Augenblick hinaus festgehalten zu werden", ist sie sich sicher.

Sozusagen zum Spazierengehen im Bild regt dieses aufwendig gestaltete, dreiteilige Gemälde an, für das sich Karin Weber von der Kirche St. Maria Degli Angeli oberhalb des Luganer Sees inspirieren ließ.

Kunst, Kultur, Kirche, Kinder

Neben Jugendlichen, deren Fotos interessante Geschichten erzählen können, ist sie stolz auf ihre Schützlinge, die sie im Rahmen des Projekts „Jedem Kind seine Kunst" begleitet. Bunt wie das Leben sind beispielsweise die originellen Bauwerke, die sie mit Schülern im Stil von Friedensreich Hundertwasser gefertigt hat. Beim kreativen Architektur-Modellbau konnte sie den jungen Leuten vielfältige Anregungen geben, um selbst künstlerisch tätig zu werden – und das mit einfachen Mitteln. Davon sollen auch und gerade Kinder profitieren, die von ihren Eltern bisher kaum oder noch gar nicht an Kunst oder Architektur herangeführt wurden. Nicht nur die motorischen Fähigkeiten werden dabei geschult, sondern auch die Zusammenarbeit im Team.

Dass jeder etwas Eigenes gestalten kann und sich dabei zugleich ein tolles Gesamtkunstwerk ergibt, das erleben junge Leute auch bei der Fassadenmalerei im Stil bekannter Künstler. Inspiriert von der großen James-Rizzi-Schau 2014 gestaltete Karin Weber mit ihnen einen Bereich der Weisenauer Fußgängerbrücke mit einer farbenfrohen Wasserwelt zu einem bleibenden Kunstwerk. Was zuvor wenig einladend aussah, ist zu einem attraktiven Portal für den Stadtteil geworden, mit Fischen, Vögeln und Häusern mit fröhlichen Gesichtern im Stil des amerikanischen Künstlers.

Die Zufriedenheit mit einem gelungenen Ergebnis ist für sie der schönste Lohn. Außerdem freut sich Karin Weber, wenn sie etwas tun kann, um die gute Sache zu unterstützen. Bekannt und beliebt ist sie dafür bei etlichen Gruppen und Vereinen, weit über „ihren" Stadtteil Hechtsheim hinaus. Und nicht zuletzt laufen bei ihr als zuverlässige „Familienmanagerin" viele Fäden zusammen: Die beiden Kinder sind im Jugendalter, da sind Schule und Studium gerade ein großes Thema. Bei der Kombination aus Familie, Beruf und Ehrenamt kommt es ihr sehr entgegen, sich als Selbstständige die Arbeit etwas freier einteilen zu können. Eines würde sie sich bei den vielseitigen Aktivitäten jedoch wünschen, meint sie lächelnd: etwas mehr Zeit und Muse, um entspannt vor ihrer Staffelei zu stehen und ein neues Bild zu malen. ■

Claudia Wehner

Mehr Geschichten, als man erzählen kann ...

Zwei Karten bitte, für ,Mainz bleibt Mainz'." – „Ja gern, einen schönen Abend." Oft hat sie die amüsante Verwechslung schon gehört, und noch immer muss Claudia Wehner darüber schmunzeln. „Zeitgeist – Die Mainz-Revue" steht auf dem Spielplan an diesem Abend. Dass sie es ist, die hinter Buch und Regie steht, das wissen sicher nicht alle Zuschauer. Denn ganz selbstverständlich steht sie mit an der Kasse, unterhält sich mit den Besuchern und wünscht ihnen viel Spaß. Hinter den Kulissen ist inzwischen alles vorbereitet: Die Bühne ist fertig fürs Publikum; Licht, Ton und die sonstige Technik funktionieren, die Schauspieler sind eingesungen. Kurz bevor es losgehen kann, schaut sie noch einmal kurz vorbei, um ihnen alles Gute zu wünschen. „Jede Vorstellung, jeder Abend im Theater ist ein wenig anders – dadurch bleibt es immer spannend", meint Claudia Wehner, die als Regisseurin, Theaterleiterin und Autorin tätig ist.

Seit 1986 gehört sie bereits zum Leitungsteam der Mainzer Kammerspiele und verschiedener Ensembles. Und nach wie vor liebt sie ihre vielseitige Arbeit: von A wie „Auswahl der Stücke" bis Z wie „Zuschauer begrüßen" – „das alles und zusätzlich auch das" gehört für sie dazu. Selbst bei der 84. Regiearbeit, die zugleich ihre 45. Inszenierung an den Kammerspielen ist. Neben den sehr aufwendigen Zeitgeist-Revuen, Schauspiel-Stücken und Musicals widmet sie sich auch dem Varieté, dem Chanson und der Zauberkunst. Zahlreiche Weihnachtsmärchen sowie Buch- und Theaterveröffentlichungen stammen aus ihrer Feder. Intelligent unterhalten möchte sie, Geschichten erzählen, die berühren.

Claudia Wehner

Was sie in ihrem Leben geprägt hat? „Die Menschen, die mir begegnet sind, die Bücher, die ich gelesen habe, die Situationen, die ich erlebt habe", sagt Claudia Wehner. Jahrgang 1960, ist sie in Nürnberg geboren und aufgewachsen. Früher Theater gespielt habe sie zwar nicht, „doch schon als Zwölfjährige habe ich den Teil des Taschengeldes, der nicht für Bücher draufging, in Theaterkarten investiert", erinnert sie sich. Bei einem Praktikum habe sie als Jugendliche hinter die Kulissen schauen können. Und seitdem sei diese Welt eben ihre große Leidenschaft.

Seit 1980 lebt sie in Mainz – und studierte zunächst Medizin. Doch da ihr Herz weiterhin fürs Theater schlug, sammelte sie bei zahlreichen Regie-Assistenzen Erfahrung. Dass sie nun schon seit gut 30 Jahren in allen Bereichen der Kammerspiele arbeiten und mitentscheiden kann, schätzt sie sehr. Als Regisseurin hat sie die künstlerische Gesamtverantwortung für Inszenierungen, ist diejenige, die in enger Zusammenarbeit mit den Darstellern und Musikern ein Werk „erschafft".

Als Produktionsleiterin ist sie zuständig für die Koordination vieler Bereiche wie Ausstattung, Organisation und Technik. „Dabei habe ich in allen meinen Ensembles ein tolles Team, alle ziehen an einen Strang", lobt sie. Nicht zuletzt ist sie in der Leitung der Kammerspiele verantwortlich für Finanzen, Spielplan und vieles mehr. Dass sie sich sogar im hektischen Theaterbetrieb gut konzentrieren, schnell und diszipliniert arbeiten kann, dafür ist sie sehr dankbar. Sich selbst würde sie beschreiben als „immer interessiert, meistens zuverlässig, oft zuversichtlich und hoffentlich selten langweilig."

Was sie zu neuen Stücken inspiriert? „Alles! Ich sehe ständig Menschen, die mich zu Geschichten inspirieren. Ich finde ständig Stoffe, die förmlich danach schreien, von mir auf die Bühne gebracht zu werden." Glück, das bedeutet für sie Erkenntnis, Seelenfrieden und, wie sie sagt, „den Genuss der guten Dinge im rechten Maß." Neue Energie tankt sie am liebsten überall dort, „wo Wasser ist, auf dem Rhein, am Meer, aber auch in den Bergen, ganz besonders im schönen Ligurien mit Blick auf die Olivenhaine – und überhaupt an jedem Ort, wo ich mit meinem Mann in Ruhe Zeit verbringen kann." Ihr Mann ist zugleich ihr Lieblingsschauspieler: Achim Stellwagen.

Die Weihnachtsmärchen in den Kammerspielen begeistern die kleinen Zuschauer ebenso wie die großen.

Mehr Geschichten, als man erzählen kann ...

Unter der Sonne Italiens hat auch das beliebte „Krümel-Theater" seinen Ursprung: altersgerechte und anspruchsvolle Unterhaltung für die Allerkleinsten. Die Geschichten der Puppenspielerin Carla Mazzini beeindruckten Claudia Wehner, ebenso wie die liebevoll gestaltete Atmosphäre. Seit gut zehn Jahren laden daher auch in Mainz drei verschiedene Stücke dazu ein, mit Humor und Fantasie die Welt zu entdecken: Um das Kleinsein in einer großen Welt geht es dabei; von der Malerin Buntina erfahren die kleinen Theatergänger, was Farben sind und wie sie sich anfühlen; oder sie bekommen spannende Einblicke in die Welt der Geräusche, Töne und Musik. Puppenspieler Otto Senn, in dessen Händen die Figur entstand, erweckt den kleinen Kerl mit den frechen roten Wuschelhaaren zum Leben – mit turbulenter Spielfreude und in ruhigen Momenten.

Gelegenheit, bereits in jungen Jahren Theaterluft zu schnuppern, bietet sich auch bei den Weihnachtsmärchen. Seit gut 20 Jahren schon arbeitet Claudia Wehner im Mainzer Kinder- und Jugendtheater mit einem eingespielten Team zusammen. Weit über 10.000 kleine und große Besucher haben jeweils gespannt zugeschaut beim „Badewannenpirat" und beim „Märchenerzähler", bei „O. Tannenbaum und die Weihnachtskugel" oder beim „Lebkuchenmann". Zu den meist eigens geschriebenen und komponierten Stücken gibt es auch eine Hörspiel-Fassung auf CD. „Die Illusion beim Zuschauen und Zuhören lebendig werden zu lassen", verrät die Autorin und Regisseurin, „das ist es, was für mich das Faszinierende am Theater ausmacht."

Die Gedanken auf Reisen zu schicken, das gelang ihr 2014 mit einer Straßenbahn, die durch die Zeit reisen konnte. Ideen zur Geschichte „Bis Weihnachten nur Fladenbrot" hat sie meist bei Beobachtungen im Alltag gesammelt. „Wie es ist, wenn die Großeltern manchmal ‚seltsam' sind, das wird sicher auch einigen Familien bekannt vorkommen", meint sie. Das Außergewöhnliche an ihnen zu entdecken, ihnen einfühlsam, mit Vertrauen und Verständnis zu begegnen, dazu möchte sie einladen.

Um den Mut zum Neubeginn geht es in ihren Inszenierungen von „Gut gegen Nordwind" und „Alle sieben Wellen" nach den Romanen von Daniel Glattauer – Stücke zum Genießen, mit poetischen Höhenflügen, ansprechendem Tiefgang und großen Gefühlen. Ob träumerisch oder traurig, verliebt oder verzweifelt: Alle Höhen und Tiefen der innigen Beziehung zwischen Emmi und Leo durchleben die Zuschauer mit. Das Ungewöhnliche: Die beiden schreiben sich zunächst hunderte E-Mails, bevor sie sich auch im wahren Leben begegnen und zu einem Paar werden. „Diese Liebesgeschichte nach dem Vorbild des klassischen Briefromans ist wirklich ein Hohelied auf die Schönheit der Sprache", gerät Claudia Wehner ins Schwärmen – und kann sich noch gut daran erinnern, wie das Bühnenbild in einigen Stunden Tag- und Nachtarbeit entstand.

169

Claudia Wehner

Viel Mühe steckt auch in den Produktionen des Zeitgeist-Ensembles, das seit 1999 unter ihrer Leitung moderne Revuen zu zeitgeschichtlichen Themen auf die Bühne bringt. In jüngster Zeit standen „Liebe – Geschichte eines Gefühls" auf dem Programm und „Sternstunden – Die Geschichte des Denkens". 2000 Jahre Stadtgeschichte an nur einem Abend bietet die Mainz-Revue, gründlich recherchiert und amüsant dargeboten. Angefangen bei den Urmenschen, Römern und Kelten führen die Szenen – im schnellen Wechsel der entsprechenden Rollen, Kostüme und Requisiten – durch die verschiedenen Zeiten, bis zum Hier und Heute. Ordensfrauen, Barockdamen oder „Froileinwunder" wirbeln dabei über die Bühne, Johannes Gutenberg hält ein Plädoyer auf das Lesen von Büchern. Eine Hommage an ihre Wahlheimat präsentiert Claudia Wehner auch in der neuen, elften Zeitgeist-Revue: „Mainzer Geheimnisse. Die unbekannte Geschichte der Stadt".

Großer Beliebtheit erfreut sich außerdem „Der Hundertjährige, der aus dem Fenster stieg und verschwand", nach dem Bestseller von Jonas Jonasson (Foto unten). Auf klassische theatrale Mittel setzt

Mehr Geschichten, als man erzählen kann ...

Foto: Mainzer Kammerspiele

Claudia Wehner bei ihrer charmanten Inszenierung als rasantes Road-Movie. Binnen Sekunden schlüpfen Achim Stellwagen als Allan Karlsson und die drei weiteren Darsteller in neue Episoden aus Geschichte und (Lügen-)Geschichten – und dadurch in andere Rollen. Zudem arbeiten sie mit Schattenspiel oder selbstgefertigten großen Handpuppen – und wecken auch beim Publikum die Lust darauf, „einfach mal weg" zu sein. Und das nicht erst mit hundert Jahren.

Nicht nur bei der „Mainz-Revue" ein eingespieltes Team: Barbara Bach, Katharina Luckhaupt, Claudia Wehner und Achim Stellwagen (v.l.).

Darüber hinaus ist Claudia Wehner als Gastregisseurin an anderen Theatern tätig. „Der fröhliche Weinberg" beispielsweise war ihre Sommer-Inszenierung 2014 in Heppenheim. Zahlreiche Auszeichnungen hat Claudia Wehner schon für ihre Arbeiten erhalten. Und auch über Rückmeldungen aus dem Publikum freut sie sich – natürlich nicht nur nach einer Premiere. Im Team etwas geschafft und auch geschaffen zu haben, was es zuvor noch nie in dieser Form auf der Welt gab; gemeinsam die Begeisterung der Zuschauer mitzuerleben und zu spüren, dass sich die viele Arbeit gelohnt hat: Das sind wahre Glücksmomente, in denen sie wieder neue Kraft tanken kann. – Applaus, lobende Worte, dann noch etwas essen, zusammen mit dem Ensemble im Foyer: Damit klingt ein langer Tag häufig aus und weckt die Vorfreude auf weitere Aufführungen. Was sie sich für die Zukunft wünscht? „Dass die Welt für alle Menschen ein besserer Ort wird. Oder eine Nummer kleiner, auf mich selbst bezogen: Dass sich in meinem Leben nicht viel verändert und nicht alles bleibt, wie es ist." Den Mut, Träume zu verwirklichen, wünscht sie auch anderen. Ob ihre Arbeit ein Traum ist? „Ein Traum ist es sicher nicht", meint Claudia Wehner, und ihre dunklen Augen leuchten, „doch Theaterregisseurin ist für mich der schönste Beruf, den es gibt. Schließlich gibt es weitaus mehr spannende Geschichten, als man in einem Leben erzählen kann."

Foto: Flo Hagenta

Nora Weisbrod

Tagwerkerin für Afrika

Das berühmte „goldene Reh", es hat Nora Weisbrod auch in Mainz noch bekannter gemacht: Im November 2014 wurde sie in Berlin als geschäftsführende Vorsitzende von „Aktion Tagwerk" mit dem bedeutendsten deutschen Medienpreis ausgezeichnet, dem Bambi in der Kategorie „Unsere Erde". Ein ganz besonderes Geschenk zum zwölften Geburtstag des Vereins, das die Preisträgerin – unter dem Motto „Wir sind Bambi" – allen widmet, die sich für die Verbesserung der Lebensbedingungen von Kindern und Jugendlichen in Afrika engagieren.

Foto: Bernd Weisbrod

Und das sind nicht wenige: Über zwei Millionen Schülerinnen und Schüler haben sich bisher mit Aktion Tagwerk an der Kampagne „Dein Tag für Afrika" beteiligt. „Ich bin stolz darauf, dass mit der Auszeichnung das Engagement von so vielen jungen Menschen anerkannt wird", betonte Nora Weisbrod in ihrer Rede. „Und auch die Lehrer, Eltern und Arbeitgeber haben einen wichtigen Anteil am Erfolg der Kampagne." Sie selbst hatte sich schon als 16-Jährige mit einem Solidaritätsmarsch „Go for Ruanda" für Menschen in Afrika eingesetzt. Für ihr langjähriges soziales Engagement erhielt sie 2013 die Auszeichnung als „Bürgerin des Jahres", die an Personen verliehen wird, die Herausragendes für die Gesellschaft leisten.

Nora Weisbrod . . . . im Gespräch

Frau Weisbrod, was können Sie uns über die „Aktion Tagwerk" erzählen?

Die „Aktion Tagwerk" veranstaltet in ganz Deutschland die Kampagne „Dein Tag für Afrika", die bei Schülern und Lehrern immer größeren Anklang findet. Die Idee hierzu ist 2002 geboren und aus der Länderpartnerschaft zwischen Rheinland-Pfalz und Ruanda entstanden. Nach und nach ist die Kampagne gewachsen und findet seit 2007 bundesweit statt. Dies ist eine große Freude und zeigt deutlich, dass junge Leute selbst aktiv sein möchten. „Tagwerker": So nennen wir die Schülerinnen und Schüler gerne, die sich zusammen mit uns engagieren. Mir persönlich ist es wichtig, dass sie sich bei ihrem Engagement frei entfalten können und ganz bewusst etwas für andere tun.

Über dieses Bewusstsein erfahren sie, wie viel ihre eigene Hilfe bewirkt und was wir in der Gemeinschaft erreichen können, um Gleichaltrigen in Afrika zu mehr Bildung zu verhelfen. So können junge Menschen in Afrika einen Schulabschluss machen oder eine Ausbildung erhalten. Gleichzeitig nehmen alle Tagwerker etwas für ihr eigenes Leben mit. Ich bin mir sicher: Jeder Schüler, der am Aktionstag Wasserkästen geschleppt, frühmorgens beim Bäcker Brötchen verkauft oder Blumen in der Gärtnerei gepflegt hat, wird sich daran erinnern, dass er damit einen Gleichaltrigen in Ruanda unterstützt hat.

Zum einen gibt es also Aktionstage, an denen man für den guten Zweck jobben, Hilfsdienste übernehmen, Benefiz- und Kreativaktionen starten kann. Zum anderen geht es um nachhaltiges Interesse an Afrika und soziales Engagement generell – richtig?

Genau. Dass die Kampagne „Dein Tag für Afrika" mit über 2,1 Millionen Schülerinnen und Schülern aus ganz Deutschland nun schon seit 13 Jahren so großen Anklang findet, zeigt, dass sich junge Menschen gerne für andere engagieren – man muss sie nur lassen. Hier knüpfen wir mit Aktion Tagwerk an. Die erste Schülergeneration ist nun bereits mit der Kampagne „Dein Tag für Afrika" aufgewachsen, nun freuen wir uns über die zweite. Denn so können wir gemeinsam viel für bessere Bildungschancen von jungen Menschen erreichen. Neben den Schwerpunktländern Burundi, Ruanda und Südafrika wurden 2014 auch Projekte in Uganda und der Elfenbeinküste unterstützt; 620 Schulen haben sich beteiligt. Mitmachen können übrigens Schülerinnen und Schüler aller Schulformen, von der 1. bis zur 13. Klasse.

Außerdem leisten wir bei Aktion Tagwerk das ganze Jahr über Bildungsarbeit rund um den Kontinent Afrika und unsere Projektländer. Unsere Mitarbeitenden im Freiwilligen Sozialen Jahr fahren an Schulen, um den Schülerinnen und Schülern vom Leben der Menschen vor Ort zu berichten – und von den Projekten, die wir unterstützen. Diese entwicklungspolitische Bildungsarbeit ist wichtig, um zu informieren. Wir möchten Afrika auch hierzulande in den Unterricht und in das Bewusstsein der Menschen bringen. Zudem gibt es viele weitere Möglichkeiten, etwas für mehr Nachhaltigkeit zu tun – auch dazu geben wir Tipps.

Was hat Sie dazu gebracht, sich in dieser Weise zu engagieren?

Sicherlich haben mich meine Eltern sehr stark geprägt. Sie haben mir von Anfang an immer viel Vertrauen gegeben und mich darin bestärkt, Dinge selbst anzugehen und auszuprobieren, die mir wichtig sind. Hinzu kommt, dass ich in meiner Kindheit viel gereist bin und fremde Kulturen kennengelernt habe. So war ich schon mit vier Jahren zusammen mit meinen Eltern in Tansania – meine erste Reise nach Afrika. Seither interessieren und faszinieren mich dieser Kontinent und seine Menschen. Da mein Vater als Fotograf tätig ist, haben wir auch auf vielen anderen Reisen Land und Leute auf ganz persönliche Weise erlebt und Freundschaften geknüpft, die wir bis heute pflegen. Mir war es schon sehr früh wichtig, andere, denen es nicht so gut geht wie mir, zu unterstützen, ihren eigenen Weg im Leben zu gehen. Denn die Freiheit, ein selbstbestimmtes Leben führen zu können, sollte jedem Menschen zustehen. Bildung ist dafür die wichtigste Grundlage – dafür setzen wir uns mit Aktion Tagwerk ein.

Wo können Sie wieder „auftanken", was sind Ihre persönlichen Kraftquellen?

Familie, Freunde, Sport und Kultur, außerdem Theater- und Kabarettbesuche sowie Konzerte. Das alles verbinde ich in meiner ehrenamtlichen Tätigkeit: Seit vielen Jahren engagiere ich mich in der Freien Projektgruppe des „Open Ohr-Festivals" in Mainz, mit dem ich aufgewachsen bin. Mit Bezug auf ein Thema, das gesellschaftlich relevant ist, gibt es am Pfingstwochenende eine Menge Musik, Theater, Film, Diskussionsforen, Workshops und vieles mehr.

Wenn Sie bitte spontan ergänzen: Glück bedeutet für mich …

… das tun zu können, was ich möchte und dies mit viel Freude, Leidenschaft und Herzblut.

Ihr Lebensmotto?

Frei nach dem Kabarettisten Hanns-Dieter Hüsch: „Das Leben muss dicht besetzt sein".

Wenn Sie einen Blick in die Zukunft werfen: Worauf freuen Sie sich?

Ich freue mich, dass die Idee von Aktion Tagwerk auch in Zukunft weitergetragen wird und uns auch künftig viele Menschen unterstützen. So können wir unser Ziel, mehr Bildung für Afrikas Kinder, weiter verfolgen. Ich bin gespannt auf die vielen neuen Ideen, die sich die Tagwerker jedes Jahr zum Aktionstag ausdenken. Und ich freue mich, wenn sich viele weitere Schulen in Mainz, in Rheinland-Pfalz und ganz Deutschland unserer Kampagne „Dein Tag für Afrika" anschließen. ■

Information und Kontakt: Aktion Tagwerk e.V. Bundesbüro: Walpodenstraße 10, 55116 Mainz, E-Mail: info@aktiontagwerk.de www.aktiontagwerk.de

Gonzaga Wennmacher

Bei den Menschen sein, aber anders leben

Willkommen, treten Sie doch bitte ein", ruft Schwester Gonzaga Wennmacher CJ fröhlich durch das kleine Fenster an der Pforte zum Ordenshaus der Maria Ward-Schwestern. „Das ist ein schönes Tun", meint sie, und ihre dunklen Augen leuchten: „Menschen hereinzulassen, ihnen Auskunft zu geben oder den Weg zu weisen; viele Schülerinnen oft munter tagein, tagaus zu sehen, kennenzulernen, den ein und anderen Schwatz zu halten." Hier und in anderen Bereichen der Mainzer Congregatio Jesu hilft sie oft mit. Viel Wissenswertes erklärt sie den Besuchern zu Gebäude und Gemäuer, erinnert unterwegs über Gänge, Wendeltreppen und durch den alten Wohnturm an frühere Zeiten. Was ihr außerdem am Herzen liegt, ist ihr Einsatz für Afrika und das Orgelspielen. Denn seit Jahrzehnten schon ist sie mit der „Königin der Instrumente" vertraut; jeden Tag kann man die Organistin in der Kapelle antreffen.

Rückblick – Einblick – Ausblick: Nach einem kleinen musikalischen Gruß, ganz aus dem Herzen gespielt, nimmt sich die Ordensschwester gern Zeit, um von ihrem Lebensweg zu berichten. „Zwar bin ich leider nicht mit Rheinwasser getauft, doch vom Herzen her immer schon eine Mainzerin", sagt Gonzaga Wennmacher, Jahrgang 1941. Die Eltern gaben ihr den Namen Irmtraud, was so viel wie „Kraft und Stärke" bedeutet. Nach zehn Jahren in Bayreuth zog die Familie wieder in die Heimatstadt der Mutter. 1952 wurde sie in das Gymnasium der Maria Ward-Schule aufgenommen und wechselte später auf die Handelsschule. „Ich bin zwar immer gern zur Schule gegangen, doch ich habe viel lieber gespielt als gelernt", scherzt sie und denkt dabei auch an den Musikunterricht auf Instrumenten wie Flöte, Klavier und Gitarre. Die fünfziger Jahre, das war die Zeit, in der sie – wie viele andere junge „Meenzer Mädscher" – mit Vergnügen die Tanzschule besuchte und beim sonntäglichen Tanztee im „Flehlappe" unweit von St. Quintin manche Nachmittage verbrachte. Spaß hat es ihr auch gemacht, mit ihrem Vater gelegentlichen durch den Gonsenheimer Wald zu reiten oder im Schloss bei den ersten Sitzungen der Gonsbachlerchen dabei zu sein. Doch auch Ehrenamt war schon immer Ehrensache für sie, ob in ihrer Kirchengemeinde oder in anderen Einsatzbereichen.

„Auf der Landesbank in Mainz konnte ich ein bisschen die große weite Welt schnuppern", sagt Schwester Gonzaga. Viel hat sie in dieser Zeit gelernt, vor allem „mit dem Geld fremder Leute so zu arbeiten als wäre es mein eigenes" – eine Denkweise, die sie auf ihrem Weg begleiten sollte. Und noch etwas hat sie verinnerlicht: Dinge anzusprechen, die ihr wichtig sind. Auch wenn das – aus Angst vor der Reaktion des Gegenübers – zunächst Überwindung kostet. Denn auch wenn sie sonst eher kess und lebhaft war, hatte sie großen Respekt vor dem Chef, dem sie nach zwei Jahren scheinbar grundlos kündigte. Die tüchtige Mitarbeiterin zu behalten war der Bank ein Anliegen: „Gell, se wolle mehr Geld, Fräulein Wennmacher?", klingt ihr noch heute in den Ohren. „Das war für mich als jungen Menschen sehr schön zu

Gonzaga Wennmacher

hören, aber ich wollte gar keine Gehaltserhöhung", betont sie. „Nach einiger Nachfrage rückte ich dann damit heraus: ‚Ei, isch will bei die Englische gehen' – also bei den Maria Ward-Schwestern eintreten."

Leicht gemacht hat sie sich diesen Entschluss nicht, über den sie lange nachgedacht hatte. Denn Ehe und Familie sieht sie als sehr wichtig und wertvoll an. Somit war es für sie keine Ablehnung, sondern ein wirklicher Verzicht – den sie jedoch immer wieder erbringen würde. Kurz vor ihrem 18. Geburtstag hatte sie das Gefühl „Jetzt muss ich mich entscheiden", an einem Nachmittag zu Besuch in der Familie des Freundes, der sich ein Leben mit ihr gut hätte vorstellen können. Ein Jahr Bedenkzeit gab sie sich daraufhin. „Doch ich habe mich nicht wieder bei ihm gemeldet und ihn seither auch nie wieder getroffen", erzählt die Ordensfrau. Gereift sei ihr Entschluss auch durch die Worte eines Kaplans, der nach Paulus predigte: „Erlahmt nicht im Eifer, seid feurigen Geistes, dient dem Herrn". Darum habe sie sich immer gerne bemüht, sagt Schwester Gonzaga. „Und ich tue dies weiterhin, solange ich leben darf."

Noch heute sieht sie sich daheim auf die Rückkehr der Eltern warten, die („typisch Mainz") am Aschermittwoch 1960 zum Gespräch bei der Novizenmeisterin eingeladen waren. Zum 1. Juli 1960 konnte sie dann in die Congregatio Jesu eintreten. Ein Abschied, der vor allem dem Vater schwer fiel: „Alle Wege bin ich bisher mit dir gegangen, wenn du es wolltest', hat er gesagt und mich mit meinen zwei Koffern am Portal abgesetzt, ‚doch diesen musst du alleine gehen'." Dass es manchmal schon morgens Bratkartoffeln gebe, schrieb sie den Eltern und nahm ihnen die Bedenken wegen dem Essen. Allmählich sahen sie ein, dass nicht mit ihrer Rückkehr zu rechnen war. „Ich war und bin glücklich mit meiner Entscheidung", betont Gonzaga Wennmacher. Ihr eigener Ordensname rührt übrigens von Aloisius von Gonzaga her, der sich im 16. Jahrhundert als Jesuiten-Scholastiker um Kranke gekümmert hatte.

„Bei den Menschen sein – ohne wie andere Menschen zu leben", das war schon damals ein Leitspruch für sie, als das Ordenshaus noch mehr als 100 Schwestern ein Zuhause bot – im Jahr 2015 gibt es in Mainz 17 Schwestern, von denen zwei in Trier und Jerusalem im Einsatz sind. Auf ein ausgefülltes und erfüllendes Ordensleben schaut sie zurück, wobei sie Beruf und Berufung in der Nachfolge Christi als eine Einheit ansieht. Gern denkt sie an den Orgel-Unterricht bei Schwester Maria Devota Ollig CJ; als Novizin übte sie eine Stunde täglich.

Bei den Menschen sein, aber anders leben

Nach der internen Ordensausbildung, dem Noviziat und den Lehramtsprüfungen hat sie in der Berufsfachschule Wirtschaft in Mainz und Bingen etwa 25 Jahre lang Maschinenschreiben, Kurzschrift und Bürotechnik unterrichtet. „Sicher war ich auch streng, doch mit Leib und Seele Lehrerin", erinnert sie sich. „Und die Schülerinnen sind mir dabei so ans Herz gewachsen, als ob es meine eigenen Kinder wären." Auch im Prüfungsausschuss der Industrie- und Handelskammer Mainz hat Gonzaga Wennmacher ehrenamtlich mitgewirkt. Einige Jahre war sie außerdem zuständig für die Rechnungsführung und Buchführung der Schwestern – damals noch mithilfe einer heute antiquierten, da komplizierten „Drei-Spezies-Rechenmaschine". Zudem gab sie für Schülergruppen und an der Volkshochschule Kurse in Maschinenschreiben und erlebte auch hier manche „Sternstunden", wenn sie anderen etwas beibringen und sie ermutigen konnte. Auch Schreibarbeiten für ihre studierenden Mitschwestern machten ihr Freude, das Abtippen einer Doktorarbeit brachte eine beachtliche Spende für Afrika ein.

1996 wurde sie Schulsekretärin der Maria Ward-Schule und schätzte die herzliche kollegiale Zusammenarbeit. Die aus einem Zusammenschluss entstandene „Mitteleuropäische Provinz der Congregatio Jesu" in München bot ihr für etwas mehr als sechs Jahre ein neues Arbeitsfeld: Dort baute sie ein Sekretariat auf, „mit nichts als einem Packen Schreibmaschinenblätter, einer kleinen Reiseschreibmaschine, einer Diskette und viel Mut zu Neuem", erinnert sie sich. Bis zum 70. Lebensjahr war sie berufstätig und noch heute übernimmt sie gern Aufgaben am Computer, der ihr mit der Zeit unentbehrlich wurde. Ihr Interesse an Neuem, am Erkunden und Auszutüfteln – das macht sie, wie sie sagt, zu einem „Technikus". Doch neben ihrem Hobby, der Musik, bei dem die Organistin sich auch über das Interesse junger Musiker freut, war und ist sie gern auch „praktisch" für andere da, wo immer eine Hand gebraucht wird.

Hunderte von Broten werden es wohl gewesen sein, meint Schwester Gonzaga, die sie für „Tippelbrüder" (vor allem an der Pforte in Bingen) geschmiert hat. Diese Menschen nicht nur mit Essen zu versorgen, sondern ihnen auch zuzuhören, das war ihr ein Anliegen. Manches Leid hat sie sich angehört, manchen Kummer mitgetragen – und den „Durchwanderern" auch Haare geschnitten oder Besuche im Krankenhaus gemacht. Bei Pfarrfesten in Bingen half sie außerdem mit und hatte dabei – gelernt ist gelernt – vor allem die Abrechnungen im Blick.

Gonzaga Wennmacher

Seit 1980 ist sie mit großem Eifer für Afrika im Einsatz. Der bewegende Vortrag von Schwester Theresia Fischer CJ, einer Schwester aus der Simbabwe-Mission, gab ihr den entscheidenden Impuls: „Das war die Stunde, in der ich wusste, dass meine ganze zu erübrigende Zeit der Mission gelten sollte." Viel Schönes hat sie seither erlebt, doch, wie sie sagt, „auch Kummer um die Nöte des Dort-helfen-Wollens, der Beschaffung von Materialien und insbesondere der Sorge um Gelder, die der großen Armut begegnen sollen."

Drei Monate verbrachte sie selbst 1994 in Simbabwe, machte sich mit den anderen Traditionen, Bräuchen und Denkweisen vertraut. Sie sah neugeborene Babys, aber auch junge Menschen, die bald darauf an AIDS verstarben. „Nach wie vor ist es eine Krankheit, die das Land von allen Seiten immens schwächt", betont sie: Viele Kinder müssen ohne Eltern aufwachsen, die ältere Generation hat oft keine Sicherheit, die Wirtschaft lahmt.

Foto: privat.

Etlichen Menschen trotz allem Hoffnung und Zuversicht zu geben, das gelingt auch durch die pädagogischen, sozialen und pastoralen Dienste der dortigen Congregatio Jesu. Neben einem Kinderheim (dem Children's Home in Amaveni mit vier Häusern bei ca. 75 Kindern und Jugendlichen) gibt es zwei Kindergärten und eine eigene Schule in Mbizo mit gut 1.000 Schülern. „Große Wertschätzung erfahren die Kinder dort, vor allem auch die Waisen, denen die in Afrika so wichtigen Wurzeln zur eigenen Familie fehlen", erzählt die Ordensfrau.

Zum Lernen ermuntert würden die Kleinen auch durch die älteren „Geschwister", denen das zuvor Unmögliche gelungen ist: ein Studium an der Universität, und das auch noch für Frauen! – ein absolutes Novum dort. Eine Sekundarschule in Nesigwe, in bischöflicher Trägerschaft, wird von den Schwestern sehr unterstützt durch drei Ordensschwestern und Geldspenden. Zudem sind einige der etwa 40 afrikanischen Mitschwestern in einer ambulanten Klinik in Chishawasha, Nähe Harare, für Arme tätig, in der auch die Medikamente über Spenden finanziert werden.

Ihren herzlichen Dank möchte Schwester Gonzaga daher den vielen Schulen, Pfarreien, Gruppen und Privatpersonen aussprechen, die Geld geben für den guten Zweck, oft schon seit Jahrzehnten. Möglichkeiten der Unterstützung gibt es viele, ob in Form von Einzelspenden oder längeren Patenschaften. Auch an der Mainzer Maria Ward-Schule wird bei einigen Benefiz-Veranstaltungen Geld gesammelt für Simbabwe, um auch begabten Schülerinnen dort höhere Abschlüsse zu ermöglichen. Denn Bildung und Mut gilt überall als Grundlage, um traditionelle Rollen und Barrieren zu überwinden und als Frau viel Gutes zu bewirken.

Weil ihr Afrika so sehr am Herzen liegt, widmet sie sich noch immer in jeder freien Stunde der Öffentlichkeitsarbeit. Und freut sich, gemeinsam mit Schwester Xaveria Bachmann CJ von Deutschland aus weiterhelfen zu können. Nach wie vor ist sie gern an Schulen oder bei Pfarreien zu Gast, um in Vorträgen über die Simbabwe-Hilfe zu berichten. „Dabei fürchte ich mich auch nicht davor, vor einigen hundert Zuhörern zu sprechen", sagt die zierliche Frau.

Eindrücke von der wichtigen und vielfältigen Arbeit der Afrika-Mission vermittelte viele Jahre ein gedruckter Adventskalender, der in der Anfangszeit sogar in Handarbeit hergestellt wurde. Zu Tausenden hat sie diese Exemplare verschenkt und damit zu Spenden angeregt. Drei Jahre lang versandte Gonzaga Wennmacher, die auch gern fotografiert, einen digitalen Adventskalender; sie gab ein Fotobuch heraus und legte ein Bildarchiv an. Naturaufnahmen, besondere Orte, Blickpunkte oder Dinge zählen zu ihren Lieblingsmotiven. Sehr gern mag sie eine Holzplastik aus Simbabwe, die ihr geschenkt wurde (Foto links): „Das Außergewöhnliche daran ist, dass Josef das Jesuskind hält, da sich in Afrika Frauen meist allein um Kinder kümmern."

Eine Art Wappentier, lacht sie, das könnte für sie die Nachteule sein: Denn „nach des Tages Pflichten" widmet sie sich abends und nachts all den Extras, die ihr sonst noch wichtig sind. Dazu zählt sie auch das Gebet für all jene, die ihr begegnen, denen sie sich verbunden fühlt. „Mir war und ist eigentlich nie etwas zu viel", meint Schwester Gonzaga. „Denn etwas mit dem Herzen zu tun, das macht glücklich." Ein Leitgedanke, der für sie nicht nur an der Orgel gilt, ist daher, dass „Kopf, Herz, Hand und Fuß eine Einheit bilden sollten." Sicher habe es auch bei ihr Höhen und Tiefen gegeben, eben wie überall im Leben. „Doch genau dieses Leben in diesem Orden würde ich wieder führen", betont sie. „Und das, was ich in jungen Jahren gewollt habe, das lebe ich auch im Alter noch voller Dankbarkeit." ■

Edith Wingenfeld

Aktiv im Einsatz für die Kinder

Warmes, kräftiges Rot, darauf fünf stilisierte Figuren in strahlendem Gelb, die an leuchtende Kerzen denken lassen: „Familie mit Hund" hat eine dankbare Mutter ihr Bild genannt, das sie in starken Farben auf Leinwand gemalt hat. Ein ganz besonderes Geschenk hat sie damit Edith Wingenfeld bereitet. Die von ihr gegründete Hilfsorganisation „Direkt für Kinder" hatte die beiden Söhne der Frau in einer akuten finanziellen Notlage mit Sachspenden unterstützt.

„Was man für andere Gutes tut, das kommt irgendwann mehrfach wieder zu einem zurück – mitunter auch auf ungewöhnlichen Wegen", lacht die couragierte Frau, die in Finthen zu Hause ist. Hoch über den Dächern des Stadtteils hat ihre „gemeinnützige Gesellschaft für Kinderförderung in Deutschland" ihren Sitz. Das selbstgestaltete Dankes-Kunstwerk hat einen besonderen Platz in ihrem Büro bekommen, ebenso wie symbolische große Spendenschecks, Zeitungsausschnitte und vor allem viele liebe Briefe: „Es geht voran, auch Dank Ihrer Hilfe", hat ihr eine Mutter geschrieben. „Dass es noch mehr so gute und wahre Engel wie Sie gibt", ist ihr großer Wunsch. Die Dankbarkeit der Eltern und Kinder und ihre Rückmeldungen in Form von Briefen oder Bildern, das ist für Edith Wingenfeld die größte Freude.

Sie selbst möchte lieber im Hintergrund bleiben und, wie sie sagt, „das, was ich in meinem bisherigen Leben gelernt habe, für bedürftige Kinder einsetzen." Als Geschäftsführerin leitet sie ihre Hilfsorganisation „Direkt für Kinder", die 2015 ihr fünfjähriges Bestehen feiert. Sehr vielen Kindern hat sie durch ihr gleichsam ehrenamtliches Engagement schon geholfen; allein in 2014 hat die Initiative mehr als 300 bedürftige Kinder unterstützt. Sie selbst ist auf 400-Euro-Basis tätig – maximal. „Selbst vergleichsweise kleine Hilfen zur rechten Zeit können oft größer werdende Nöte verhindern", weiß sie und berichtet von ihren Erfahrungen und ihrer Vision.

Edith Wingenfeld, Jahrgang 1959, ist mit vier Geschwistern auf einem Bauernhof groß geworden. Sie hätten immer viel Arbeit gehabt und trotzdem sei nie genug Geld da gewesen. „Hilf dir selbst, dann hilft dir Gott", war ein Leitsatz, den ihr die Mutter mit auf den Weg gegeben hat. „Das hatte sie zwangsläufig ihren Kinder vermittelt, denn: Das Geld reichte nur, um ein Kind, das älteste, studieren lassen zu können. Die anderen mussten aus Kostengründen so schnell wie möglich aus dem Haus", erinnert sie sich und berichtet von prägenden Etappen in ihrem Berufsleben (siehe Kasten nächste Seite).

Edith Wingenfeld

Selbständig, kreativ und aktiv sein – Verantwortung für sich selbst und für andere übernehmen, um dem Leben Sinn zu geben, betont Edith Wingenfeld, das seien ihre Leitmotive geworden. Sich permanent weiterzuentwickeln und bei Bedarf wieder neu zu orientieren, das habe das Leben sie gelehrt: „2009 wurde ich 50 Jahre alt – und arbeitslos", erzählt sie. „Bis dahin hatte ich 35 Jahre bunte Berufs- und Lebenserfahrung, einen allmählich erwachsen werdenden Sohn, ein kleines Finanzpolster und einen neuen Partner. Mir war klar, dass es jetzt um die berufliche Ausrichtung für meine letzten Berufsjahre gehen muss – und um meine ‚Erntezeit'." – „Fundraising", dachte Edith Wingenfeld, „das liegt mir und macht mir Freude. Im Fundraising werden exakt meine gesammelten Kenntnisse und Erfahrungen gebraucht, um erfolgreich zu sein. Hier kann ich meine gesamte Person sinnvoll einbringen."

In ihrem beruflichen und privaten Umfeld hatte sie nicht selten bedürftige Kinder wahrgenommen, die sowohl auf schnelle, meist finanzielle Hilfe angewiesen waren als auch auf dauerhafte Unterstützung, um aus der Notlage herauszukommen. „Direkt für Kinder" – schnell gefunden war der Name ihrer gemeinnützigen GmbH, die sie – unterstützt von rein Ehrenamtlichen – im Jahr 2009 entworfen und in 2010 dann offiziell gegründet hat. In erster Linie versteht sie sich dabei als Akut-Helfer, „also unbürokratisch und zügig in der Vorgehensweise, bei möglichst geringen Verwaltungs- und Kostenaufwand." – „Auf diese Weise und durch unsere ‚Kindergut-

Edith Wingenfeld über ihren Lebensweg

„Mit 16 Jahren, ohne elterliche Hilfestellung und ohne einen einzigen Pfennig in der Tasche (doch immerhin mit dem Abschluss der Mittleren Reife) bin ich ins Berufsleben gestartet. Nicht nach Wünschen oder Talenten konnte ich wählen, sondern nach der Möglichkeit, gleichzeitig Kost und Logis sichern zu können. So entschloss ich mich zu einem Praktikum in einem Sanatorium, an der Rezeption. 1.000 Mark monatlich, mit knapp 17: Das war ein Vermögen für mich! Nach Stationen in diversen Sekretariaten entdeckten damalige Kollegen beim Hessischen Rundfunk mein Potenzial und ließen mich viele interessante Dinge tun, wie Moderations- und andere Texte formulieren, redigieren und gelegentlich sogar am Mikrofon aufnehmen. Bei einer späteren Ausbildung in der Abteilung Produktions- und Aufnahmeleitung von Filmproduktionen lernte ich das Kalkulieren, Organisieren, Durchführen und Abwickeln von aufwendigen und mehrwöchigen Projekten. Dort bleiben oder loslassen und Neues wagen? Diese Entscheidung traf ich zugunsten der Selbständigkeit, um bei großen Spielfilmen im In- und Ausland mitarbeiten zu können. Das alles machte aus mir, dem ursprünglich eher schüchternen und ungebildeten Landkind, ein relativ weltgewandtes Wesen mit zunehmender Lust auf immer wieder neue Herausforderungen. So wurde später aus mir auch noch eine Redakteurin, eine Geschäftsführerin einer Erwachsenenbildungseinrichtung – und zuletzt eine Referentin für Öffentlichkeitsarbeit in einem großen gemeinnützigen Landesverband."

scheine' stellen wir sicher, dass die Spendengelder direkt beim bedürftigen Kind ankommen", erklärt Edith Wingenfeld. In erster Linie werden Familien in der Region unterstützt, die nur ein schmales Budget zur Verfügung haben. Finanziert werden zum Beispiel Kleidung, Schuhe oder Schulbedarf. Damit die Kinder nicht auf dem ersten Blick als arm gelten und ausgegrenzt werden, können zudem Zuschüsse zu Klassenfahrten und Freizeitaktivitäten wie Theater- und Museumsbesuchen gewährt werden. Neben der Unterstützung bei Krankheit werden bei Bedarf auch Kosten für warmes Mittagessen in der Schule, Nachhilfe, Kinder- und Jugendzimmer-Möbel und vieles mehr übernommen. Die entsprechenden Rechnungen darüber werden von „Direkt für Kinder" beglichen – nach vorheriger Anfrage und Vereinbarung. „Es fließt also bewusst kein Bargeld", betont Edith Wingenfeld. „Wir schicken unsere ‚Kindergutscheine', also Schreiben, mit denen die Familien spezielle, zuvor besprochene Dinge auf Rechnung einkaufen gehen."

Ein ebenso einfaches wie geniales Prinzip, auch wenn es selbst für ein Multitalent wie Edith Wingenfeld mit einigem Aufwand verbunden ist. Und vor allem mit vielen Gesprächen, ob nun mit Bedürftigen oder mit Firmenchefs und Schulleitungen. Menschen zusammenbringen und sehen, dass sich vieles gut fügt, das motiviert sie immer wieder aufs Neue zu ihrer Arbeit, die ihr am Herzen liegt. Ein großes Netzwerk ist dabei im Laufe der Zeit entstanden, das aus zwei Bereichen besteht: „Die eine Hälfte (Ärzte, Rechtsanwälte, Verbände, Vereine, Behörden, SozialarbeiterInnen, Schulen) hilft uns, bedürftige Kinder zu finden", erklärt Edith Wingenfeld und denkt dabei nicht nur an jene, die schon behördlich registriert sind. „Wir helfen mittlerweile auch vielen Familien, die zwar ein Einkommen haben, das aber bei weitem nicht ausreicht." Auf der anderen Seite ist sie sehr dankbar, dass Warenhäuser, Geschäftsleute und Unterrichts-Anbieter mit ihr zusammenarbeiten und es ermöglichen, dass Kinder „auf Rechnung" das erhalten, was sie dringend brauchen. Parallel dazu wird permanent um Spendengelder geworben, ob nun in Firmen oder von Privatpersonen. Denn die Zahl der Anfragen nimmt jährlich zu.

Neue Energie für ihre Aufgaben tankt sie am liebsten in ihrer Familie, bestehend aus Partner, Sohn und Hund, bei guten Gesprächen und Büchern oder in der Natur. Möglichst häufig „Stille innen und außen" zu genießen ist ihr wichtig, um wieder Kraft zu sammeln; für Einsätze „mitten im bunten Leben", wie zum Beispiel bei Besuchen an Schulen. In eigens, mithilfe von Lehrkräften entworfenen Unterrichts-Stunden zum Thema „Reichtum erfahren" trügen dann, so Edith Wingenfeld, die Schülerinnen und Schüler selbst Infos und Ideen zusammen, was Kinder brauchen, um sich gut zu entwickeln. Daran anschließend finde meistens auch noch eine „Aktion Hilfreich"-Benefiz-Veranstaltung statt. Der besondere Dank von Edith Wingenfeld gilt allen, die dieses Hilfsprojekt unterstützen, ehrenamtlich und finanziell, durch Fachkenntnis und Kreativität. ■

Brigitte Zander

Staunen können ist ganz wichtig

Sehnsucht liegt in der Luft auf diesem Bild, das üppig-grüne Natur zeigt – und zwei, die gemeinsam unterwegs sind. Was dieses Paar miteinander verbindet, was den besonderen Zauber dieses Motivs ausmacht, möchte Brigitte Zander den Betrachtern selbst überlassen. Für die Malerin stehen die Figuren für Maria von Magdala und Jesus. Nur schemenhaft angedeutet sind sie, und doch liegt viel Sinnlichkeit in ihnen und in dem Moment zwischen Wunsch und Wirklichkeit. „Innehalten" hat sie das großformatige Werk genannt, das einen Blickfang bildet bei Kunstausstellungen und in ihrer geschmackvoll eingerichteten Wohnung.

„In meinem Zuhause liebe ich besonders die Bücherregale, die Wände voller Bilder und den kleinen Garten mit der großen Terrasse, auf der ich bei gutem Wetter im Freien malen kann", erzählt Brigitte Zander, die in Hechtsheim wohnt. Seit 1996 lebt die freischaffende Künstlerin in Mainz. Vielseitig interessiert, organisiert sie Veranstaltungen wie „Hechtsheim liest" und ist unter anderem als Prädikantin in ihrer Kirchengemeinde aktiv. Mehr als 80 Mal hat sie ihre Werke bereits in Ausstellungen präsentiert, in der Region, deutschlandweit und international.

Ob es etwas gibt, das sie bisher oft begleitet hat? „Da fällt mit gleich meine Malschürze ein", meint Brigitte Zander mit einem Lächeln. „Seit Jahrzehnten begleitet sie mich in alle Länder, in denen ich male – und von ihr würde ich mich nicht trennen, sie ist wirklich unverkäuflich." Außerdem kommt ihr ihre Puppe Christine in die Sinne: „Meine Mutter brachte sie mir in die Klinik, als ich 1947, also mit fünf Jahren, mit Paratyphus auf der Intensivstation lag – und ich habe sie heute noch." Gemalt hat sie immer schon gerne – auch um sich die Welt um sie herum zu erklären. Ins Bild mit einbeziehen möchte sie Gedanken und Gefühle, die sich nur schwer in Worte fassen lassen. Dabei setzt sie Farben und Formen auch sinnbildlich ein.

Geprägt von ihren Eltern und der Liebe zur Literatur, machte sie zunächst eine Lehre als Buchhändlerin im Antiquariat, arbeitete in der Mainzer Universitätsbuchhandlung und im Matthias Grünewald Verlag. Doch dann entschied sie sich für ein Studium der Sozialpädagogik, beflügelt von dem Wunsch, in diesem Bereich gesellschaftlich Wichtiges zu bewirken. Albert Schweitzer war ihr dabei eines ihrer Vorbilder. Betraut war sie unter anderem mit Leitungstätigkeiten in einer Obdachlosensiedlung, in der Erwachsenenbildung und für die Arbeit mit Senioren. Im Rückblick schätzt sie die Gestaltungsmöglichkeiten bei diesen Aufgaben: Dass sie weitgehend freie Hand hatte, wenn es darum ging, Projekte auf den Weg zu bringen und anderen Mut zu machen, an sich und die eigenen Fähigkeiten zu glauben. Neben dem Malen und Schreiben kamen auch andere Ausdrucksformen dabei zum Einsatz, etwa Theater und Film; der kreative Prozess war ihr sogar noch wichtiger als die Resultate.

Brigitte Zander

An der Wiesbadener „Freien Kunstschule" studierte Brigitte Zander Malerei, Druck, Plastik und Zeichnung, bevor sie ihr Wissen und Können dann selbst als engagierte Kunstlehrerin weitergab. Die Fülle und Vielfalt des Lebens, die sie so schätzt, spiegelt sich auch in ihren Bildern wider. „Am meisten liebe ich es, in der Natur zu sein, zu beobachten, zu genießen und zu malen", gerät sie ins Schwärmen. Stimmungen und persönliche Eindrücke hält sie daher am liebsten unter freiem Himmel auf Leinwand fest. Oder zumindest schon mal in ihren Skizzenbüchern, die ihre treuen Begleiter sind. Etwas zu sehen und daraus Neues zu gestalten ist ihr ein Anliegen. Die Natur gilt ihr somit als Quelle der Inspiration – die sie jedoch nicht einfach imitieren möchte. Ihr Stil ist daher geprägt von Linien, Strukturen und fantasievollen Formen, die sie in mehreren Farbschichten übereinanderlegt. Landschaften und Figuren kombiniert sie gern mit Ornamenten und Zeichen, denen sie Rhythmus und Struktur gibt.

Bei ihrer schöpferischen Tätigkeit lässt sich die Künstlerin nicht nur in Mainz und Umgebung inspirieren, sondern auch auf Reisen. Quer durch Europa war sie bereits unterwegs, vom Norden Skandinaviens bis in den Mittelmeerraum und zu quirligen orientalischen Plätzen. Weiten Raum eröffnet ihre Ansicht einer Wüstenlandschaft in Orange-, Rot- und Brauntönen; „Grün" in allen Schattierungen wirkt ebenso faszinierend wie „Rotes Leuchten". Das Bild „Brunnen" atmet frisches, lebendiges Blau – und in seinen warmen, erdigen Tönen lädt ein Park im Süden zum Entspannen ein. Die Fantasie auf Reisen zu schicken, dazu hatte sie in ihrer Schau „Arkadien – Sehnsuchtsorte" eingeladen. Kunstwerke in Öl oder Acryl und Collagen entführten die Betrachter in eine andere Welt. Nicht im Sinne eines Schlaraffenlandes, sondern einer poetischen, harmonischen Traumlandschaft von zeitloser Schönheit.

In geheimnisvollem Licht erstrahlt ihr „Garten Eden", und generell hat das Staunen über die Wunder der Schöpfung einen festen Platz in ihren Werken. Ob im Zusammenspiel oder ganz aus der Nähe betrachtet: Ihre sieben Bilder der Genesis, eine wunderbare Illustration der Schöpfungsgeschichte, faszinieren durch intensive Farbtöne. Motive zu Geschichten aus dem Alten Testament finden sich auch auf weiteren großformatigen Bildern von Brigitte Zander, die dadurch etwas von ihrem Glauben zum Ausdruck bringen möchte. So geht es bei „Jakobs Traum" um den Zuspruch Gottes – „Ich bin immer bei dir" –, der sie selbst schon seit Jahrzehnten begleitet. „Das strahlende Gold der Himmelsleiter weist einen Weg zu neuer Hoffnung", erklärt sie. Und sie ist sich sicher, dass Gott auf vielerlei Weise zu einem spricht, sei es im Traum, durch andere Menschen oder besondere Begebenheiten.

Von dunklen Tönen dominiert wird die „Kreuzigung": Ein Bild, das persönlich berühren möchte, indem es den Blick ganz bewusst auf Schmerzen, Unrecht, Tod und Trauer lenkt. Doch von Christus am Kreuz und den Menschen, die verunsichert sind und verzweifelt, weist es auch schon zur Auferstehung hin.

Dieser Gedanke und das Licht, das vom Kreuz ausstrahlt, setzt sich fort im „Ostertriptychon": Das erste Bild der Dreier-Serie, in mystischem Blau gehalten, zeigt Jesus und seine Freunde im Garten, an ihrem letzten gemeinsamen Abend. Vom mittleren Motiv her leuchtet das Licht des Ostermorgens auf die Frauen am leeren Grab; das dritte Bild zeigt die Emmaus-Jünger, unterwegs mit Jesus an ihrer Seite.

Nachzudenken und „nachzuspüren", also Verstand und Herz beim Betrachten Raum zu geben, dazu möchte sie anregen. Und auch dazu, selbst ab und an die Bibel zur Hand zu nehmen. „Denn die Verbundenheit mit Gott zu fühlen", sagt sie, „das ist, als ob man mit der Fingerspitze die Ewigkeit berührt." Impulse zum Glauben geben möchte Brigitte Zander nicht nur durch ihre Bilder, sondern auch durch Predigten. Ergänzend zu sechs Semestern Theologie hat sie eine Ausbildung als Prädikantin absolviert und kann seit 2007 selbst Gottesdienste leiten.

Vielseitig interessiert daran, den eigenen Horizont zu erweitern, nutzt sie die Angebote für Menschen ab „50 Plus" und studiert Philosophie. Zudem bringt sie ihre Gedanken und Gefühle in Texten zum Ausdruck. Anschaulich dokumentiert sie in Tagebüchern persönliche Erlebnisse und das Geschehen in aller Welt, das sie beschäftigt. „Wie gerne würde ich noch erleben, dass scheinbar nicht lösbare Konflikte wie zwischen Israel und Palästina und all die anderen Konfliktherde Lösungen fänden, Versöhnung statt Rache", hofft sie. Darüber hinaus liegt ihr das kulturelle Miteinander in ihrem Stadtteil am Herzen. Neben Familie, Freundeskreis und anderen Aktivitäten gestaltet sie seit Jahren die literarische Reihe „Hechtsheim liest".

Offen zu sein für Neues, für die Fülle an Möglichkeiten, das kann sie nur empfehlen: „Mut fassen, das zu tun, was einem wichtig ist und was man schon immer tun wollte, dafür ist es nie zu spät", betont sie aus ihrer eigenen Erfahrung heraus. „Dankbar bin ich für jeden neuen Tag", sagt Brigitte Zander und dankt Gott dafür, dass sie körperlich und geistig fit ist. Auch das Malen ist für sie wie ein meditatives Gebet, das aus tiefster Seele kommt; bei dem sie ganz versunken ist in den Prozess, und erstaunt, was sich dabei vor ihren Augen formt. Sich dieses Staunen zu bewahren, interessiert und voller Hoffnung zu bleiben, ist daher der Wunsch von Brigitte Zander – getreu ihrem Lebensmotto: „Nie aufgeben und immer wieder neu anfangen. Auf die Kraft in unserer Seele vertrauen. Zudem gefällt mir ein Gedanke von Hannah Ahrendt: ‚Wenn das Herz denkt und der Kopf fühlt, dann öffnen wir einen Raum des Realen, in dem es sich zu leben lohnt.'"

Anita Zimmermann & Gerhard Trabert

Gemeinsam mit den Kindern gegen Krebs

ein lachender Mund, die Arme vor Freude in die Luft gestreckt und strahlende Augen. So hat sich ein Kind selbst gemalt – auf der einen Hälfte des Blattes. Auf der anderen wirkt es ganz traurig, Kummer und Sorgen scheinen wie eine schwere Last auf den kleinen Schultern zu liegen. Das Bild entstand am Kreativtisch von „Flüsterpost": Die Mainzer Beratungsstelle, direkt bei der Christuskirche, setzt sich für Kinder krebskranker Eltern ein.

„Gemeinsam sind wir stark" ist der Leitgedanke des gemeinnützigen Vereins, der 2003 von Anita Zimmermann und Prof. Dr. med. Gerhard Trabert gegründet wurde. Als Arzt in der Onkologie hatte er oft die Unsicherheit vieler Eltern erlebt, wenn es darum geht, über die Erkrankung und die möglichen Folgen zu reden. „Sehr geprägt hat mich meine 14-jährige Erfahrung in einem Akutkrankenhaus im Sozialdienst sowie in der Hospizarbeit", erzählt die Diplom-Sozialpädagogin. In Alzey hatte sie schon 1997 den Hospizverein „DASEIN e.V." mitbegründet. Verstärkt wurde das Mainzer Beratungsteam im Laufe der Zeit bereits durch einige weitere Mitarbeiterinnen.

„Flüsterpost": Der Name erinnert an die „Stille Post", ein beliebtes Kinderspiel. Und das ist das Leben oft nicht gerade. Denn nach Schätzungen der Deutschen Krebshilfe erleben in Deutschland jährlich rund 200.000 junge Menschen, dass ein Elternteil daran erkrankt. Eine Diagnose, die meist auch das Leben der ganzen Familie verändert. Dafür, dass über das Thema Krebs gerade nicht hinter vorgehaltener Hand gesprochen wird, macht sich der Verein stark. So bietet er Informationen, Beratung und Begleitung an – für Kinder jeden Alters und weitere Angehörige. Den Mut zu fassen, offen und ehrlich über die neue Situation zu sprechen, ist das wichtigste Ziel. Denn vielen Erwachsenen fällt es schwer, mit den Kindern und Jugendlichen offen über die Krankheit zu reden, sie wollen sie schützen und nicht mit ihren Problemen belasten. „Das ist zwar gut gemeint, aber es schadet dem Vertrauen untereinander, wenn sie nicht darüber Bescheid wissen, was mit den Eltern oder Großeltern los ist, wenn Kinder eben nicht einbezogen sondern ausgegrenzt werden", weiß Gerhard Trabert. Außerdem befürchtet der Arzt und Sozialarbeiter, dass sich die ohnehin schwierige Lage weiter verschlechtert; und dass sich die Kinder aufgrund von fehlender ehrlicher, kindgerechter Information schuldig fühlen, aus ihrem Freundeskreis zurückziehen oder gar aggressiv reagieren.

„Außerdem kann mangelnde Aufklärung noch heute zu der falschen Annahme führen, dass Krebs ansteckend sei", sagt die Leiterin der Beratungsstelle, Anita Zimmermann. Um mit Vorurteilen wie diesen aufzuräumen ist sie deshalb, ausgestattet mit vielfältigem, gut verständlichem Infomaterial, auch in Kindergärten und Schulen unterwegs. Liebevoll illustriert wurden die von „Flüsterpost" kostenlos angebotenen Broschüren, Kinderbücher und Hörbuch mit Aquarellen von Ruth Krisam. Auf einem

Anita Zimmermann & Gerhard Trabert

Bastelwürfel für Kinder im Grundschulalter, auf dem ein Aquarium mit zu vielen roten Fischen symbolisch für die Krebszellen im Körper steht, werden verschiedene Behandlungsmöglichkeiten wie Operation, Bestrahlung oder Chemotherapie vorgestellt. Anfragen nach Informationen und Begleitung gehen bei der Flüsterpost aus ganz Deutschland ein. Zusätzlich zum Kontakt per Telefon und E-Mail bietet die Internetseite des Vereins ein Forum, um sich auszutauschen sowie eine Galerie mit eigenen Texten und Bildern von Kindern, Jugendlichen und jungen Erwachsenen.

Neben der psychosozialen und sozialrechtlichen Beratung der Eltern sind die Kinder auch vor Ort eingeladen, Fragen zu stellen und neue Kraft zu tanken. Beim Malen und Zeichnen können sie ihre Gedanken zum Ausdruck bringen, wo oft die Worte fehlen. „Manchmal malen sich Kinder dann halb und halb, fröhlich und sehr traurig zugleich", beschreibt Anita Zimmermann. „Es ist wichtig, den Kindern Möglichkeiten zu geben, mit denen sie ihre Gefühle wahrnehmen und ausdrücken können. Wodurch sie sich erleichtern und im gemeinsamen Austausch verstehen lernen können, warum sich das Leben verändert hat und was hilfreich sein kann, um damit leben zu lernen, auch wenn es zum Beispiel um Abschied und Trauer geht."

Anita Zimmermann (vorne) und eine Klasse der Martinusschule in der Weißliliengasse präsentieren gemeinsam einen Info-Bastelwürfel.

Eine weitere kreative Möglichkeit, Hilflosigkeit, Trauer oder Wut zu äußern, bietet sich im Musikzimmer, in dem man allein oder gemeinsam mit anderen mit Rhythmus- und Klang-Instrumenten experimentieren kann. Zu den erlebnispädagogischen Gruppen-Angeboten zählt auch das Klettern, das symbolisch für die Lebenssituation der jungen Leute steht: „Man hat beim Klettern keinen festen Halt unter den Füßen, aber wenn man den Mut hat, sich darauf einzulassen und anderen zu vertrauen, gewinnt man gemeinsam wieder Halt und Stabilität in der Unsicherheit. Man spürt, dass man es zusammen schaffen kann", erklärt Gerhard Trabert. Bei den Gruppenangeboten gilt: Es darf über Themen rund um die Krebserkrankung gesprochen werden, es muss aber nicht.

Gemeinsam mit den Kindern gegen Krebs

Und was empfiehlt „Flüsterpost" betroffenen Eltern? „Kindern mehr zutrauen und vertrauen! Sie sind meist viel belastbarer, als Erwachsene denken!" Mutig sein, offen und ehrlich miteinander zu reden und sich Zeit zu nehmen für Gespräche, bei denen alle Gefühle erlaubt sind, auch Wut und Trauer. „Dabei muss man nicht alles, was man weiß, dem Kind sofort sagen", rät das Team. „Aber alles, was man sagt, muss wahr sein." Vor allem sollte man keine Versprechungen machen, wenn aus medizinischer Sicht keine Heilung mehr möglich ist, sondern besser sagen, „Wir hoffen, dass alles wieder gut wird." Auch wenn die Kinder und Jugendlichen zu Hause mehr Aufgaben übernehmen, um mitzuhelfen, sollte ihnen genügend Zeit zum Spielen, für Hobbys und Freunde bleiben. Damit betroffene Familien die vielfältigen Herausforderungen gut bewältigen können, geht das Flüsterpost-Team auch mit ihnen gemeinsam auf „Schatzsuche": Wer im Umfeld kann mithelfen, wo gibt es zusätzliche Unterstützung? Auf Wunsch stehen die Beraterinnen trauernden Kindern auch bei der Beerdigung oder in der Zeit danach zur Seite.

Denn im Umgang mit der belastenden Situation spielt das sogenannte Resilienz-Konzept eine wichtige Rolle: „Unsere Hoffnung ist, dass die Kinder unter einem solchen Schicksalsschlag nicht ihr gesamtes Leben lang leiden müssen, eventuell sogar innerlich daran zerbrechen. Sondern dass sie lernen und erfahren, die Dinge im Leben so anzunehmen, wie sie kommen. Und dass es ihnen möglich ist, Strategien im Verbund mit anderen Menschen zu entwickeln, um diese Lebenssituation, trotz allem, gewinnbringend zu bewältigen", erklärt Gerhard Trabert. „Es geht zwar nicht so weiter wie bisher, aber es geht anders weiter." Und Anita Zimmermann fügt hinzu: „Selbst wenn das Leben durch die ‚Familiendiagnose Krebs' auf den Kopf gestellt wird, die alles verändert, birgt sie aber auch die Chance für Groß und Klein, in der Auseinandersetzung damit zu wachsen und stark zu werden!"

Foto: Flüsterpost e.V.

Das Flüsterpostteam in der Beratungsstelle direkt bei der Christuskirche: Prof. Gerhard Trabert und Anita Zimmermann, hier mit Cornelie Schroth, Bettina Schmitt und Claudia Stofft.

Anita Zimmermann & Gerhard Trabert . . . . im Gespräch

Herr Professor Trabert, weit über Mainz hinaus sind Sie bekannt für Ihren immensen beruflichen und ehrenamtlichen Einsatz, speziell für Menschen, die nicht gerade auf der Sonnenseite des Lebens stehen.* Was hat Sie persönlich in Ihrem Leben geprägt?
Gerhard Trabert: Vater und Mutter zu haben, das hat mir früher viel Sicherheit gegeben, da ich als Sohn des Erziehers in einem Waisenhaus aufgewachsen bin. Sehr geprägt hat mich in meinem Leben immer wieder die Erfahrung von Unrecht, Diskriminierung und Stigmatisierung anderer. Das Geschenk des Erlebens authentischer Begegnungen mit Menschen auf der ganzen Welt hat mich auch immer wieder berührt und geprägt.

Und wenn Sie, Frau Zimmermann, auf das zurückblicken, was Sie geprägt hat?
Anita Zimmermann: Aufgewachsen bin ich auf einem Bauernhof, mit liebevollen Eltern und drei Geschwistern. Der Kontakt zu Tieren und zur Natur gehörte also von klein auf mit dazu. Ebenso wie Begegnungen mit Menschen, soziales Engagement, Nächstenliebe. Die Liebe zum Leben, für mich zeigt sie sich auch darin, dass ich gern kreativ bin, in allen Lebensbereichen – gedanklich wie gestalterisch – und auch neue Herausforderungen annehme. Eine besondere Rolle spielt für mich die Musik, ob aktiv oder passiv: zur Inspiration, als Seelentröster und Energiespender oder um die Kreativität zu fördern. Nachdem mein musikalisches Talent entdeckt wurde, war mein Traum, Sängerin zu werden, à la Joan Baez, Kate Bush oder Joni Mitchell. Für das Singen habe ich mich dann jedoch nur als Semi-Profi entschieden und der sozialen Arbeit den Vortritt gegeben. Allerdings haben Gerhard Trabert und ich inzwischen ein gemeinsames Projekt entwickelt, in dem ich mein musikalisches Engagement mit dem für soziale Themen verbinden kann. Das Programm heißt „Gratwanderungen – Als Arzt in fünf Kontinenten – Eine berührende Erzählreise mit Musik", das wir als Benefizveranstaltung aufführen.

Gibt es ein Symbol oder einen bestimmten Gegenstand, der eine besondere Bedeutung für Sie hat?
Anita Zimmermann: Das Herz: Für mich steht es für die Liebe als wesentliche Lebenskraft.
Gerhard Trabert: Für mich ist es ein kleines Holzkreuz, das ich in Indien während eines Hospitationsaufenthaltes in einem Leprakrankenhaus von den dort arbeitenden Ordensschwestern geschenkt bekommen habe.

---

* Prof. Dr. med. Dipl. Soz.-päd. Gerhard Trabert ist an der Hochschule RheinMain im Fachbereich Sozialwesen tätig, speziell auf dem Lehrgebiet Sozialmedizin und Sozialpsychiatrie. Zudem entwickelt und unterstützt der von ihm 1997 mitbegründete gemeinnützige Verein „Armut und Gesundheit e.V." Initiativen und Projekte, die die Gesundheitsversorgung armer und sozial benachteiligter, insbesondere wohnungsloser Menschen verbessern. Unter anderem ist er dabei in Mainz mit dem Arztmobil unterwegs. Auch in Kenia, Bali und anderen Ländern hat der Sozialmediziner geholfen, praktisch und durch Spenden.

Bei all dem Schweren und auch Traurigen, mit dem Sie konfrontiert werden: Worüber können Sie sich so richtig freuen? Was sind Ihre persönlichen Kraftquellen?

Gerhard Trabert: Wenn meine Kinder wieder einen Lebensabschnitt (Schule, Beruf, Prüfungen) bestanden haben. Einen geliebten Menschen erwartet oder unerwartet zu treffen. Einen Cappuccino in einer wunderschönen Landschaft zu genießen. Neue Energie tanken kann ich außerdem beim Sport und Tanzen oder beim Gedankenaustausch mit meiner Partnerin.

Anita Zimmermann: Über bereichernde Begegnungen mit Menschen freue ich mich, über Gespräche mit vertrauten Menschen, wenn ich kreativ sein kann und wenn es meinen betagten Eltern gut geht. Sehr gern besuche ich Musikfestivals und Konzerte oder gebe selbst welche. Neben der Musik helfen mir beim Auftanken Yoga, die Besuche der Nachbarskatze, sonniges Wetter, Gartenpflege und Zeit zum Genießen der schönen Dinge des Lebens.

Wenn Sie bitte spontan ergänzen: Glück bedeutet für mich ...

Anita Zimmermann: ... Gesundheit, Familie, Freunde, Musik, Natur, Tiere, Lebensfreude, Liebe leben!

Gerhard Trabert: ... Momente der Verschmelzung, ob mit einem Menschen oder mit der Natur.

Verraten Sie uns Ihr Lebensmotto?

Gerhard Trabert: Du musst das Leben leben und dich nicht vom Leben leben lassen.

Anita Zimmermann: Mir ist es wichtig, in Balance zu bleiben, neue Inspirationen zu entdecken, Ideen umzusetzen, mich zu entwickeln und dabei auch eigene Grenzen zu überwinden. Menschen über die Musik und das Miteinander zu berühren und zu inspirieren. Und den Moment zu leben.

Wenn Sie einen Blick in die Zukunft werfen: Worauf freuen Sie sich?

Gerhard Trabert: Eine intensive, harmonische, inspirierende, nicht erdrückende Zweisamkeit mit einem geliebten Menschen teilen zu dürfen.

Anita Zimmermann: Etwas mehr Freizeit, singen, Klavier spielen, reisen, immer wieder Neues entdecken und dazulernen.

Um weiterhin Beratung und Informationen kostenfrei anbieten zu können, freut sich der Verein über Spenden. Kontakt: Flüsterpost e.V. – Unterstützung für Kinder krebskranker Eltern, Kaiserstraße 56, 55116 Mainz, Tel: 06131 / 554 87 98, E-Mail: info@kinder-krebskranker-eltern.de, Internet: www.kinder-krebskranker-eltern.de

Nicole Weisheit-Zenz

Wenn Begegnungen die Seele berühren

Gar nicht so einfach, sich selbst zu porträtieren. Aber nachdem mich mehrere Gesprächspartner dazu aufgefordert hatten und der Verleger meinte, auch ich sei eine „besondere Mainzerin", habe ich im Anschluss an einen Spaziergang durch die Felder zwischen Drais und Finthen diese Zeilen zu Papier gebracht.

Als Kind wollte ich gern sein wie ...
Ganz ehrlich? Am liebsten wie Pippi Langstrumpf: So stark und frei – und auch so frech. Denn selbst war ich wohl eher so nett und brav wie die Annika in der Geschichte. Doch im Ernst: Meine Bewunderung gilt der Autorin Astrid Lindgren für ihre zeitlos schönen Bücher.

Was hat mich geprägt?
Poetisch würde ich es so formulieren: viele ganz wunderbare Tage mit blauem Himmel und Sonnenschein. Doch auch die einen oder anderen Nächte – um die Sterne zu entdecken. In mancher Kindheitserinnerung, von der mir oft lebhaft und mit strahlenden Augen berichtet wurde, habe ich einen Teil von mir selbst wiederentdeckt: ein liebevolles Elternhaus, wohl behütet, willkommen zu sein – doch nicht wie eine Prinzessin behandelt zu werden, sondern von klein auf mitzuhelfen. Zu sehen, dass einem nichts in den Schoß fällt, sondern man sich anstrengen muss, wenn man etwas erreichen möchte. Und dass das oft auch Spaß macht.

Zugegeben: Manche würden mir sicher den Stempel „Streber" verpassen, wenn ich sage, dass ich in meiner Schulzeit in Schmalkalden (Thüringen) und im Magister-Studium in Mainz viel gelernt habe. Doch zum einen hatte ich Ziele vor Augen und wusste, dass ich dafür sehr gute Noten brauchte. Zum anderen war es wie Schätze sammeln: Denn je mehr man kann und weiß, desto mehr Neues lernt man ja dadurch und erkennt Zusammenhänge. Das trifft auch zu auf meine journalistische Zusatzausbildung, die ich studienbegleitend absolviert habe, in einigen Semesterferien. Hier habe ich das Handwerkszeug mitbekommen, das ich nun täglich nutze.

Auch von anderen prägenden Erfahrungen möchte ich hier kurz berichten: Während meiner Promotion in Publizistik, für die ich ein Stipendium bekommen habe, habe ich mich bewusst entschieden, eine Familie zu gründen. Gott sei Dank! Auch wenn er es zu eilig hatte, auf die Welt zu kommen und viel Sorge damit verbunden war, ist mein Sohn nun schon Schulkind – und inzwischen sogar großer Bruder einer kleinen Schwester. Mit ihm als Baby habe ich zwischen Wäschebergen, Wohnung putzen und Windeln wechseln jede freie Stunde genutzt, um weiter an meiner Doktorarbeit zu schreiben. Mit öffentlicher Meinung in den letzten Jahren der DDR-Zeit habe ich mich darin intensiv beschäftigt.

Nicole Weisheit-Zenz

Doch auf den Stolz über die erfolgreich absolvierte Prüfung folgte bald die Ernüchterung, als viele Bewerbungsschreiben postwendend zurückkamen. Damals, 2009 und 2010, also in Jahren wirtschaftlicher Schwierigkeiten, hat man sich offenbar besonders schwer damit getan, eine junge Frau mit kleinem Kind einzustellen. Nachvollziehen kann ich es, doch es war zum Verzweifeln! Gute Abschlüsse, Auslandsaufenthalt, Praktika, Doktortitel – alles vergeblich? Heute lässt mich die Situation an die Geschichte von zwei Fröschen denken, die aus Versehen in einem Milchtopf landen: Während der eine aufgibt, strampelt der andere immer weiter – und sitzt schließlich auf einem Berg Butter. Und so habe ich versucht, das Beste daraus zu machen und mein eigenes Schreibbüro gegründet. Worauf ich stolz bin, auch ohne Butterberg.

Ein symbolischer Gegenstand, der mich begleitet – und eine kleine Geschichte dazu ...

Einige geflügelte Wesen sind inzwischen bei mir heimisch, ob Schutzengel oder Eulen als Vögel der Weisheit. Doch etwas Symbolisches hat auch ein Bernstein aus der Nordsee, den ich vor einiger Zeit selbst bearbeitet habe: Zunächst war er grau und rau. Doch nach dem Feilen, Schleifen und Polieren kam sein warmer, weicher, wunderbarer Kern zum Vorschein. Das kleine Schmuckstück steht für mich sinnbildlich dafür, das Gute in anderen Menschen zu sehen. Nicht vorschnell zu urteilen, sondern genauer hinzuschauen, mitunter auch hinter eine harte Schale. Mir Zeit zu nehmen für Gespräche, ob nun mit Jungen oder Alten, Glücklichen oder Traurigen, Obdachlosen oder Professoren. Titel, Name oder Bankkonto? Das allein sagt nichts darüber aus, wie zufrieden jemand im Leben ist. Nichts über all die Talente, die in jedem Menschen verborgen liegen. Und über die man erstaunt sein kann, wenn sie zum Vorschein kommen. Ganz so wie bei meinem Bernstein.

Meine „Work-Life-Balance" aus Familie, Beruf und Ehrenamt ...

Alles liegt mir am Herzen: meine Familie, mein Beruf und das, wofür ich mich ehrenamtlich engagiere. Alles unter einen Hut zu bekommen ist nicht immer leicht. Da geht es mir sicher wie tausenden anderen Müttern und Vätern auch. Zumal ohne Großeltern in der Nähe und ohne fleißige Heinzelmännchen, die für mich die Arbeiten im Haushalt und die tausend Dinge des Alltags erledigen würden. Doch ich schätze den Luxus, mir die Zeit relativ frei einteilen und vieles selbst gestalten zu können. Dabei gibt es zwar oft keinen Feierabend. Dafür bin ich nachmittags gern mit meinen beiden Kindern unterwegs, am liebsten draußen in der Natur: Um ihnen viel zu zeigen, spielerisch die Welt zu erklären – und dabei auch meinem Hobby nachzugehen: rund ums Jahr Landschaftsaufnahmen zu machen. Die Kamera ist also so gut wie immer dabei. Mit den Bildern bereite ich dann anderen gern eine Freude, sei es mit Foto-Büchern oder bei Ausstellungen, die ich in meiner Kirchengemeinde und andernorts zeige.

Foto: Andreas von Perbandt.

Worüber kann ich mich so richtig freuen?

Wenn ich immer wieder Neues kennenlernen und sehr viel Schönes in der Welt entdecken kann: sei es gleich vor der Haustür, in der näheren Umgebung oder auf Reisen. Sei es eine kleine Blume, ein Schmetterling, ein atemberaubendes Bergpanorama oder das weite blaue Meer. Über frohe Stunden mit Familie und Freunden. Über nette Worte, liebe Zeilen, ein Lächeln. Über Gespräche mit den unterschiedlichsten Menschen – und über Texte, die nicht nur leicht von der Hand gehen, sondern bei denen ich auch das Gefühl habe, etwas Gutes zu bewirken. Oder, wie es die Autorin Lore-Lillian Boden in Worte fasste: „Jede Begegnung, die unsere Seele berührt, hinterlässt eine Spur, die nie ganz verweht."

Was sind meine persönlichen Kraftquellen, was inspiriert mich?

Alles, was ich Interessantes mit Familie, Freunden und im Beruf erlebe. Aber auch ganz stille Momente: in einer Kirche zum Beispiel, oder wenn ich allein bin, nur mit der Kamera in der Hand, draußen in der Natur. Frei nach dem Motto: „Gib jedem Tag die Chance, der Schönste deines Lebens zu werden."

Glück bedeutet für mich ...

... gesund zu sein und meine Fähigkeiten einbringen zu können.

■

Dankeschön ...

"Niemals wird Dir ein Wunsch gegeben ohne die Kraft, ihn auch zu verwirklichen": Ein Gedanke von Richard Bach, dem ich mich gern anschließe. Er wurde immer stärker, mein Wunsch, dieses Buch über „Besondere Mainzer" zu veröffentlichen. Von der ersten Idee, die im Laufe der Zeit Form annahm, über viele interessante Begegnungen bis hin zu den „letzten Pinselstrichen", also den abschließenden Korrekturen und Feinheiten. Nicht „irgendwann einmal" wollte ich mein Vorhaben in die Tat umsetzen, sondern jetzt. Nun ist es geschafft: Meine Idee kann sich fortan weiter ausbreiten und hoffentlich viele Interessenten finden.

Ein herzliches Dankeschön möchte ich an dieser Stelle allen sagen, die mich auf ihre Weise unterstützt haben: Meiner ganzen Familie danke ich sehr, vor allem für gute Gespräche und die praktische Hilfe im Alltag, um so oft wie möglich die Hände frei zu haben zum Schreiben. Meinen Kollegen Roland Reischl schätze ich sehr für sein großes Interesse am Buch, von Anfang an, für seine kompetente und zuverlässige Begleitung des gesamten Projektes als Verleger und für die gelungene Gestaltung aller Porträts als ansprechende Kombination aus Text und Bild.

Unser Dank gilt der Stadt Mainz für die Unterstützung sowie Oberbürgermeister Michael Ebling und Kulturdezernentin Marianne Grosse für ihre einführenden Worte. Für ihre Grußworte danke ich auch den beiden Dekanen Markus Kölzer und Andreas Klodt. Einen besonderen Dank möchten wir Stefan Schmitz aussprechen, dessen großzügige Hilfe die Herausgabe dieses Buches – in ansprechender Ausstattung zu einem für möglichst alle erschwinglichen Ladenpreis – überhaupt erst möglich machte.

Allen Frauen und Männern, die ich vorstellen durfte, danke ich – ebenso wie den weiteren Gesprächspartnern – aufrichtig für ihre Zeit, Geduld und Offenheit, um mir spannende Einblicke zu gewähren in ihr praktisches Tun wie in ihre Gedanken und Gefühle. Damit verbunden der Dank an alle Einrichtungen, die mir bei der Recherche behilflich waren – und natürlich auch denjenigen, die ihre Räumlichkeiten für Lesungen und Gesprächsrunden mit „Besonderen Mainzern" zur Verfügung stellen.

Dankeschön allen, die Korrektur gelesen und wichtige Anmerkungen gemacht haben, insbesondere meiner früheren Deutschlehrerin Marlen Schuster, von der ich viel gelernt habe. Für professionelle Fotoaufnahmen und Motivationsgespräche danke ich Andreas von Perbandt. Vielen guten Freunden und Bekannten danke ich für interessierte Nachfragen, gute Tipps und kreative Ideen. Sie alle haben mir immer wieder Mut gemacht und die Kraft gegeben, meinen Wunsch zu verwirklichen. Tausend Dank!

Nicole Weisheit-Zenz, im Mai 2015

„Besondere Mainzer, das sind wir doch alle", denken Sie vielleicht? Genau! Sie selbst, Ihre Frau, Ihr Nachbar, die Trainerin im Sportverein ... Mit den Porträts in diesem Buch haben wir natürlich nur eine Auswahl berücksichtigen können, gemessen an den 210.000 Einwohnern unserer Stadt. Deshalb freuen wir uns schon jetzt auf Ihre Anregungen: Sicherlich kennen auch Sie in Ihrer Familie oder dem Freundes- und Bekanntenkreis eine Mainzerin oder einen Mainzer, den Sie in diesem Buch vermisst haben. Wen können Sie empfehlen? Von wem glauben Sie, dass ihre oder seine Geschichte ein weiteres Buch mit „Besonderen Mainzern" bereichern würde? Auch wenn bis dahin noch reichlich Wasser den Rhein hinunterfließen dürfte: Zögern Sie bitte nicht, uns schon jetzt eine E-Mail mit Ihrem persönlichen Vorschlag zu schicken: besondere-mainzer@gmx.de

Tipps für die Zeit nach diesem Buch

Rheinhessen

4. Platz „Historischer Sachbuchpreis 2013" der Vereinigung der Heimatfreunde am Mittelrhein

Volker Sonneck: **Den Himmel ausgebreitet und neue Sterne eingesetzt**

Heitere und ernste Geschichten aus der Lokalzeitung von 1855 bis 1942. Mit Berichten von Ausgewanderten Hgg. vom Kulturverein Guntersblum. 120 S., farbig illustriert, ISBN: 978-3-943580-01-3. **10,00 Euro**

Die rund 180 bunt gemischten Meldungen aus der Lokalzeitung *Oppenheimer Landskrone* spiegeln den Alltag einer Zeit wider, die noch keine elektronischen Medien kannte. Die kurzweilige Lektüre regt zum Schmunzeln an, macht aber auch nachdenklich, etwa wenn von Familientragödien oder Auswandererschicksalen berichtet wird. ■

Der Krimi eines „besonderen Lehrers", von Schülern posthum veröffentlicht

Volker Venzlaff (†): **Veilchen für die Bodenvase**

Kriminalroman. 264 S., Neuauflage. ISBN 978-3-943580-09-9. **10,00 Euro**

Der Mord an einem Kollegen bringt manches ans Tageslicht, was die ansonsten so dienstbeflissene Leitung des Gymnasiums in Oppenheim lieber für sich behalten hätte. Mit beißendem Spott beschreibt der Mathe- und Chemielehrer, wie sehr ihm das Dienern, Mobben und Bespitzeln im Schulalltag zuwider ist – und wie ihm Schüler helfen, den Fall zu lösen. ■

Belletristik

Für alle, die noch träumen können

René Klammer: **Wir kannten uns**

Roman. 192 S., Hardcover mit Schutzumschlag. ISBN 978-3-943580-08-2. **19,80 Euro**

Frederick verkauft Gießkannen und schreibt einen Wanderführer; seine Freundin möchte heiraten. Alles scheint geregelt, bis ein Foto ihn aus der Bahn wirft: Ist das nicht Katharina, die damals mit den »Grünen Pinguinen« auf die Barrikaden ging? Seit 15 Jahren haben sich die beiden nicht gesehen. Wird er sie wiederfinden? ■

Tierisch gute Unterhaltung für Kleine und Große – und alle dazwischen!

The Queen's Dog

Die fantastischen Abenteuer eines Corgi, erzählt von ihm selbst. Aufgezeichnet von Baya und Jörg Bruchmann 176 S., Hardcover mit Schutzumschlag. ISBN 978-3-943580-13-6. **18,90 Euro**

In seinem Romandebüt nimmt Picasso kein Blatt vor die Schnauze. Der Corgi träumt zwar von Elfen, aber redet Klartext. Über seine gelegentliche Eigensinnigkeit und Tollpatschigkeit. Und die Gefahren, in die er sich damit begibt. Doch was zählt das schon, wenn man Freunde gewinnt, Feinde bezwingt und eine Königin zum Lachen bringt? ■

Erhältlich überall, wo es Bücher gibt, oder frei Haus direkt bei: Roland Reischl Verlag, Herthastr. 56,

Unterwegs

Wer's auf die Zugspitze schafft, kommt auch bis nach Santiago

Vera Eder: **„Madre e Hija"**

Mutter und Tochter auf dem Jakobsweg. 216 S. ISBN: 978-3-943580-11-2. **14,80 Euro**

Der Reisebericht der Autorin, die sich gemeinsam mit ihrer 16-jährigen Tochter auf den entbehrungsreichen Weg nach Santiago macht, würdigt nicht nur die Erlebnisse und Begegnungen auf dem „Camino", sondern legt zugleich ein eindrucksvolles Zeugnis vom Seelenleben einer Mutter an einem Wendepunkt ihres Lebens ab. ■

Nichts für Überflieger

Roland Reischl: **Einmal Chile**

Reisetagebuch auf den Spuren von Auswanderern und anderen Atlantikfahrern
60 S., 75 SW-Fotos, Hardcover. ISBN 978-3-943580-06-8. **14,80 Euro**

Per Bahn, Containerschiff und Bus reiste Reischl 1999 in 26 Tagen von Köln bis nach Santiago de Chile: über Bremerhaven, Lissabon, Santos und Buenos Aires. In dem reichhaltig bebilderten Reisetagebuch lässt der freie Journalist seine Eindrücke mit überlieferten Passagen von Auswanderern und anderen Atlantikfahrern – von Christoph Kolumbus über Alexander von Humboldt bis Thomas Mann – verschwimmen. ■

Gegen den Strom

„Heißes Eisen, nüchtern angepackt" (Cóndor, Chile)

Daniel Lenski: **Die Spaltung der Evangelisch-Lutherischen Kirche in Chile 1974/75**

Herausgegeben vom Rat der Lutherischen Kirchen in Chile. Mit zahlreichen Anmerkungen, Quellen- und Literaturverzeichnis; zweisprachig deutsch/spanisch; 2 x 60 S. ISBN: 978-3-943580-03-7. **10,00 Euro**

Mit ihrem Einsatz für politisch Verfolgte reagierten Helmut Frenz und andere evangelische deutsche Pfarrer in Chile auf die Menschenrechtsverletzungen unter Pinochet. Warum löste dies in den einst von deutschen Einwanderern gegründeten Gemeinden derartige Irritationen aus, dass eine Kirchenspaltung unvermeidlich schien? ■

Revolutionäre Umtriebe im Schwarzwald

Hartmut Hermanns: **Auf den Spuren von Georg Herwegh**

Ein historischer Wanderführer durch den Südschwarzwald. 24 S., 8 Karten mit Wegeskizzen, 24 SW-Fotos/Abb.; Broschüre A5, 4. Auflage 2014. ISBN: 978-3-9812648-8-3. **5,95 Euro**

Angeführt vom Dichter Georg Herwegh und seiner resoluten Ehefrau Emma ziehen im Frühjahr 1848 rund 650 Revolutionäre von Paris in den Schwarzwald, um dem Hecker-Aufstand zu Hilfe zu eilen. Der Autor zeichnet mithilfe überlieferter Zitate die Tragik des viertägigen Marsches nach; ein Service-Teil informiert über Anfahrt, Übernachtung und Einkehr. ■

50969 Köln, Internet: www.rr-verlag.de – Gesamtkatalog kostenlos per E-Mail oder Post anfordern!

Die Autorin

Nicole Weisheit-Zenz, Jahrgang 1979, ist promovierte Publizistikwissenschaftlerin und Journalistin. Aufgewachsen in Schmalkalden (Thüringen), lebt sie seit 1998 in Mainz, wo sie Publizistik, Anglistik und Soziologie studiert hat. Seit den ersten Zeitungsartikeln und Praktika während der Schul- und Studienzeit schlägt ihr Herz für das Schreiben, zur Vertiefung absolvierte sie eine journalistische Zusatzausbildung. In ihrer Doktorarbeit hat sie sich näher beschäftigt mit dem Thema „Öffentliche Meinung im Dienste des Regimes? Soziale Kontrolle und ‚Opposition' in der DDR in den letzten Jahren ihres Bestehens."

In der von ihr gegründeten Firma „(nwz). Texte mit Verstand & Gefühl" arbeitet Nicole Weisheit-Zenz freiberuflich mit regional und überregional erscheinenden Printmedien zusammen. Zu den Auftraggebern zählen die „Allgemeine Zeitung Mainz", der „Lokalanzeiger", die „Evangelische Sonntagszeitung" sowie „Glaube und Leben". Als Text- und Bildjournalistin liegt ihr Schwerpunkt auf Themen rund um Kultur, Kirche, Kinder. Hieraus entstand die Idee zu diesem Buch, das sie zugleich als Hommage an ihre Wahlheimat versteht.

Der Verleger

Roland Reischl, geboren 1967 in Mainz, aufgewachsen in Bodenheim, Abitur am Gymnasium Oppenheim; Studium in Freiburg i. Br., Madrid und Köln. Magister der Politikwissenschaft, Romanistik (Spanisch) sowie der Iberischen und Lateinamerikanischen Geschichte. – Seit 1998 journalistische Tätigkeiten für Tages- und Wochenzeitungen sowie Magazine der verschiedensten Couleur: freier Mitarbeiter „Kölnische Rundschau", Redakteur „Cóndor" (Chile); „Costa Blanca Nachrichten" (Spanien); „Penthouse" (Deutschland). 2005 Gründung Redaktionsbüro mit Spezialisierung auf Schlussredaktion, Korrektorat, Lektorat, Buchgestaltung und Satz (Internet: www.rr-koeln.de).

Der Roland Reischl Verlag wurde 2008 für das Buch über die Kölner Jazzkneipe „metronom" gegründet. Seitdem mehr als 15 Titel aus den Sparten Zeitgeschichte, Krimi, Reise und Belletristik; mit Schauplätzen im Rheinland und Rheinhessen, im Südschwarzwald und dem Harz sowie in England, Spanien und Chile (Internet: www.rr-verlag.de).